新视野
学术论著丛刊

英语课堂模式及其形成性评价构建

王小琴 著

中国书籍出版社
China Book Press

图书在版编目（CIP）数据

英语课堂模式及其形成性评价构建 / 王小琴著 . --北京：中国书籍出版社, 2023.5

ISBN 978-7-5068-9413-5

Ⅰ . ①英… Ⅱ . ①王… Ⅲ . ①英语—课堂教学—教学研究 Ⅳ . ① H319.3

中国国家版本馆 CIP 数据核字 (2023) 第 092308 号

英语课堂模式及其形成性评价构建

王小琴　著

图书策划	尹　浩　李若冰
责任编辑	李　新
责任印制	孙马飞　马　芝
封面设计	闽江文化
出版发行	中国书籍出版社
地　　址	北京市丰台区三路居路 97 号（邮编：100073）
电　　话	（010）52257143（总编室）（010）52257140（发行部）
电子邮箱	eo@chinabp.com.cn
经　　销	全国新华书店
印　　刷	廊坊市博林印务有限公司
开　　本	710 毫米 ×1000 毫米 1/16
字　　数	229 千字
印　　张	13
版　　次	2023 年 5 月第 1 版
印　　次	2023 年 7 月第 1 次印刷
书　　号	ISBN 978-7-5068-9413-5
定　　价	64.00 元

版权所有　翻印必究

前　言

英语课堂教学是提高学生英语水平的最主要形式，英语教师要有广博的知识、良好的专业素质和多样的教学方法，这样才能提升英语课堂教学效果。随着时代的发展，英语教学改革不断深入，形成性评价的优势日益彰显，构建一种基于形成性评价的英语课堂教学模式，可弥补传统终结性评价的不足，通过多种形成性评价策略在课堂教学中的运用，可有效地对学生的学习过程进行公正评价，更好地反映学生的真实水平和学习动态，对学习效率和教学效果起到双重推进作用。

鉴于此，笔者以"英语课堂模式及其形成性评价构建"为题，首先阐述了英语教学与课堂模式，并对英语课堂中融入现代信息技术的意义、现代信息技术条件下英语移动课堂教学、翻转课堂模式下的英语教学、现代信息技术条件下智慧课堂教学模式进行分析；其次分析英语课堂教学的生态功能表现、英语生态课程管理与教学模式、英语生态课堂与生态教学构建、英语生态课堂的重构路径优化；最后围绕英语课堂模式的多元化发展与运用、英语课堂评价与形成性评价体系、英语课堂形成性评价的核心体系构建、英语课堂形成性评价的应用实践等方面进行研究。

本书写作，力争全书结构清晰，客观实用，在内容上通俗易懂，强化理论的系统性，构成要素完整。本着务实、求新与开拓的精神，对课堂教学模式的基础知识进行详细论述，使读者能够从理论上获得指导。同时，本书力求文字精练，行文准确，表达简明扼要，做到学术性、科学性与可读性并重。

笔者在写作本书的过程中，得到了许多专家学者的帮助和指导，在此表示诚挚的谢意。由于笔者水平有限，加之时间仓促，书中所涉及的内容难免有疏漏之处，希望各位读者多提宝贵意见，以便笔者进一步修改，使之更加完善。

目　录

第一章　英语教学与课堂模式初探 …………………………………… 1
　　第一节　英语教学及其课程设置 ………………………………… 1
　　第二节　英语课堂模式分析 ……………………………………… 15

第二章　基于信息技术的英语课堂模式（一）………………………… 35
　　第一节　英语课堂中融入现代信息技术的意义 ………………… 35
　　第二节　现代信息技术背景下英语移动课堂教学 ……………… 37
　　第三节　翻转课堂模式下的英语教学 …………………………… 48

第三章　基于信息技术的英语课堂模式（二）………………………… 58
　　第一节　现代信息技术背景下智慧课堂教学模式 ……………… 58
　　第二节　现代信息技术背景下英语微课教学模式 ……………… 71
　　第三节　现代信息技术背景下英语慕课教学模式 ……………… 82

第四章　基于生态视角的英语课堂模式与优化 ……………………… 95
　　第一节　英语课堂教学的生态功能表现 ………………………… 95
　　第二节　英语生态课程管理与教学模式 ………………………… 99
　　第三节　英语生态课堂与生态教学构建 ………………………… 114
　　第四节　英语生态课堂的重构路径优化 ………………………… 129

第五章　英语课堂模式的多元化发展与运用 ………………………… 143
　　第一节　英语课堂模式中课内外资源创新整合 ………………… 143
　　第二节　英语分级教学与体验式教学模式运用 ………………… 144

第三节　英语任务型与情感教学模式创新运用……………… 152
　　第四节　英语教学中项目导向教学的创新运用……………… 159

第六章　英语课堂评价与形成性评价体系解读 ……………… 162
　　第一节　英语课堂评价及其原则审视…………………………… 162
　　第二节　英语课堂形成性评价体系解读………………………… 166

第七章　英语课堂形成性评价的核心体系构建 ……………… 178
　　第一节　英语课堂的自主学习评价体系构建…………………… 178
　　第二节　数字化的英语 O2O 课堂教学评价模式………………… 183
　　第三节　雨课堂下的英语混合教学形成性评价………………… 185

第八章　英语课堂形成性评价的应用实践研究 ……………… 187
　　第一节　形成性评价背景下研究型英语课程实践模式………… 187
　　第二节　英语教学中形成性评价方式的构建实施……………… 190
　　第三节　形成性评价导向下的英语教学优化研究……………… 194

参考文献 …………………………………………………………… 198

第一章 英语教学与课堂模式初探

随着英语的使用范围逐渐扩大,英语教学日益受到了人们的重视,越来越多的学校开始高度重视英语相关课程。同时,认识英语教学,可以从教师与学生两个层面来看。从教师的层面来看,在课堂教学中,教师的角色是课堂的引导者,能够通过一定的教学手段对学生进行英语教学活动,而从学生的层面上来看,它是学生所进行的英语学习活动。鉴于此,本章重点对英语教学及其课程设置、英语课堂模式进行深入探讨。

第一节 英语教学及其课程设置

一、英语教学的内涵与理论

(一)英语教学的内涵解读

1. 英语教学之基本内涵

对英语教学基本内涵的理解可以从以下三个方面着手:

(1)英语教学从实施之初到结束都充斥着目的性,且根据不同的学期、不同的单元目标,其所生成的目的性也不同,因此,英语教学目标也并不具备唯一性,它也需要根据英语教学的实际情况确定。

(2)英语教学是一个复杂的系统,为了确保系统的平稳、高效运转,需要在实施之前进行规划,这就让英语教学具有了计划性。系统的计划既可以由教育行政机构制订,也可以由学校与教师考虑自己学校的实际来制订。

(3)英语教学内容丰富,大家熟悉的词汇、语法、写作等知识是最基础的理论知识,除此之外,因为它主要的目的是要培养学生的语言应用能力,因此,它还包括技能的传递。对于教学的实施而言,内容只是前提与基础,它还需要教学方法的支持,自英语教学开始之初到现在,已经形成了多种多样的英语教学方法,尤其是在信息社会,英语教学方法更是获得了从未有过的大发展。

2. 英语教学之人文内涵

长期以来,中国英语教学普遍存在这样一个问题,那就是英语教师都比较注重对英语基础理论知识的讲授,而对英语语言文化方面的知识极少涉及,这导致英语课堂的文化氛围始终没有营造起来,英语教学的人文内涵也就无从谈起。从根本上而言,英语教学绝对不是简单的语言教学,英语语言背后的文化也应是其内容的一部分。文化与语言关系密切,要认识语言,当然要了解文化,而要掌握语言教学,也需要清楚与之相关的文化教学部分。由此可知,现代英语教学应该摆脱束缚,既培养学生的语言应用能力,也注意培养学生的人文素养,也就是要将学生培养成全面的英语人才。

从人文角度认识英语教学,其范围比较宽泛,不仅包括大家熟悉的英语语言国家的发展史、风俗习惯等,还包括其特色文化。英语教学的人文内涵特别丰富,涵盖范围极广。因此,在英语教学中传播英语国家的文化是可行的、必要的,这要求教师在教学实践中要树立并贯彻以学生为本的思想,在开展基础理论知识讲解活动的同时,对英语文化知识做全面分析,以让学生了解西方优秀文化,认识中西文化差异,这对学习英语有较大的帮助。

教师要重视英语文化教学,在教学活动开展之前,借助网络搜集与所讲的英语知识相关的文化知识,并在课堂上将这些知识传递给学生。结合文化的语言学习,是一种更深层次的学习,通过学习文化知识,学生能更清楚地认识语言在使用时的语境,这能帮助其有效地避免一些在具体应用时的文化失误。还需要说明的是,教师向学生讲解文化知识,除了要求其能够扎实掌握英语文化知识,还需要其具备较高的人文素质,英语教学过程本身就是一个文化不断传播的过程,教师较高的人文素质能让英语教学的人文内涵快速揭示出来,同时有助于学生对文化知识的理解。

根据人文主义教育的理论可知,教育的最终目标是要实现人性的完美,而对于英语教学而言,它也要以这一目标为终极目标,这就要求英语教师在英语教学过程中对学生进行人文主义教育，而充斥在英语语言背后的文化就是人文主义教育的重要资源。基于此，英语教师更要注意在教学过程中向学生进行文化渗透，通过这一举措，不仅强化学生对文化的认知，也有利于学生优秀品格、人文素质的培养。

3. 英语教学之通识教育内涵

通识教育与英语教学存在的一个共性就是它们都属于高等教育。通识教育的理念注重人的全面发展，认为受教育者可以利用学习这一手段将自身的潜能有效地挖掘出来，这样，其价值就能体现出来，最重要的是，其不仅身心、智力可以获得不错的发展，思想品格也能获得发展，受教育者的全方位发展也就实现了。

从不同的视角探究通识教育，可以发现其多面性。从性质层面来看，也能确立通识教育的地位，同时教育是所有学生都应该接受的一种非专业方向教育活动；从内容层面来看，这种教育形式所蕴含的知识与技能不仅具有广泛性、专业性，而且具备非功利性，同时，其所涵盖的范围非常广，将大家所熟悉的社会科学、人文科学以及自然科学等所有内容几乎都包含其中；从目的层面来看，通识教育培养的是能够积极参与社会、具有较高社会责任感的优秀人才。

"通识教育"四个字的精髓在于"通"，在这里，"通"的意思就是融会贯通，即所有的学科之间都可以相互贯通，当进行一个学科的学习时，学习者可以从其他学科中找到学习的思路，也可以从其他学科中搜集资料，更重要的是，学习者与不同学科背景的人交流可以让其感受不同的学科文化，充实自己的学科体系。

此外，还可以从教育生态学的角度认识英语教学，可以将英语教学体系看作一个处于运动中的动态生态系统，教师、学生以及周围的环境都是该系统的组成要素，其中，需要特别说明的是，环境主要由三部分构成，分别为社会环境、自然环境与规范环境。下面以规范环境为例，一般而言，教学的规范环境主要包括两个方面的内容：一是教学的规范环境内涵非常丰富，它既包括一些为社会大众所普遍接受的教学态度，也包括长久以来形成的教学规范等；二是贯穿在教学各环节中教学要求、理念以及评价标准等都是教学规范环境的一部分。

教师、学生以及其周围的环境共同构成了英语教学生态系统，在这个系统中，不同的要素在各自发挥作用的同时，也会相互影响。英语教学生态系统蕴含着非常丰富的通识教育内涵，它将语言基础课程作为系统的核心，认为教师在教学过程中首先要关注的是英语教学基础内容。通过对英语生态教学系统进行分析，可以发现，英语教学是教育人才培养模式体系中非常重要的组成部分，通过英语教学，学生学习到了丰富的英语知识与技能，且自主学习能力也能有所提升。

（二）英语教学的相关理论

1. 语言功能理论

（1）韩礼德的语言功能理论。

提到功能理论，自然就会想到这一理论学派的代表人物——韩礼德。韩礼德在功能理论研究方面的突出贡献就是关于语言社会功能的研究。韩礼德将语言的发展和演变同功能联系在一起，认为社会功能对语言的演变与特性产生了很大影响。另外，韩礼德还对语言的功能划分进行了研究，下面主要从三个方面来进行系统分析：

第一，语言功能理论之微观功能。微观功能主要表现在语言学习的初级阶段。微观功能主要包括：个人功能。个人功能主要强调思想、看法、情感、情绪等都可以通过语言这一工具来表达。规章功能。规章功能强调的是对他人语言表达行为的一种控制行为。想象功能。想象功能强调的是语言的创造性，在语言这一功能的影响下，能够对环境进行创造。启发功能。启发功能强调的是对学习和探索世界的启发性。在这一功能的影响下，可以更好地学习和探索世界。工具功能。语言具有工具性，语言的工具功能在语言学习中发挥着至关重要的作用。人们可以根据自己的实际需要通过语言这一工具来获取知识、信息等，从而满足自身的实际需要。相互关系功能。相互关系功能强调的是语言并非孤立存在，人们可以借助语言的这一功能来认识其他事物。信息功能。信息功能指超过18个月大的儿童可以通过语言向别人传递信息。

除此之外，随着人们的不断成长，语言也会发生变化，由儿童语言向成人语言的方向变化发展。同时，在语言的发展中，微观功能逐渐变弱，语言的宏观功能开始凸显。

第二，语言功能理论之宏观功能。随着微观功能的不断发展，宏观功能开始出现。宏观功能的发展离不开微观功能，两者相比较而言，微观功能比较简单，而宏观功能比较复杂。在语言发展的推动下，人们不断学习语言，久而久之，原型语言就会慢慢消失，成人语言就会越来越凸显。从原型语言向成人语言过渡的过程，其实就是语言的微观功能向宏观功能过渡的过程。宏观功能主要包括实用功能和理性功能，下面对其进行具体分析：

一是实用功能。宏观功能中的实用功能强调的是语言作为工具的一种实用性。语言的这一功能是在工具功能、相互关系功能的基础上形成的。了解语言的实用功能，对语言宏观功能的研究具有十分重要的意义。

二是理性功能。理性功能强调语言是一种策略和途径，人们可以通过这一策略和途径来学习语言和认识世界。理性功能的产生与微观功能中的个人功能、启发功能都有着紧密的联系。

宏观功能在语言研究中发挥着不可替代的作用，它是语言演变和语言功能发展中必须经过的阶段。宏观功能与微观功能、纯理功能都有着紧密的关系。同时，宏观功能揭示了语言在社会中的价值，同时反映了人类在发展中创造语言的重要性。

第三，语言功能理论之纯理功能。语言功能理论中除了包括微观功能和宏观功能以外，还包括纯理功能。纯理功能在语言功能理论中发挥着至关重要的作用，是语言功能理论研究不可缺少的功能。纯理功能由很多功能组成，具体如下：

一是人际功能。人际功能，实际上就是强调语言对人际关系的影响。语言对人际关系的影响是很大的，在人际功能的影响下，语言使用者能够借助语言来表达自己的思想、情感、态度、观点等，并通过自身的语言来影响其他人的观点、思想、行为等。

二是篇章功能。篇章功能强调的是语言创造语篇的功能，而语篇并不是孤立存在的，而是与语境相互联系的。同时，语篇在语言功能理论研究中比较常见，它还具有功能性的特点。

三是概念功能。概念功能属于纯理功能的范畴。在语言功能研究中，语言的概念功能强调的是对经验的解码，注重的是对主、客观事物的表达。无论是解码，还是在表达过程中，都是通过概念的形式进行的。

另外，纯理功能中的人际功能、语篇功能和概念功能并不是孤立的，而是相互作用的。通常而言，这三种功能在大多数时候会同时出现。

韩礼德从微观功能、宏观功能、纯理功能层面对语言功能进行了系统剖析，揭示了语言的本质和意义，为语言及语言学研究提供了理论指导，在很大程度上也促进了语言研究和语言学的发展。总而言之,语言功能理论研究对语言学理论研究具有十分重要的意义。尤其是语言功能理论为后来交际法教学流派的出现和发展奠定了理论基础。

(2)莱昂斯对语言功能的认知。

莱昂斯在他的《语义学》一书中综合了其他学者对语言功能的描述,并重新整合,归纳出语言的三大功能,即描述、表达和社会功能。语言的描述功能体现在它能传递事实信息,这类信息可以是陈述也可以被否定,并有时可以接受检验。语言的表述功能可以提供各种信息去描述讲话者,并表述讲话者的爱好、感情、偏见和经历。语言的社会功能,可以用于建立和维持人际关系。

2. 交际能力理论

(1)乔姆斯基的交际能力理论。

交际能力理论的代表人物之一是乔姆斯基。乔姆斯基在研究语言学的过程中,强调"能力"与"表现"的重要性,并结合语言学的相关知识,系统分析语言能力与语言行为的相关知识和内容。交际能力理论认为,语言能力强调的是运用语言进行交际的人;语言行为强调的是交际者在具体语境中运用语言进行交际的行为。从交际能力理论中可以看出,交际者所涉及的交际知识和能力属于乔姆斯基研究的"能力"范畴,而语言行为中交际者运用语言的行为,属于乔姆斯基研究的"表现"范畴。同时,交际能力理论还强调,无论是交际者的语言能力,还是交际者的语言行为,都不受语言应用的影响。乔姆斯基提出的关于语言学的观点,激发了一些语言学家研究社会功能的兴趣,很多语言学家纷纷投入语言社会功能的研究中,如海姆斯也在交际能力理论研究方面做出了突出贡献。

(2)海姆斯的交际能力理论。

海姆斯关注交际能力理论的研究,他以语言的社会交际功能为核心,对语言交际、语言使用、语言使用者等语言交际理论进行了系统研究,他认为,乔姆斯基的交际能力理论中的"能力",虽然解释了运用语言进行交际的人,但是并没有系统解释交际者运用语言的科学性和恰当性。而本族语者对语言的使用远超过乔姆斯基的"语言能力"。为此,海姆斯的交际能力理论被提出,以示与乔姆斯基理论的不同。

海姆斯的交际能力理论认为,一个人交际能力的提高离不开语言规则和社交规则，离不开语法规范、语言能力、社会文化。换言之，一个具有交际能力的人，就应该知道交际的规则、交际的策略，以及在具体交际情境中采用恰当的交际方式进行交际。另外，海姆斯的交际能力理论从四个不同的方面对交际能力进行了简要分析：第一，了解语法规则，并能够根据语法规则组建句子；第二，能判断语言形式的可行性；第三，能在交际中得体地使用语言；第四，能判断语言形式的可行性。

除此之外，还需要指出的是，海姆斯在交际能力理论中系统探讨了交际能力的相关问题，为交际能力理论的发展奠定了基础。同时，海姆斯的交际能力理论对语言学，尤其是应用语言学的发展具有十分重要的意义。随着海姆斯交际能力理论的发展，其在外语教学中的应用越来越广泛，为外语教学目标的制定和发展提供了理论指导。

3. 社会文化理论

社会文化理论是由苏联心理学家维果茨基（L. S. Vygotsky）提出的，它强调社会文化因素在人类认知功能发展中发挥着核心作用。社会文化理论强调语言是一种社会文化现象，语言学习者通过把语言运用到行为实践中，获得一定的语言文化知识，消除了语言使用和学习的界限。该理论认为，人的心理机能从根本上来说是一个由文化产品、活动和概念充当中介的并受中介调节的过程（语言是首要的调节手段）。在该理论框架内，人类被理解为利用原有的文化工具创作新的文化工具，并由这些文化工具来调节他们的生理和行为活动。语言的使用、组织和构筑是中介的首要手段。人类认知活动的最重要形式，是通过社会和物质环境内的互动而得到发展的。社会文化理论促使我们从一个全新的角度，去审视二语习得的社会环境。

二、英语教学的思路与方法构建

（一）英语教学的思路

在大学英语的教学活动中，教师要有清晰的思路，合理有效地安排教学活动、依据英语教学的共同规律，完成教学任务，这样才能对英语教学活动的实践具有指导意义。

1. 合理制定英语教学目标

明确的教学目标会使教学效果收到事半功倍的效果。教学目标具体包括"认知""情感""技能"三个领域的内容。教学目标包括认知策略、智力技能、言语信息、运动技能和态度等。英语教师在教学活动中应针对教学目标考虑：①语言知识，就是学生应掌握语法、词汇、语音等方面的知识；②语言技能，即学生在听、说、读、写、译等方面的能力提升；③情感态度及价值观，即提升学生的道德水平，使学生能够正确地判断是非、正误；④社会文化意识，即让学生对不同地域的文化背景有所了解，扩大文化视野，以达到增强文化交际的意识；⑤学习策略，即学生在记忆、类比、归纳等方面的能力提升。英语教师在制定教学目标时，应从实际教学情况出发，要灵活，同时要具有可调节性。

2. 坚持以学生为中心教学

坚持以学生为中心教学要求教师从三个方面着手：教材解析、教学方法和手段的选择、教学活动的设计与组织都要以学生为中心。

（1）教材解析要以学生为中心。

教师在分析教材时，应针对学生不同阶段的学习能力和实际情况，同时，教师应根据学生对教材内容的理解，对教材内容和教学活动进行心理化和最优化的加工处理，将学生对教材的经验和体验相结合。

（2）教学方法和手段的选择要以学生为中心。

在教学过程中，教师应以学生为中心，适应学生的直觉思维特点，通过灵活多样的教学手段，来激发学生的参与兴趣，提高学生学习的积极性，使学生真正能够感受和理解语言，积极主动地参与课堂学习。

（3）教学活动的设计与组织要以学生为中心。

教师在准备与设计教学活动时，应当充分了解学生的情况、知识结构层面、学习动机及学习兴趣的状态。以确保教学活动有目标地、形式多样地、内容全面地进行，在提高学生学习积极性的基础之上，来使教学目标顺利地实现。

3. 有效提高学生学习兴趣

在英语教学活动中，教师应充分调动学生学习英语的积极性，让学生对英语产生兴趣，教师应从以下三个方面着手：

（1）教师在教学活动中应该了解学生的特点，发挥学生的主体性。教师在英语教学的过程中应遵循语言学习规律，采用灵活多样的教学方法，根据学生的个性差异特点，培养学生的英语学习兴趣。

（2）教师在英语教学活动中，应注意观察学生，对学生进行学习评价，帮助学生获取感兴趣的学习方法。教师应以提高学生的综合素质为前提，鼓励学生课堂参与、激发学生的兴趣，提升语言交流能力。

（3）深度挖掘教材。教师在进行教学活动前，应对教材有一个整体上的把握，认真研读教材，挖掘教材，用教材中学生感兴趣的内容来调动学生的积极性，使每节课都在轻松愉悦的课堂氛围中进行。

（二）英语教学的方法

1. 英语情境教学法

在英语教学中，"教师应充分利用生动、形象和具体的情境，引导学生在亲自体验中应用英语语言知识，提高英语应用的能力"[①]。英语情境教学法的实施过程如下：

（1）背景设计。

语言学习要在一定社会文化背景（情境）中实现。学生会在所提供的社会文化背景下，将已经理解的知识和新的知识联系起来，吸收新的知识，并且把旧的知识和新的知识融合在一起。所以，教师在教学过程中，要不断创造出学生学习语言的社会文化背景，引导学生积极参与和学习。与背景设计相联系的因素有学习的任务、相关的范例、学生的自主学习设计、教师的引导、学习资源、学习工具等。

（2）意义构建。

第一，教学目标的剖析。在以意义建构新知识为中心的前提下，不同的学习阶段所学习的内容，都由很多个重要且具有特点的知识点组成，所以要对学生学习的内容进行剖析，来确定和完成学生所学知识的基本内容意义构建。

第二，自主学习策略的设计。自主学习策略是完成意义建构的基础。设计需要自主学习，同样，意义的建构也需要自主学习的策略设计。自主学习策略设计的目的是，能帮助学生选择有效的学习方式。

第三，协作式学习的设计。就同一问题为学生们提供几种不同观点，不仅如此，它还可以培养学生之间的合作精神。

---

① 张秀萍. 大学英语情境教学：认知理据、实施原则与设计实践 [J]. 大学教育科学，2017（6）：64.

2. 英语交际型教学法

英语交际型教学法的实施过程如下：

（1）设计交际活动。

在交际型教学法的课堂环境中多设计强调语言功能特点的交际活动。其目的在于鼓励学生尽可能依靠已经建立的目标语知识体系来实现有效的交际，进而交换信息或者解决问题。具有功能交际特征的活动主要有描述活动、猜词、简短对话等。

（2）评价交际能力。

对学生交际能力的评价是在设计完交际活动并由学生进行实践之后。学生总体交际能力的评价，是对功能与社会两种因素统一的评价。

（3）对约定俗成习俗掌握的评价。

每一种语言都包含大量固定语言形式和用法。在英语教学中，设计交际活动、评价交际能力以及对约定俗成习俗掌握的评价是相互联系的。只有对这三个方面都了如指掌，才有利于学生文化得体意识的培养，这恰巧是交际能力的重要组成部分。

3. 英语模块教学法

大学英语模块教学能够丰富英语课程，实现课程的多样化。大学英语模块教学中的模块分类划分为知识模块、技能模块和拓展模块。现以拓展模块为例，对模块教学方法进行分析。拓展模块主要是对学生的能力进行拓展，因此可以开展丰富多样的课程。具体可以包含以下五个模块：

模块一：开设商务英语，如时事新闻、旅游英语、经济英语、商务信函写作、法律英语、实用英语写作等应用专业型英语后续课程。

模块二：开设包括日常口语提高、高级口语、演讲、听力提高、视听说、高级写作等实用技能型英语后续课程。

模块三：开设介绍各国文化、常识、价值观、思维方式、民俗、礼仪、历史、教育，对比传授文化、跨文化研究等跨文化知识型英语后续课程。

模块四：开设内容包括欣赏电影、音乐、散文、诗歌小说、诗歌、散文、演说等欣赏型课程。

模块五：开设包括继续通用英语的深入学习、考研英语、雅思等各类出国考试的培训等综合考试型课程。

4. 产出导向法

所谓产出导向法，是通过学用结合的方式提高学生英语应用能力。在传统英语教学中，有部分学生即使掌握了英语知识，也很难应用到实际问题中。有很多学生在写作时，常常会出现各类问题，如用词不准确、语法错误等，这些问题影响了学生写作能力的发展。而当产出导向法应用到应用写作教学中，则可以全面解决这一问题，有效地实现学生对知识的实际应用，提高学生的英语水平。产出导向法主要由三个环节组成，分别是驱动环节、促成环节以及评价环节。在运用这一方法开展写作教学时，教师需要做好对这三个环节的有效指导，充分发挥产出导向法的教育价值，提高学生写作水平。

5. 续论

"续论"由王初明教授于2016年在《以"续"促学》一文中正式提出。"续论"作为二语习得理论高质高效促学的关键因素是，"语言是通过'续'学会的，高效的语言学习是通过'续'实现的"，"丰富语境中意义表达驱动下的创造性模仿"，"静态学，动态用"。因此，在"续论"的教学实践应用上，基于"续论"的"续作"促学效应，因构式、任务、互动强度及学习者水平的不同而存在差异，"续作"的教学设计应用需要考虑认知、情感等因素，以达到"续作"最优促学效果。因此，教师可在"多轮续写"的基础上，探索不同"续作"的强化形式以提升"续作"促学作用。除了发挥"续作"在听说读写等微观语言技能学习中的促学效果，教师也可探讨"续作"在测试评估标准制定、学术外语能力培养及课堂思政教育中的作用，挖掘"续论"潜在的教育教学应用价值。

在"续论"的研究方向拓展上，目前研究多分析"续作"的直接效应，缺乏迁移效应分析；多分析某一"续作"形式，缺乏"交叉续作"分析；多采用传统研究范式，缺乏基于VR、E-Prime、ERPs等现代技术的结果分析。因此，研究者可以开展"续作"迁移效应研究及个体差异研究，探索"续译+续写""续说+续写""续译+续说""翻转续作"等"交叉续作"在听说读写语言技能学习中的促学作用，综合运用现代信息技术，强化"续作"输入形式、调整任务要求及评价形式、拓宽研究范围及范式，全方位探索语言与非语言因素在"续作"中的影响，探索"续作"在语言任务及社会、文化等非语言任务中的作用，以此丰富"续作"研究证据，促进"续论"理论发展，推动中国特色外语教学理论创新。

6. 内容—语言融合教学法

随着国际学术交流的日益增多，学术英语写作能力越来越重要。而良好的学术英语写作能力意味着丰富的专业知识和良好的英语写作能力。但是，传统的学术英语写作教学强调写作的理论技巧，忽视了内容学习以及写作能力的培养，无法解决学生在写作过程中遇到的实际问题。基于海姆斯的交际能力理论和韩礼德的元功能理论，内容—语言融合学习教学法同时注重学生的语言学习和内容学习，能够有效地解决这些问题并提高学生的学术英语写作水平。内容—语言融合学习教学法不仅能够更加有效地解决学生在写作过程中遇到的问题，提高学生的学术英语写作水平，而且采访显示，学生对内容—语言融合学习教学法在学术英语写作教学中的应用持肯定态度。

三、英语教学策略与设计原则

（一）英语教学的主要策略

英语教学策略一般包括以下三个方面：

第一，教学组织策略。课堂组织是成功完成教学任务的主要任务之一。掌握必要的课堂组织的技能和方法去安排课堂活动，处理课堂问题，这一系列教学行为的手段构成了课堂教学中的组织策略，它涉及教师的角色、课堂活动的组织和控制、教学模式和方法的选择等。

第二，教学激励策略。激励策略是直接推动学习的一种内部动机，它包括学习意向的选择，学习者积极参与，兴趣的保持和能力的持久等。激发学生的热情，学生积极参加课堂活动是有效教学的保证。激励策略就是激发学生学习兴趣，保持学生参与学习活动的方式方法。激励的方法很多，包括环境、教师的榜样、奖励和惩罚等。

第三，教学提问策略。提问策略是常见的课堂交互活动。问题的提出、教师对学生回答的评估，以及对回答过程的控制，决定提问的成功与否。要做到有效提问，必须重视提问策略。提问策略可分为：①计划策略用来指导教师备课过程中对问题的准备，帮助教师确定提问的目的、提问的内容和问题的组织等；②问题设计策略指帮助、教授有效发问的方式和技巧，有利于学生思维培养；③控制策略是保证提问过程顺利进行的方法技巧；④评估策略是教授所采取的评价学生回答的方法，常见的有表扬、引用、身体语言、鼓励等。

（二）英语教学的设计原则

英语教学设计需要遵循以下原则：

1. 系统性原则

系统性原则要求教学内容的安排，教学要求的逐步提高和完成，应有一定的顺序和系统，要引导学生逐渐地、不间断地来掌握知识和技能。知识和技能是逐步地点滴积累和培养而成的。新的知识和技能是在旧的知识和技能基础上获得的，比较高的技能只有在最基本的技能基础上才能获得。要遵循系统性原则，应该注意以下四个方面：①教学内容的安排要有严密的计划和顺序；②教师应该有计划、有步骤地进行教学工作；③指导学生系统连贯地进行学习；④要注意各年级语言材料、知识、技能之间的衔接。

2. 真实性原则

真实性原则是为了提高英语教学质量、教学效率和教学成绩，英语教师应该对教育因素的真实内涵，尤其是英语教育的真实目的、学生的真实学习目的和动力、真实学习兴趣与真实学习困难以及真实的英语学习动机等有所把握，并保证英语教学中的语义、语境、语用材料、教学过程、教学设计和技巧以及教学技术等因素的真实性。在英语教学中要实现真实性原则，需要做到：①把握真实语言运用的目的；②采用语用真实的教学内容；③设计组织语用真实的课堂教学活动；④设计编排语用真实的教学检测评估方案。

3. 循序渐进原则

循序渐进原则是指教学活动要结合学科的逻辑结构和学生的身心发展情况，有次序、有步骤地进行，以期使学生能够有效地掌握系统的知识，促进身心的健康发展。贯彻这一原则需要做到：①精心设计每个教学环节，明确各个教学环节的目标，选择最佳的方法及手段，使知识的呈现生活化和生动化，使形象向抽象逐步过渡，操作技能与逻辑思维的发展有机结合；②保证每个教学环节过渡得自然，做到承上启下；③有序拓展知识网络，懂得每一次的学习都是知识的又一次积累和补充，以便形成较为完整的知识体系。

四、英语教学的课程设置

"课程设置指依据一定的培养目标，选择课程内容，确定课程门类、学分和教学时数，编排学年及学期顺序，形成合理的课程体系。"① 根据大学英语教学指南（2022版）要求，围绕本校学科专业特色建设和发展定位，开展大学英语课程设置，这是高校大学英语教学改革的主要内容。大学英语课程设置改革要通过充分有效的需求分析，整合各种教学资源，按照本校大学英语教育改革规划，确立本校大学英语课程体系，确保不同专业类型、不同层次、不同需求的学生，在英语应用能力方面得到充分的训练和提高。

（一）英语教学的课程定位

大学外语教育是我国高等教育的重要组成部分，对于促进大学生知识、能力和综合素质的协调发展具有重要意义。大学英语作为大学外语教育的最主要内容，是大多数非英语专业学生在本科教育阶段必修的公共基础课程，在人才培养方面具有不可替代的重要作用。

大学英语课程应根据本科专业类教学质量国家标准，参照本指南进行合理定位，服务于学校的办学目标、院系人才培养的目标和学生个性化发展的需求。

（二）英语教学的课程性质

大学英语课程是高等学校人文教育的一部分，有工具性和人文性双重性质。就工具性而言，大学英语课程是基础教育阶段英语教学的提升和拓展，主要目的是在高中英语教学的基础上，进一步提高学生英语听、说、读、写、译的能力。大学英语的工具性也体现在专门用途英语上，学生可以通过学习与专业或未来工作有关的学术英语或职业英语，获得在学术或职业领域进行交流的相关能力。就人文性而言，大学英语课程的重要任务之一是进行跨文化教育。语言既是文化的载体，也是文化的组成部分，学生学习和掌握英语这一交流工具，除了学习、交流先进的科学技术或专业信息，还要了解国外的社会与文化，增进对不同文化的理解、对中外文化异同的意识，培养跨文化交际能力。人文性的核心是以人为本，弘扬人的价值，注重人的综合素质培养和全面发展。社会主义核心价值观应有机融入大学英语教学内容。因此，要充分挖掘大学英语课程丰富的人文内涵，实现工具性和人文性的有机统一。

---

① 王艳霞. 大学英语多模式课堂教学研究[M]. 长春：吉林出版集团股份有限公司，2020：1.

（三）英语教学的具体要求

我国幅员辽阔，各地区、各高校之间情况差异较大，大学英语教学应贯彻分类指导、因材施教的原则，以适应个性化教学的实际需要。大学英语教学以英语的实际使用为导向，以培养学生的英语应用能力为重点。英语应用能力是指用英语在学习、生活和未来工作中进行沟通、交流的能力。大学英语在注重发展学生通用语言能力的同时，应进一步增强其学术英语或职业英语交流能力和跨文化交际能力，以使学生在日常生活、专业学习和职业岗位等不同领域或语境中，能够用英语有效地进行交流。

大学英语根据三级教学目标提出三个级别的教学要求。基础目标的教学要求主要针对英语高考成绩合格的学生，是大部分学生本科毕业时应达到的基本要求。提高目标和发展目标的教学要求针对大学入学时英语已达到较好水平的学生，也是对学生英语应用能力要求较高的专业所选择的要求。对英语高考成绩基本合格的学生，学校可适当调整基础目标的部分教学要求。

大学英语三个级别的教学要求分总体描述和单项技能描述。总体描述包括语言技能与知识、跨文化交际能力和学习策略的要求；单项技能描述则从听、说、读、写、译五个方面对三个等级的教学目标作进一步的说明。各高校应依据本指南提出的三级教学目标和教学要求，结合学校、院系和学生的实际情况，确定具有本校特色的教学目标和教学要求。

第二节　英语课堂模式分析

一、英语课堂的互动式教学模式

利用互联网，教师与学生可以完成实时互动，在这种新型教学模式下，有效互动是提高教学绩效的决定性因素之一。"互动"这一概念源自社会心理学，是人与人之间进行情感交流的内容，它既可以是两个人之间的交流，也可以是多人之间的交流，交流的信息可以对交流的所有方产生影响。还需要注意的是，互动要求双方一定要就大家都感兴趣的主题进行，否则互动的效果可能不会太好。

英语教学经过了较长的发展时间，已经形成了相对完善的理论体系，当前比较受到推崇的一个教学理论就是交际英语教学理论，该理论的核心强调的是交际能力的培养必须要具备"互动"性质。如果对交际进行深层次内涵挖掘，就会发现，其关键就在于互动，且互动能将交际双方所交际的内容全部展现出来。

在英语教学中也存在互动，英语互动式教学是一种不仅重视教师与学生之间的互动，而且重视学生与学生之间的互动、学生与教学中介互动的新教学方法，该方法能够在很大程度上推动英语教学的进程，增强英语教学的效果。在运用这一教学方法时，要创设一个良好的教学环境，引导学生自觉对问题进行探究。

英语互动式教学将教学活动与学习活动结合起来，实现了二者的统一，教师与学生既互为主体，也互为客体。基于此，教师与学生之间所进行的互动与交流都是一种良性互动，在教师利用必要的教学方法组织与引导下，学生不仅掌握了英语理论知识，还能掌握不少文化知识，发展自己的智力，陶冶自己的情操。教学是教师与学生的双向互动过程，要想取得不错的教学效果，二者缺一不可，换言之，既要调动教师教学的积极性，也要调动学生学习的积极性。

与传统英语教学方法相比，这一教学方法最显著的差异体现在"动"字上，体现在"动"的对象与程度上。传统英语教学也有"动"，只不过在传统英语课堂上，教师是"动"的一方，将所有知识全都灌输给学生，而学生相对处于"静"的状态中，只能被动地接受教师所传授的知识。但互动式教学将这种"动"的状态彻底打破了，实现了教师与学生之间的良性互动。

将互动式教学融入英语教学中，主要可以发挥出三个方面的作用：第一，能提高英语教学的质量，能培养学生的综合应用能力；第二，互动式教学在英语教学中的应用是一个较大成果，它极大地丰富了英语教学研究的内容体系；第三，它是对英语教学方法体系的有效补充，更重要的是，英语教师在实际教学中可以运用这一方法，帮助教师拉近与学生之间的情感距离。

（一）互动式教学模式的特性

1. 明确的目的性

英语互动式教学的实施是以社会语言学为理论基础的，换言之，语言虽然是用来进行学习活动的工具，但是这并不意味着语言就是所有学习的重点。人们进行外语学习，主要的目的是满足两种主要的社会活动需要：一种是需要借助其他语言完成某项社会任务；另一种是利用本族语言无法获得自己想要信息的需要。从这方面而言，我们也不能将英语教学的目的单纯地看作为了应付考试，因此，在英语教学中，教师必须要清楚地认识到词汇、语法、阅读等基础教学固然重要，但学生英语综合应用能力的培养更加重要，只有学生具备较高的英语应用能力，其才能更好地完成社会任务。

2. 组织形式的多样性

（1）真实情境——真实的语言交际环境。

教师可以鼓励学生到一些外国游客喜欢去的旅游景点担任义务导游，这样不仅能借此机会与外国游客用英语进行交流，而且能宣传中国文化。此外，教师还可以邀请一些外国教师给学生上课，或者举办一些以英语为主题的晚会，既让学生放松了身心，还能锻炼其英语口语能力。在真情实感的情境中，教师与学生也能更好地互动，学生与学生之间也能增进了解，更重要的是，可以增强学生学习英语的自信心。

（2）模拟的语言交际情境。

除了向学生提供一些自然情境之外，教师还可以通过一些手段为学生创设模拟情境。现在是信息社会，以信息技术为支撑的多媒体设备已经开始走进课堂，教师可以利用多媒体设备为学生创设直观模拟情境，给予学生强烈的感官刺激，让学生通过真实的英语对话音频、视频提升自己的英语能力。

此外，教师还可以让学生进行角色扮演活动，这是一种十分有趣的教学形式，在角色扮演的过程中，学生会思考角色的性格特征，因而在用英语表达时，他们往往会考虑词汇、语法的应用问题，这样，学生的英语应用能力就能得以提高。

3. 过程的互动性

过程的互动性是指在英语教学过程中，教师与学生之间的互动层面是多方面的，既包括身体与心理互动，也包括情感等其他更深层的互动。英语互动式课堂往往充满大量信息，这导致学生需要花费比以往更多的时间来操练英语，在这种情形下，教师讲话的时间自然也就减少了。在具体的教学过程中，教师可以为学生创设语言交际情境，语言交际情境要比教师直接讲授的效果更好一些，教师可利用多媒体设备、直观教具等为学生创设情境，再加上生动的语言、动作，就能最大限度吸引学生的注意力，让他们全身心地投入英语学习中。学生参与情境活动时，教师并不是一个"看客"，当学生在情境中遇到问题时，教师就可以与学生进行交流互动，了解学生的问题所在，提出相关建议，在教师的建议反馈中，学生能认识到自己的不足，找到解决问题的方法。

4. 内容的广泛性

在英语互动式教学中，教师不再是课堂的唯一"主角"，在师生的频繁互动中，教师与学生都成为课堂的"主角"，他们在课堂上交流信息，共同进步。教师在进行英语教学内容设计时，不能将内容局限于教材范围之内，因为对于有些学生而言，教材上的知识过于浅显，他们需要更有难度的知识，这时教师就需要加大输入量，不断拓展教学内容的范围。但是需要明确的是，教师向学生输入的大量新知识必须要有一定的度，必须要在学生可承受、可理解的范围内进行，一旦内容过于难，就有可能打击学生学习英语的自信心。

5. 方法的灵活性

英语互动式教学有许多方法可供选择，这是因为其不仅以交际教学为理论基础，而且融合了其他一些比较优秀的教学法流派的经验。例如，在自然法教学流派看来，对学生的语言输入要适当，要控制在合理的范围之内，因此，教师的教学设计不能全凭主观意识，而要考虑学生的实际需求与教学的情况。

总而言之，在具体的英语教学中，采用怎样的方法，侧重怎样的内容，教师则可以根据课堂实际情况进行选择。

（二）互动式教学模式的实施

1. 营造互动式教学语境

在传统英语课堂上，教师的主要任务就是将教材上的知识全都传授给学生，教师虽然尽可能地将课堂时间实现了利用最大化，但是学生在课堂上的参与感并不强，其始终无法真正提起对英语学习的兴趣，那么教师应该采取怎样的方法培养学生的兴趣，就变得非常重要。教师应根据教学目标与教学内容的要求，为学生创设一个良好的求知情境。通过情境反映问题将会使问题变得更加生动，在情境中学生可以进行角色扮演，角色扮演的过程就是学生与学生进行互动交流的过程，学生在互动中不断培养自己的英语思维。

此外，情境并不是仅仅存在于学生与学生之间的互动，教师与学生之间的互动也是存在的，教师主要的作用就是引导学生的学习思路，使学生产生一定要达成目标的心理倾向，从而激发其自觉主动学习的欲望。

2. 课堂中学生自主学习

在传统英语课堂上，教师主导着课堂的一切，学生只是被动地接受教师传授的知识，换言之，在学习上，学生并没有展现出较强的主动性。而学习毕竟是学生的主要任务，是其分内的事情，教师只能从旁协助。因此，教师要意识到学生自主学习能力对其英语学习的重要性，进而在教学过程中注意培养学生的自主学习能力。而在互动式教学中，培养学生的自主学习能力恰恰是其必要环节之一，互动式教学认为，教师应该给学生留下足够的学习时间，多给予学生学习的自由，让学生自主去思考、探究问题。

学生自主进行探究，是对新知识与旧知识的整合，是对英语学科知识与其他学科知识的整合，通过不同知识间的认知冲突与矛盾，学生可以获得从不同角度看待问题的能力，从而使其能够真正独立自主地完成学习活动。但是，需要注意的一点是，在学生进行自主学习的过程中，教师应该鼓励学生表达自己的观点，即使学生的观点有误，教师也不应该立即阻止他们，而是要他们继续下去，待观点表达之后，教师才可以去纠正学生的错误，这样做的目的是保持学生思路的连贯性，维护学生的自信心与自尊心。

3. 学生合作学习的过程

学生自主学习过程中蕴含着教师与学生的互动，而在合作学习中则蕴含着学生与学生之间的互动。教师可以对学生进行分组，使其以小组的形式实现合作学习。合作学习的实现基础是学生的自主学习，每一个学生的自主学习共同构成了合作学习，因此，合作学习是一种主要存在于学生之间的互动活动。具体而言，教师需要先分析学生的学习情况，然后制定讨论的主题，明确讨论的要求，最后让学生以小组为单位进行讨论。由此可见，学生与学生所进行的讨论必然是各自发表观点的过程，在这一过程中，有问题的学生提出问题，能解答的学生给予解答，在一问一答的互动交流中，问题也就自然而然解决了。不过，需要明确的是，学生与学生的互动并不是合作学习过程中存在的唯一互动形式，教师与学生的互动也存在其中。学生在组内讨论过程中肯定会遇到一些问题，当学生无法解决时，教师就可以主动参与其中，向学生提供思路与建议，这是对学生的一种启发与引导，通过教师的引导，学生可以更好地完成小组任务。

在小组讨论完毕之后，各组就需要向全班展示自己的成果。当然，小组讨论的成果有突出的，教师要给予鼓励，而对于能力强的小组，教师要肯定他们的成果。此外，教师还可以让强组与弱组结对子，让两组一起就讨论的成果进行分享、交流，能力强的小组在展示自己成果的过程中能够体会到成功的喜悦，因而更加愿意参与小组探究活动，而能力弱的小组则可以从能力强的小组中学得探究的方法，这非常有助于其不断保持学习的热情。

总而言之，小组合作学习让学生与学生之间的频繁互动成为可能，每一名学生都可以在课堂上发表自己的看法，学生彼此之间都可以交换想法，分享信息。就是在这一过程中，学生们的语言知识体系将会变得更加丰富，人际交往能力将会有所提高，更重要的是，他们也会增强学习英语的自信心。

4. 传统英语教学点评归纳

传统英语教学评价的主体是教师，学生在教学评价中的存在感较弱。而在互动式教学中，教师不再是教学评价的唯一主体，学生也可以参与其中，并且作用非常突出。在各组完成成果展示之后，就需要对各组成果进行点评，点评的手段并不局限于教师评价，学生自评与师生互评也是主要的评价形式。多样的评价手段能够帮助教师全面掌握学生的学习情况，进而分析学生在哪些知识点上存在问题，基于此，教师就能对自己的教学计划、内容、方法等做出适当调整。由此可见，评价的过程也是教师不断反思自己、实现教学优化的过程，这一环节也包括师生互动与生生互动两种互动形式，无论是哪种互动，目的都是让学生进行独立思考，在探究问题的过程中培养学生学习英语的兴趣。在经过教师与同伴的评价之后，学生能迅速意识到自己在学习上的不足，进而主动查漏补缺，同时也能清楚自己的优势，并不断强化这种优势。

5. 教师开展教学延伸拓展

在传统英语教学中，教师开展教学活动主要依据的是教材，教学内容也多半为书本上的知识，甚至学生课下需要完成的作业也都是课本上每个单元的课后题，这让学生的学习活动也始终围绕着教材进行，很明显，这种情况限制了学生的发展空间，学生甚至提不起对英语学习的兴趣。英语互动式教学很好地改变了这一现状，它进一步拓展了学生的学习范围，学生可以在课下借助其他先进的学习工具完成知识的拓展与更新。

教师要明白，对学生进行知识的拓展并不是其主要任务，其首先应该要做的就是将教材上的知识全都传授给学生,之后,若课堂上还有剩余时间,教师就可以向学生传授一些拓展知识,同时布置一些拓展任务。例如,在讲到课本上的某一个知识点时,教师可以提出一些与之相关的延伸性问题让学生讨论,在讨论的过程中学生就能了解到更加新颖的知识,同时能对旧知识进行及时巩固,最重要的是,这种讨论能够发散学生的思维,培养其创造力。

教室的空间有限,有些教学活动无法展开,如有些规模的情境活动就无法在教室中组织,这时教师就可以考虑适当组织一些室外活动。室外活动能让学生拥有更大的活动空间,想问题也更加自由。当然,这并不意味着室外活动要比课堂活动更有意义,两种活动侧重点不同,不可同日而语,最好的方法就是将课堂活动与课外活动结合起来,这样学生既能在课堂上学习到一些应该掌握的基础理论知识,也可以在课堂之外充分地发散自己的思维。两种活动相结合是一种比较新颖的教学形式,在具体实施过程中,教师要灵活一些,适当分配两种活动的课时。在这一环节中,不仅有大家熟悉的生生活动,还包括学生与英文文本之间的互动,多样的互动形式极大地拓展了学生学习的范围,更重要的是,通过互动,学生能够收获更多其他学科的学习方法,提高自己的学习效率,并最终提高自己的学习积极性。不过,需要注意的是,这一环节并不是固定不变的,它具有一定的逻辑性,围绕着某种逻辑与规律不断变化,所以教师在拓展教学内容时一定要遵循互动的法则,保持适当的度。

(三)互动式教学模式的运用

1. 互动式教学模式在阅读教学中的运用

(1)英语阅读互动式教学的原则。

第一,积极促进学生参与教学过程。在传统英语阅读课堂中,学生在课堂上所学习的知识并不是为其所选择的,都是由英语教师事先选定的,这就导致一些知识并不为学生所喜欢,也就无法真正提起其对英语阅读学习的兴趣,英语阅读教学的目标也因此无法实现。大学生的学习行为多受兴趣的引导,但是大学生的兴趣又具有一定的不稳定性,这就使许多学生在失去兴趣之后就不愿学习英语阅读知识了。学生如果没有强烈的学习欲望,那么,他们也就无法真正产生积极的学习行为。因此,英语教师要对英语阅读教学活动有清晰的认知与定位,不能仅仅将这项活动看作一种单纯的教学活动,而是将其看作一种具有特殊意义的交往活动，该活动将人的肢体动作与情感联系起来，既要求学生动口、动手，也要求其动情、动思，这就要求教师在英语阅读教学中要有所作为，要采取一些比较有效的方法激发学生的学习兴趣，最好能通过创设情境的方法，让学生的身体与情感都融入其中，这样既让学生体会到了阅读的乐趣，也进一步加强了师生互动。

第二，科学引导学生构建自己的知识体系。互动式教学并不是要求学生将所有固有的知识全面掌握，而是要让学生在学习知识的过程中能够做到新旧知识的融合，认识知识产生、发展的过程。在这一过程中，学生的学习活动将变得有意义，同时，学生也可以培养自己分析、解决问题的能力，获得不错的学习情感体验。不过，需要明确的一点是，大学生虽已成年，但这并不意味着他们已经具备了非常丰富的知识学习经验，与教师相比，他们还是"新手"，因此，教师需要为学生架起一座可以连接新知识与旧知识的桥梁。具体而言，教师在讲解新知识的过程中一旦遇到可与旧知识相关的内容，就可以向学生提问，引发他们对旧知识的思考，同时起到巩固旧知识的作用。

第三，及时反馈，督促学生进步。集体教学必须要靠每一个学生所进行的反馈帮助，反馈不仅能在一定程度上提高教学的质量，而且能较大地提高教学的效率。此外，持续性的反馈过程同时是师生一次次互动的过程，在这一过程中，教师了解了学生的学习需求，学生也了解了教师的教学计划。

（2）英语阅读互动式教学的实施。

第一，教师与英文文本互动。现代阅读观认为阅读始终是一个动态的过程，它是读者与英文文本之间相互作用、建构意义的过程。这其实也在表明，阅读并不是一项被动的活动，它是读者的主动活动，因此，学生在进行英语阅读时，也应该积极地多与教师、英语文本互动。同时，教师也应该转变教学观念，多增加与英语文本的互动，对文本进行深入解析，以满足学生的阅读需求。

对于英文文本的意义，在现代知识观看来，其具有非常大的不确定性，不仅教师可以对其进行解读，学生也可以，并且在教师教学与学生学习的过程中，英文文本的意义还可以一次次被重新界定。对于英语阅读教师而言，他们在进行英语阅读教学之前，应该对英文文本有着自己的理解。换言之，教师的一切教学活动都可以以英文文本为依据，但是要从实际情况出发，要有选择地将文本内容教授给学生，与英文文本进行高效的互动，一切以英文文本为出发点的想法与行为都是片面的。

在整个英语阅读教学中，教师的角色非常重要，他可以是阅读活动的先行者，也可以是教学活动的整个设计与策划者。从这个层面出发，教师与英文文本的互动有不一样的内涵。教师要尽量将英文文本理解清楚，同时在这一过程中还要开发文本。教师只有将英文文本的所有内容都进行深刻理解，才能将其转化成自己的知识体系，才能在以后顺畅地与英文文本、学生互动。

教师还需要能够对英文文本进行适当的加工。需要清楚的是，英文文本的编写是一个较为主观的过程。从当前英文文本的使用情况来看，这些文本使用的时间都比较长，没有与时代的发展相适应，很明显，这种停滞更新的文本是无法激起学生学习兴趣的，更不能让学生与文本达成良好的互动。所以这对英语教师提出了比较高的要求，要求教师可以根据学生的实际需求选择英文文本。需要指出的是，英语阅读教学已经在选择英文文本方面有了很大的改善，但是，出于人力、成本等方面的考虑，英语教材是不可能做到每年更新的，因此，英语教师就必须在英语阅读教学过程中弥补这一方面的不足，能够在备课时就对文本进行必要的更新。

教师不能只以英文文本为核心，而是要具有敢于质疑文本编写者的勇气与能力，这样才能促使文本的不断完善。英文文本应该是与时俱进的，应该是能够满足学生学习需求的，教师是最了解学生的，所以他们可以总结学生的意见对英文文本提出相关建议，这样就能使文本变得更加科学。英文教材现在也面临改革，改革者必须要学会聆听英语教师的意见，积极鼓励英语教师参与到教材的编写工作中来。在英语教师与英语文本的互动中，英语教材的编写工作变得更加顺畅、科学，同时教师的英语阅读教学也变得更加轻松。

第二，学生与英文文本互动。二者之间的互动能够最大限度地将自主学习的理念展现出来。学生是一切学习活动的主人，英语阅读活动也不例外，他们只有自己主动地参与阅读活动，才能真正学会阅读。这就要求教师在教学过程中要积极引导学生参与阅读实践，加强学生与文本之间的互动，让学生在阅读过程中体会文本作者的思想。在传统英语阅读教学过程中，学生的主要任务就是单纯地阅读，在阅读过程中，他们并没能够对文本做出自己独有的分析，其自主学习能力也没有获得培养。而学生阅读能力的培养是需要在其与英文文本的互动中实现的，可见，学生与文本的互动是非常有必要的，而且是非常重要的，无论是教师，还是学生，都不能够忽视这一点。

现代学生通过互联网可以接触到更多的知识、更多的人，他们的思想更加开放，生活更具有独立性，更希望在学校与家庭中获得更多自主权。这种意识映射到学生的学习活动中，他们使用的学习方式也就发生了变化，当前，自主、合作、探究的学习方式是其追求的主要方式。不过，在学习的过程中，他们不可避免地都会受到原有知识体系的影响，久而久之，学生就会形成一种学习的惯性心理，该心理让学生的学习停滞不前，无法将其创新性思维发展开来，从而使其学习活动变得更加死板。从这一实际问题出发，英语教师要摆脱文本束缚，分析学生学习的实际，用更加灵活的方法引导学生发散自己的思维。

让学生发散自己的思维，教师可以在课堂上多组织学生对某一问题进行辩论，在辩论中，学生可以提出自己对问题的看法，从而让不同的观点、信息可以在互动交流中生成，这可以帮助学生更愿意参与英语阅读活动。

阅读教学不应该是教师一人单独的活动，学生的阅读行为也是阅读教学的一部分，因此，学生也应该积极参与到阅读教学中来。教师在教学过程中要以积极情感引导学生，让学生能够对英文文本加深理解，感悟文本作者的思想。此外，学生对文本的解读，方式绝对不能固定，其应该是多元化的，学生要学会在对文本解读的"入"与"出"中提高自己的英语水平。"入"就是要求学生能进一步切近文本，能在对文本熟悉的基础上了解文本的深层次内涵，意识到文本的主旨，并最终做到与文本的良好沟通。当前，英语教材中所选择的诸多文本是编写者进行诸多考虑的结果，因此也大都做到了文质兼美，文本的质量有了很大提升。教师要帮助学生挖掘文本的价值，在学生与文本之间架起沟通的桥梁，使学生可以更加高效、顺畅地解读文本。"出"就是要求学生能将文本中学到的英语知识进行转化，在后续的英语学习中能灵活地使用它们。英语阅读学习与其他英语学习都是相通的，英语知识在任何一部分英语学习过程中都是可以实现转化的。

第三，教师与学生之间互动。

一是营造和谐轻松的氛围。当大学生处于一种较为轻松、愉悦的环境中，其思维活动才会更加活跃，其知识的学习才会更加高效。为学生营造一个比较轻松的学习氛围也是至关重要的，而构建新型师生关系又是其基础与前提。在教学过程中，教师要时刻具有师生平等的意识。在英语阅读课堂上，不再一味地带领学生阅读、分析文本，而是鼓励学生参与，让学生可以对文本进行分析，发表自己的看法。而当学生对某些问题产生困惑时，教师要肯定学生这种善于思考的行为，并对这种行为进行赞赏，为其营造一个轻松的学习氛围。

在具体的教学过程中，教师还要学会灵活地使用教学语言，教学语言在英语阅读教学中能发挥重要作用。首先，教师需要在课堂上使用体态语。一般而言，体态语主要保留眼神、面部表情、手势、微笑等动作，如眼神的使用部分，教师要尽量能够使用自然、肯定学生、鼓励学生的眼神去鼓舞学生，通过眼神实现与学生的情感交流。面部表情部分，为了让学生可以接受教师的教学，认识阅读学习的重要性，教师在日常教学中要保持一种严肃的神情，除此之外，为了拉近与学生的距离，在严肃之外，教师还要给予学生必要的温柔，在课堂上可以对学生微笑。其次，教师要在课堂上多使用能够激励学生学习的语言。激励性的语言能够激发人类内心深处对知识的渴望，教师多使用这些语言，可以激发学生进行英语阅读学习的欲望。

总而言之，在英语阅读教学过程中，教师不能忽视学生的学习感受，而要尽可能用一些鼓励性的教学语言引导学生，让学生感受到自己是被重视的，从而也会投入更大精力在英语阅读学习上。更重要的是，久而久之，教师与学生的和谐互动就会实现，尤其从情感层面上讲，教师与学生也完成了深层次的互动——情感互动。这样一种建立在教师与学生相互信任上形成的课堂氛围，不仅能提高教师教学的质量，而且能提高学生学习的积极性。

二是师生共同进步，实现教学相长。每一个文本都是作者心灵的外化，读者阅读作者创作的文本就能从其中了解作者对生命、生活的理解。不过，每个人成长的环境不同，对文本的理解也是不同的，不同的学生阅读同一文本也会产生不同的阅读感受。英语阅读教学就使得学生可以通过阅读产生自己对文本的独特理解。

在英语阅读教学中，教师要对学生进行重新认识，学生不仅仅是学生，他们也可以是"教师"，教师可以从他们身上学习到一些东西，这就要求教师要以更加开放的态度看待师生关系，在英语阅读教学中多与学生互动，了解学生的学习需求。深入探究之后就可以发现，教师进行阅读教学的过程其实也是一个不断进行学习的过程，教师在进行课堂教学时，其可以在教材的辅助下厘清教学思路，完善知识体。有些教师在教学过程中还会受到学生的启发，从而产生一些新的想法，对原有的文本产生新的认识。同时，教师可以让学生对自己进行提问，这样，教师就能了解学生的真实想法，从而更好地完善自己的教学设计，反思自己的教学行为。由此可见，英语阅读教学能够帮助教师与学生实现共同进步，教师的教学更加优化，学生的学习也更加高效。

三是学生与学生之间互动。一般而言，学生对文本的解读主要包括以下三个方面：学生自己对文本的独自体会、教师对学生的引导、学生与学生间的相互影响。其中，学生与学生间的相互影响，是促进英语阅读教学发展的重要因素之一，这是因为学生与学生就文本进行讨论可以使其与文本之间达成不错的互动，从而使学生能更加清楚地认识文本。

在课堂上，学生对教师存在一种天然的敬畏感，他们总是习惯跟在教师后面，这导致其并没有形成创造性思维，思维发展受到明显的限制。不过，存在于学生之间的讨论往往不会出现这种情况，这是因为学生彼此之间是平等的，他们是相互了解的，因此在讨论过程中他们可以轻松地表达自己的观点。而且学生所提出的观点，在其他学生看来并不具有与教师观点一样的权威性，因此他们是没有必要全部接受的。在这种情况之下，学生之间更容易产生多样的信息，更容易理解对方，也更容易促进英语阅读的学习。

四是善用评价，及时反馈强化。

其一，教师要善于随机评价。认识阅读教学过程可以从信息论的角度出发，从这一点上来看，教师与学生不断对文本进行信息输入、输出，并进行评价的过程就是阅读教学过程。英语阅读教学需要评价，教师与学生进行相互评价，将促进二者实现共同进步与发展。教师给予学生的评价，可以让学生在第一时间了解到自己学习的实际情况，对于自己存在的不足，学生也能尽快了解，从而积极改正。而学生给予教师的评价，能让教师认识到自己在阅读教学中存在的问题，从而进一步优化英语阅读教学，摆正教学心态，为学生提供更加理想的教学内容与方法。

当教师在获得学生的反馈之后，往往就会对学生的学习情况做出评价，但是该评价看似非常"及时"，能让学生清楚自己的学习情况，但是同样有一个明显的不足之处，那就是其他同学的创新意识很大可能会被限制。人们的思维活动非常复杂，那些比较具有创新性的想法并不会存在于人类思维的全过程，而主要存在于思维的后半程，这就要求教师在英语阅读教学中不能只是单纯地教授学生英语知识，而是能够采取一切手段激发学生的创造性思维，而从教学评价这一个层面而言，就要求教师可以利用"延迟评价"原则鼓励学生发表自己的见解。该原则要求教师可以给学生留出充足的时间，让学生进行讨论，在讨论中发现问题的不同解决方法。而当学生产生答案之后，教师不能立刻对学生的答案进行绝对的"对""错"评价，而是要给予学生适当的引导，引导学生彼此之间进行评价。

其二，教师要善于小结评价。教师对学生的阅读学习评价是多方面的，不仅要对其阅读知识掌握情况进行评价，还要对其参与阅读实践的情况进行评价，只有多方面的评价才能帮助教师更加全方面地了解学生。而小结评价就是一种可以让教师对学生进行全方位评价的方式。小结评价的内容是对某一课或者单元的内容进行评价，通过这一评价，教师能帮助学生全方位把握其需要学习的知识点，同时帮助其建立自己的知识结构体系。同时，学生反过来也可以评价教师的教学，对教师的教学方法、手段等进行评价，这样，教师就能清楚自己在英语阅读教学中存在的问题，从而在下一课或单元教学中做出改变。

总而言之，评价不能是单方面的，教师与学生的双向评价才是英语阅读教学不断发展的动力，同时，教师与学生也能在彼此的评价中不断发展。

2. 互动式教学模式在听力教学中的运用

（1）互动式英语听力教学的方式。

第一，提问式。提问的方式可以让学生在课堂上利用英语进行回答，这样学生就获得了锻炼英语听力与口语的机会。教师提问的问题应该是学生所熟悉的，是学生感兴趣的，只有这样，一来一往的提问才能顺利进行。

教师在进行提问之前应该设计出一些相关问题，这些问题要尽量具有艺术性，能够为学生构建一个轻松、具有人文性的教学环境，同时要进一步拉近师生关系，这样，学生才会感受到英语阅读学习的乐趣。此外，教师为学生设计的学习内容也应该与学生的实际生活相联系，这要求教师可以在课前与学生进行英语对话，了解学生最近的生活与学习情况。与学生生活、学习密切相关的话题能激发学生的沟通欲望，能让学生更愿意与教师交流，学生英语学习也就变得更加顺畅。

可见，培养学生的交际能力是非常重要的事情，在课前的日常热身对话完毕之后，教师就可以将话题自然地引到课本内容上来。在讲解课本上的听力内容时，教师可使用互动式教学方法，一般而言，这种教学方法在听力教学中的应用主要有以下三个步骤：

一是预习听力材料。在进行新课之前，教师需要适当给学生布置一些预习任务，学生可根据任务对需要学习的内容进行猜测。

二是分析听力内容。让学生深入分析听力内容，不仅要让其从基础层面出发，了解听力材料中需要其认识的新词汇、语法，而且要对听到的内容能列出提纲、独立组织。教师要鼓励学生积极将自己听到的内容阐述出来,当发现学生表达有误时教师不宜立即阻止,而是要等到学生阐述完成之后再对其问题进行纠正,尽量不要打乱学生的表达节奏。

三是巩固练习。为了巩固互动式听力课堂教学的成果,学生还需要进一步对已经学习完的听力材料进行巩固练习,还可以让学生在听完之后进行讨论,以实现教师与学生、学生与学生之间的沟通。这种互动不仅能让教师了解到学生英语听力学习的实际情况,还能进一步激发学生英语听力学习的积极性。

第二,小组互动式。小组合作学习是学生重要的学习方式之一,该方式能让学生在共同协作中展示自己的个性,在培养合作精神的过程中形成良好的人际关系,更是能将个人学习成果转化为共同学习成果,进一步强化学习效果。

一是小组划分的原则。小组合作学习的实施并不是随意的事情,需要遵循一定的原则:小组成员要保持自己各自的异质性与代表性,在小组内部,成员们都可以从别的同伴那里获得经验,同时看到自己的不足。

二是小组划分的形式。一般而言,小组合作学习的实施可以有三种形式:一是教师比较常用的一种形式,就是学生与各自的同桌自动形成一个小组,这同时也是一个比较经济的分组形式,同桌之间彼此相熟,在进行问题探究时会更加默契;二是四个人为一个小组,四个人的小组形式也是遵循了距离就近原则,可以是前后位四人组成一个小组,也可以是横向两个同桌组成一个小组,该形式非常适合连锁问答;三是可以以座位的一竖行为一组,不过,需要指出的是,这一形式有其不足,就是其可能在单词复习时会给学生带来不便。无论采用小组、横排、竖排、同桌、四人或随机排列,具体采用哪种小组划分形式,还需要教师根据教学的实际情况做出选择。

三是小组互动式具体实施步骤:①出示探究问题。教师出示的问题应该是经过深思熟虑的,为了激发学生的探究积极性,教师应适当提高问题的难度,同时要贴合学生生活的实际。②小组合作探究。小组合作是有一定顺序的。可以组成4～6人的异质小组,然后给予他们一个问题,让他们根据问题进行讨论,在讨论过程中他们就会发现自己的优势与不足。教师需要对小组讨论情况进行及时掌握,当讨论遇到瓶颈时,教师还可以适当地对学生进行指导。大量的小组合作教学实践已经表明,这种小组活动在很大程度上可以提高学生学习的主动性,同时能增进学生与学生间的了解,促进其彼此间的共同进步。③组际间互相交流。在小组组长的带领下，各小组成员分工明确，共同探究问题，当在激烈地讨论之后获得答案，各小组之间就自己得出的答案也可以进行彼此探讨。小组内部可以推举一个人作为代表与其他小组进行交流，如果小组代表的发言内容不足或者出现某些问题时，小组其他成员也可以进行补充或纠正。除了推举一人进行结果汇报与交流，也可以采用小组汇报这种集体形式进行。不过，无论是采用哪种形式，教师都应该对小组经过讨论得到的答案给予肯定。

（2）互动式英语听力教学的实施对策。

英语教学最为直接的目的就是通过向学生传递听说读写这些基础理论知识，使学生掌握必要的英语基础知识技能，从而使其最终可以在交际中灵活运用。语言的学习一般都是从听开始的，因此大学英语教学应该关注听力教学，教师在英语听力课堂上也应该选择适当策略，注意培养学生的听力信心。通常情况下，教师在英语听力教学中使用的策略主要有以下四个方面：

第一，解析标题。解析标题策略有其主要运用的领域，主要训练学生主题听力技巧。在使用这一策略时，教师先要向学生介绍一些任务，这些任务能够保证学生在具体听的过程中把自己的注意力放在文章的主要内容提炼上。然后再播放录音材料，让学生根据所听材料选择适当的标题。

第二，进行概述。进行概述是对文章主旨进行概括的策略。当学生听完材料之后，对整个文章的大意进行总结，然后再提供给学生几个关于文章概述的选项，让学生根据自己听的内容进行选择。

第三，学会排序。教师可以把听力材料的顺序打乱，然后向学生布置一些相关任务，之后播放听力材料，要求学生根据听到的情节对故事顺序进行重新排序，当学生完成排序之后，教师可以对学生的顺序调整做出最后评判。

第四，复式听写。复式听写策略的主要目的是从听力材料中获取具体的信息。在播放听力材料之前，教师要事先告诉学生哪些比较重要的地方已经删掉，进而提醒学生要注意聆听这些地方，在完成听力之后，学生需要将被教师删除的部分填补上。

听力训练形式也是多种多样的。教师在具体实施听力互动式教学策略时，应该遵循听力教学的相关原则，要从学生对教师、文本的互动需求出发，这样才能提高英语听力课堂教学的质量。

3. 互动式教学模式在口语教学中的运用

（1）互动教学法对英语口语教学的启示。

第一，确立正确的教学目标。存在于英语课堂上的口语互动都是以教师的启动为前提的，特别是教师在教授新课之前，其应当对学生进行适当引导，能够吃透教材，精心组织教学活动。而这些都需要教师围绕教学目标进行，正确的目标是教师进行教学活动的风向标，目标正确，教师才能沿着正确的教学道路前进。

第二，及时引导学生。在英语互动式口语教学过程中，教师一般会利用一些小问题将教师与学生联系起来，促进二者产生良好互动。在教师提出问题之后，学生需要及时回答，但是教师不能盲目认为所有学生都能迅速给出正确答案，每个学生都是有差异的，学生水平不同，其思考答案的速度也是不同的。对于那些存在思维或语言障碍的学生，教师不可以要求其迅速给出答案，而是要运用恰当的方法对其进行积极引导，引导所使用的语言不要太生硬，最好能委婉一些。引导学生的过程就是教师与学生进行互动的过程，当学生进行英语口语训练时，教师可以给予其恰当的引导。

（2）英语互动式口语教学的实施程序。

第一，确定目标，抛出问题。在传统口语教学中，教师走入课堂就开始讲课，并未明确口语教学的目标，而在英语互动式教学中，教师首先要做的就是确定教学目标。当目标确定之后，学生就会自动生成渴望完成目标的心理倾向，并且在教师的客观刺激下，学生的学习积极性也被激发出来。围绕着教学目标，教师制订教学计划，实施教学策略，学生制订学习计划，选取学习方式，并且在教与学的过程中，教师与学生完成良好的互动。

此外，英语互动式教学的实施还需要一定的问题启示学生学习。对于问题，它需要具备两种特征：一是具有启发性，学生在思考问题时可以联想到其他相关知识，可以激发自己的好奇心；二是具有发散性，问题不应局限于一个知识点，而是能让学生根据这一个问题发散自己的思维，拓宽自己的学习视野。除此之外，还需要格外注意的是，教师所提出的问题不能太难，也不能太易，而是要适中，能合理反映学生的学习情况，同时能激发学生的学习积极性。

第二，创设情境，实践演练。英语口语教学非常注重情境演练，情境是学生接触英语知识比较直观的方法，它是英语教学比较关键的部分。创设情境主要能发挥以下两个方面的作用：一是能加深学生对英语知识的理解，这是因为教师所创设的情境往往贴近生活，学生在这种情境中学习，自然可以更好地了解这些知识；二是能让学生感受到英语学习的真谛，在具体的情境中，学生能体会到英语语言的魅力，认识到英语语言知识并不是唯一的学习内容，而文化学习同样重要。在情境中练习口语，学生能直接感知英语国家的文化，清楚了解在英语口语交际中的文化问题。

第三，鼓励思考，帮助学生拥有自己的思考空间。任何知识的学习都不容易，除了教师教授给学生的知识外，学生也应该依靠自己的努力完成知识的获取，发挥自己的思维能力就是其中一点。

第四，组内讨论，组际交流。在思考完成之后，讨论与交流是必需的，一般而言，其主要包括两个部分：一个是组内讨论；另一个是组际交流。教师对学生进行分组，提供给其一个可讨论的题目，学生就这一问题进行组内讨论，在激烈的讨论中，学生的口语能力得到了锻炼。同时，当学生在对某一问题产生疑惑时，教师就可以对其进行恰当引导，通过与教师的交流，学生的口语水平也得到了一定程度的提升。

组际交流是另一种交流方式，它是小组讨论的进一步拓展。当各小组完成问题探讨之后，教师就可以让各组进行组际交流，在各组交流的过程中，教师不应该打断他们彼此间的对话，即使交流过程中出现问题，也应该在交流结束之后，教师再对其进行指导。

第五，及时评价，总结反馈。在教师与学生互动的过程中，教师要对学生的学习活动进行评价，评价学生的学习意识、学习态度等。不能采用一种评价方法评价学生，因为每一个学生都是不同的，教师要尽可能采用多样的评价方法，以尊重每一名学生，正确评价每一名学生。评价是对英语互动式口语教学的总结，通过评价内容与结果，教师可以总结出自己在教学过程中的不足，也可以总结出学生在学习过程中的不足。

二、英语课堂的混合式教学模式

"混合式教学是一种融合传统教育教学与网络在线教学的新模式，采用传统课堂教学＋网络线上教学有机结合的混合式教学，可以有效提升学生学习的深度，从而强化教育教学效果。"[1]混合式教学是网络技术迅速

---

[1] 徐玉书.新时期高校英语混合式教学模式构建与管理——评《课堂教学与管理艺术》[J].科技管理研究，2021，41（1）：216.

发展的产物，也是教学领域的一种新方式，这种新教学方式既有利于教师合理安排教学活动，也有利于学生根据自己的学习情况科学规划自己的学习进度。

（一）混合式教学及其特征分析

1. 混合式教学的认知

（1）传统教学+网络在线教学的结合。

传统教学的主要媒介就是课堂。在课堂教学中，教师借助黑板、多媒体将知识传授给学生，且教师与学生之间的交流是面对面的。而网络在线教学的主要媒介是移动终端设备，移动终端设备中拥有教师上传的优质教学内容，这些教学内容都是共享的，学生可以根据自己的学习情况来合理选择、科学规划学习，从而使自己更加深入地学习。

（2）在混合式教学中教师面临新的要求。

在混合式教学中，教师不仅要给学生讲授知识，还需要考虑学生对知识的接受度。同时，教师还应该根据学生的学习情况及时调整教学内容和教学活动，从而使教学内容和教学活动能够跟上学生学习的进度。因此，在混合式教学中，教学内容、教学活动都是动态变化的，其目的是让学生更好地学习。

（3）重视学生的个性差异和发展。

混合式教学包括传统教学和线上教学。线上教学重视学生的个性化差异，鼓励学生自主学习，这样有利于学生个性化的发展。同时，学生可以根据自己的学习情况进行线上学习，这样在课堂教学中就有了充分的准备，有利于避免传统教学中的被动局面。

2. 混合式教学的特征表现

（1）线上+线下。

混合式教学包含线上教学和线下教学两种形式，既要有学生线上的自主学习，也要有师生面对面的集体学习。

（2）线上教学是必备活动。

这里强调"必备"就是为了说明混合式教学中的线上教学部分不是可有可无，也不是锦上添花，而是必备的核心教学活动。如果脱离线上教学部分还能继续进行的教学，就不是我们所说的混合式教学。

（3）线下是线上的延续。

这里特别强调了"延续"一词，就是为了说明混合式教学的线上和线下两部分教学不是彼此分离的，而是有机统一的。线上部分的学习是线下部分学习的基础和前提，线下部分是线上学习的延续和提升。

（4）没有统一的模式。

我们所理解的混合式教学不是模式统一的教学，而是传统教学与网络在线教学的有机融合，也就是实现了线上和线下的融合。

（5）狭义的混合。

这里强调"狭义"就是要把"混合"限制在线上+线下两种教学手段的组合上，而不是其他方面的混合。因为当前有的人把不同教学模式、不同教学方法、不同教学手段，甚至不同教学理念的混合都界定为混合式教学，这种界定对于指导教学实践意义不大，在这样的语境下很难找到不是"混合式教学"的教学实践。

（二）混合式教学模式对英语课堂教学的影响

第一，英语课程学习不受时间、地点的限制。随着信息技术的发展，现代化设备在教育教学中的应用更加广泛。信息技术具有开放性、丰富性、自由性等特点，有利于提高英语教学的效率和目标。同时，网络平台上有多种类型的英语教学视频，且这些教学视频内容丰富、涉及面广泛、讲解清晰、针对性强。学生可以根据自己的学习情况和学习时间有针对性地学习网络上的教学视频，从而使碎片化学习成为可能，也使学生的时间得到最大限度上的利用。

在"线上"+"线下"这种双线性的教学方法运行中，教师可以通过在网上自主搜索先进资源，丰富自己的英语教案内容，弥补传统教学内容单一的问题。混合式教学的这种线上线下教学模式打破了时间和空间的限制，使教师和学生自由安排时间体验英语教学内容，同时拉近了教师与学生的距离。

第二，创新教学模式，提供丰富的英语资源。混合式教学模式是传统教学与网络在线教学的有机结合，是一种新型的英语教学模式。尤其是线上教学拥有丰富的英语资源，从很大程度上为学生的学习提供了支持和保障。但这些丰富多样的英语资源也给学生带来了选择上的困难。因此，教师和学生在选择网络英语资源时要结合自己的需求，然后结合网络课程的点击量，而不要盲目地去选择。另外，教师也可以在网上搜寻一些点击量较高的教学视频，并将这些视频内容制作成较为精良的课程内容，以切实满足学生的需求。

（三）英语课堂中混合式教学模式的设计

为了使英语教师可以更好地进行英语课堂教学，这里对大学英语混合式教学模式进行了设计。

第一，引入阶段。在引入阶段，教师主要根据教学内容来进行英语课程的具体设置。通过课程的引入，学生能够提高对英语课程的认识，并意识到英语课程的重要性。另外，教师可以采用形式多样的教学内容来引入，比较常见的有提问、故事讲述等。

第二，目标设定阶段。在应试教育的影响下，英语教学的目标通常注重学生的学习内容以及学生的应试能力，忽略了学生的认知、行为和情感等。混合式教学作为一种新型的教学模式，应该结合时代的发展以及教育改革的要求，注重高阶目标的设定。例如，在提高学生语言技能的基础上，提高学生分析能力、创造能力和跨文化交际能力，进而提高学生的专业英语能力、创新能力等综合能力。

第三，教学过程中的前测阶段。前测通常发生在教学之前，其目的主要是了解学生的现有英语水平、学习需求以及对英语学习的兴趣。所以，在英语混合式教学模式构建中，教师应该注重这个前测阶段，采用提问、考试等方式来对学生的具体情况进行测试，这有利于为教师后续的教学提供依据。

第四，参与式学习阶段。教师在实施英语混合式教学模式时，应该根据教学目标及学生的实际情况，开展与之相关的英语教学活动，并鼓励学生积极参与和讨论。总而言之，参与式学习对英语混合式教学模式的实施也是十分重要的。

第五，教学过程中的后测阶段。后测是相对于前测而言的，是前测的一种延伸。教师完成教学之后，要想了解学生对知识的掌握情况，就可以采用后测的方式。在英语混合式教学中，教师也应该注重后测。具体而言，教师在后测阶段，除了要测试学生对教材知识的掌握外，还应该测试学生的英语技能、英语应用能力、表达能力、理解能力等，从而及时调整自己的教学进度。

第六，总结阶段。总结阶段也是英语混合式教学模式构建的重要内容。除了总结学生的学习情况外，教师还要对自己的教学方式进行反思。并以此为依据，不断学习、不断进取，使自己能够适应时代和教育改革的发展。

第二章 基于信息技术的英语课堂模式（一）

　　课堂互动不仅能够活跃课堂气氛，而且能提高学生听课的兴趣和热情，让学生能够更认真听讲，保证课堂教学的质量和效率，尤其是在信息技术支撑下的英语课堂模式中，能够充分地发挥信息技术的优势，加强课堂互动的作用。本章重点围绕英语课堂中融入现代信息技术的意义、现代信息技术条件下英语移动课堂教学、翻转课堂模式下的英语教学展开论述。

第一节 英语课堂中融入现代信息技术的意义

　　目前高校英语课堂依然是大学英语学习的主要方式和途径。因此，"如何提高英语教学课堂效果，调动大学生参与英语课堂教学积极性是我们教育者要考虑的一个主要问题"[1]。现代信息技术不仅能够提高学生课堂参与程度，还对改进教育教学效果产生非常重要的作用。从理论上来看，现代信息技术可以提高学生参与课堂的热情和积极程度。

　　信息技术具有传统教学所不具备的优势，可以作为传统课堂教学的有益补充。社会在进步，科技在发展，大学英语也要跟上发展的步伐。现在的大学生对各种新鲜事物充满好奇，如果能够让学生在学习中从内心接受学习，就能够促进他们的学习，增强他们学习的积极性。信息技术的使用能够丰富

---

[1] 王晓清.在大学英语课堂中运用现代信息技术的必要性[J].吉林医药学院学报，2020，41（2）：158.

学生的情感体验，产生情感上的共鸣，从而吸引学生课堂注意力，激发学生潜能，提高参与课堂的热情。

此外，由于社会发展和进步的需要，大学英语学习的目的不仅仅局限于掌握现成的书本知识，满足应对各种测验和考试的基本需要。学习英语更大的作用是它的实用价值，即英语语言实际交流的目的和作用。英语作为一门外语，学生本身就有语言上的障碍，不少学生在课堂上不能完全听懂。因此，要想能够真正学好英语，就应该全程参与。所谓的全程参与，就是课堂参与的时间，也就是学生参与课堂的时间长度。大学英语课堂是一个整体，每节课的内容都围绕一个中心和主题，再加上英语作为一门外语的语言难度，有些学生课上很难完全消化，所以学生必须参与全程学习，不能中断。全程参与，不是单纯的课堂上参与，还包括课前预习和课后复习这两个环节。运用信息技术能够帮助学生进行课前课后学习，形成参与课堂的良好习惯。学生在课前的预习和课后的复习是对课堂教学一个特别好的延伸，从而完成课前、课中、课后三个方面参与课堂的学习模式。

第一，课前预习是英语学习的必备环节，是课堂教学的延伸。英语学习本身难度很大，如果不能做到有效的课前预习，学生很有可能在课上跟不上教师的节奏，这样会影响到学生学习的积极性，从而降低学生参与课堂的效果，久而久之，学生就会放弃对英语的学习，所以课前预习非常重要。如果学生还像以前一样，单纯依靠书本知识进行预习，单凭学生的水平，无法解决所有问题。有了信息技术的参与，学生们可以借助先进的信息技术，辅助他们进行课前学习。信息技术不仅能够让学生解决疑难问题，还能够为他们提供相关的信息，让学生在轻松掌握知识、解决问题同时真正掌握英语，从而爱上学习。

第二，课前复习固然重要，课后学习也是不可缺少的环节。课后复习是针对课堂知识的巩固、消化及反思进行的学习，这样的过程不仅可以加强学生对知识的记忆，还能够加深对英语语言文化的理解。课后复习不能仅仅满足于教师在课上布置的作业。学生要充分借助各种手段和工具尽可能地扩大知识范围，提升自己的英语水平。网络信息凭借自身具备的全球性、时效性和高效性优势，不仅能够在最短的时间内提供及时有价值的信息，还能和学生进行实时的语言交流和视频训练。这么强有力的教学补充既可以扩大学生的知识储备，提高学生英语口语水平，还能起到加深学生复习效果的作用。

第三，课堂教学是最重要的一个环节。运用信息技术，不仅可以吸引学生的注意力，有效满足学生的要求，还能达到参与课堂的目的。改革后的英语教学大多以学生为中心。如果学生不能全身心地投入学习中，没有自发主动的学习热情和态度，就不能真正地获得知识，那么学习效果也会大打折扣。而且作为一门公共课，大学英语本就不为大多数学生所重视，很多学生学习英语的目的无非通过期末考试和等级考试。在这种情况下，如果不能吸引学生的兴趣，那英语教学效果就可想而知了。

综上所述，信息技术丰富了学生的语言学习，让原本枯燥的英语学习变得既生动又形象。当然，信息技术也不能从根本上解决大学英语课堂参与率偏低、效果不佳的现象，甚至有时还会产生一定的负面作用。但是任何事情都有利有弊，都有它的两面性。所以，作为教育工作者要充分考虑到信息技术的利与弊，充分利用它在教学过程中的优势，让信息技术成为大学英语课堂必备的有益补充。

第二节　现代信息技术背景下英语移动课堂教学

信息技术的飞速发展以及移动终端的普及，使移动互联网开始进入大众视野，并且成为影响人们生产生活的重要因素。学生的学习方式因为移动互联网也发生了显著变化，各种学习手机软件（App）的出现提升了学生学习的效率。英语教学也应该引入移动互联网，从而提高英语教学质量与学生的学习效率。

一、现代信息技术背景下移动课堂的认知

移动课堂[①]是在移动信息技术支持下形成的教学模式，这一模式是理论与实践相结合的产物。移动课堂教学就是指在移动互联网技术的帮助下，教师与学生可以在任何时间、地点通过移动终端设备完成教学互动的教学模式。在这一模式中，学生的角色发生了明显变化，学生不仅是学习活动的践行者，还是其自身学习计划的制订者、内容的设计者。

---

① 移动课堂是依托成熟的互联网技术，教师与学生使用移动设备进行交互的活动。

◆英语课堂模式及其形成性评价构建

移动课堂涉及的场景具有一定真实性,并不是随便选取的,都是一些比较经典的社会场景,而且提出的问题也没有固定答案,学生需要发散自己的思维去思考,这一教学模式是新颖的,对学生提出了更高要求:学生需要具备较高的观察力,能够识别教学方式的优劣;具备分析与解决问题的能力;具备全面接受并吸收新知识的能力。大多数大学生都是成年人,他们具有抵制诱惑的能力,同时需要以成人的学习标准要求自己,从而最终使自己的学习能力与学习水平得以提高。

(一)移动课堂的背景分析

1. 迅速发展的现代信息技术

第三次科技革命使不少新技术涌现出来,计算机技术是其中比较具有代表性的技术。电子计算机技术在人类生活的各个领域都实现了不错的应用,它促进了生产的自动化、管理的现代化,也促进了教育的信息化。第三次科技革命让信息技术实现了前所未有的发展,当互联网实现了全球范围内的普及就标志着信息革命的形成与发展。信息技术推动了一系列新的技术变革,这些技术的更新又带给人类以及人类社会深刻的影响。很明显,人类社会已经进入信息时代,信息技术的发展对人提出了更高的要求。而人的发展靠教育,因此,我们必须要重新审视教育与技术的关系,争取利用技术实现教育的新发展。高校英语教学正值变革之际,可以将信息技术引入英语教学中,用信息技术的力量推动英语教学的发展,实现英语教学质量的提高。信息技术对高校英语教学的各个环节产生了重要影响,甚至颠覆了教学方法。此外,它还改变了学生的学习方式,英语信息化教学使得学生在学习上的主动性提高了。

2. 数字化带来的教学与学习变革

(1)教学方面的变革。

第一,教学理念变革。教学理念一旦形成就具有相对稳定性。教学理念是在教学实践基础上形成的一种思想观念,它具有明显的主观性特征。教学理念源自教学实践,同时反过来对教学实践施加影响。教学理念是人们对教师的教与学生的学的总体认识。教学理念是动态发展的,它总是随着教学实践的变化而变化。数字化带来了英语教学变革,同时给英语教师提出了新的要求,要求英语教师在掌握扎实的专业知识之外,还要具有一定的信息素养,同时能辩证地看待虚拟世界。

第二，教学方式变革。传统英语教学是一种粉笔加黑板的教学形式，在数字化时代，教学方式发生了明显的变化，"虚拟＋现实"的教学方式开始进入大众视野，走入英语课堂。数字化时代也是不断发展的，为了适应时代的发展变化，高校英语教师要正视信息技术在英语教学中的积极作用，将教学与新型教学媒体挂钩。这同时也表明，数字化时代英语教学模式变革的一个重点就是信息技术在英语教学中的应用。

信息技术在给英语教学方式带来变化的同时，也促进了教学方式在结构形态上的变化。英语传统课堂教学的实现主要使用的方式为讲、听、练、考等，这是一种单向推进方式，效果不佳，而当信息技术被引入高校英语课堂之后，英语课堂教学充满了浓浓的自主学习、合作学习氛围，这让英语教学的效率得以提高。

第三，教学结构变革。教学结构接受教育思想、理论的指导，通常由四部分组成，分别为教师、学生、教材和教学媒体，这四个要素各自独立，但又相互影响、相互作用，共同维护教学活动的稳定。教学结构的作用主要体现在它指导教师依照怎样的教育理论，采取怎样的教学方法来推动教学活动进程。从本质上看，教学结构其实就是对这四大要素之间的关系予以说明。传统教学结构主要有三种，分别为以教师为中心的教学结构、以知识为中心的教学结构和以学生为中心的教学结构，但是时代在发展，教学活动也未停滞不前，当前的英语教学结构正逐渐向以学生为中心的趋势发展。

第四，教学评价变革。在数字化时代，促进大学英语教学评价方式发生变化的原因有很多，但主要原因有两点：一是传统教学评价方式过于老旧，无法适应课堂教学结构的新变化。目前，英语课堂因为信息技术的应用而变成了一个虚拟世界，在这个世界中，简单的考试与分数已经不是评价的唯一标准，利用信息技术对学生的学习情况进行精确分析，根据得到的结果对学生的学习进行评价，才是一种科学、公平的评价；二是随着信息技术在英语课堂中的应用，多样的新型社会评价方式开始为教师与学生所喜欢。因此，英语日常评价也可以引入一些当代年轻人喜欢的方式，如投票、网络评价等，这些方式能吸引学生的参与。

此外，虽然这些评价方式可能在一定程度上激发学生的积极性，但是在具体运用上，教师绝对不能盲从，而是要遵循科学的原则：一是应遵循教育性原则。在英语教学中应用社会评价形式并不是为了紧跟时代的潮流，而是要从根本上激发学生的积极性，促进其身心健康发展。二是应遵循综合性原则。遵循综合性原则可以激发学生的学习积极性。例如，网络评价是一种高效的评价方式，深受大学生的喜欢，但是因为这种评价是在虚拟世界中产生的，这让评价可以被操控，所以无法保证评价的真实性。因此，在具体进行评价时，最好不使用单一的评价模式，而是综合其他评价模式的优势，彻底将评价中的不实成分剔除出去。三是应遵循人文关怀性原则。教师在对学生进行评价时，必须要顾及学生的感受。

（2）学习方面的变革。

第一，学习地点变革。英语学习方式的改变也反映在学习地点上，传统学习方式是一种相对封闭的学习方式，学习场所也被限制在教室里，现在英语学习方式是一种开放的学习方式，其学习场所可以是任何地方。传统课堂教学是师生面对面的教学，而现在的教学处于一种可选的大教育状态，最重要的是，师生的主从关系被彻底打破了，因此，以信息技术为依托的各种学习方式开始涌现出来，为学生英语学习开辟了多种渠道。这些渠道不仅消除了学生与教学环境之间的距离，而且促使英语教师改变自己的教学方式，利用信息技术去拓展学生的学习环境。

第二，学习方式变革。学生知识的获得是靠教师对其进行单向传输的，学生必须要在教师规定的时间之内完成相关知识的学习。信息技术改变了学生单向的学习方式，当前，知识呈现出一种网状化模式，更新速度极快，内容体系也极为丰富。丰富的知识都是人们对自己生活经验的总结，人们看问题的角度不同，便形成了多样的知识结构，这让学习者学习时必然也需要用多元化思维进行思考。此外，学生学习的内容也不再局限于书本知识，借助网络，学生可以从不同的渠道获取知识，这让学习终于成为一种以学生为主体的活动，也真正实现了"以人为本"。

信息技术为人类搭建了超越时空界限的交互式教育平台，拉近了世界人民的距离，借助网络，人们就可以实现信息的流畅交流。学习结构也因为信息交换模式的变化而发生改变，由原来的金字塔型转变为分散网络型，新的学习结构打破了学习目标固化的界限，让教育实现了与世界的融通。从这里可以看出，信息技术其实是为身处任何地点的人服务的，这就为实现全球范围内的跨越式学习奠定了基础。

3. 学生差异化及学习需求

学生生长的环境不同，受教育的背景也不相同，这让他们形成了自己独特的个性，即使在学习活动中，不同的学生也展现出了不同的差异，这些差异具体表现在以下三个方面：

（1）认知方式上的差异。

学生在分析、组织、加工信息过程中表现出来的个性差异就是认知方式，它也可以被称为"认知风格"，从本质上来看，它是个体在认知过程中已固化了的态度与方式。例如，有的学生善于运用逻辑思维解决问题，而有的学生善于运用形象思维解决问题。

（2）学习动机上的差异。

学习动机的作用体现在以下两个方面：一是刺激学生的学习欲望；二是维持学生的学习行为。一般而言，学习动机的内涵十分丰富，不仅包括学习兴趣、需要，而且包括情感与意志力等。学习动机对学生的学习产生间接影响，它并不直接参与学生的学习活动。例如，在学习意志方面，有的学生表现得非常刻苦，有着顽强的意志力去克服学习中的苦难，但是有的学生没有持久的毅力，总是会半途而废。因此，在大学英语教学中，教师必须要时刻关注学生的学习动机，根据学生表现出来的学习动机差异为其制订有针对性的、科学的学习计划，同时为其设置不同的目标，而目标要考虑学生的学习能力。

每个学生也会具有不同的个性，这样学生在学习活动中也反映出了不同的个性，教师要注意维护学生的这种个性，而个性化教学是一种新的教学理念。同时，个性化教学还能最大限度地保持学生的特色，这也使学生的学习样态呈现出百花齐放的局面。

（3）学习风格上存在差异。

学生在学习活动中喜欢使用的学习方式就是学习风格，学习风格一旦形成，一般很难改变。学生英语学习能力不同，因此英语教师最好不要对学生提出统一要求，而是要进行差异教学，根据学生的具体差异开展针对性教学。此外，学生学习风格的差异还可以从学生对知识点的掌握能力差异上体现出来。在传统英语课堂上，学生对英语知识的吸收内化程度不同，在课上学得快的学生一般吸收内化的程度高，而学得慢的学生则吸收内化程度较低，但是吸收内化并不是一蹴而就的，它是一个过程，需要时间的积累，如果给那些学得慢的学生足够课堂时间，他们甚至要比那些学得快的学生知识掌握得更加牢固。

（二）移动课堂的教学内容

1. 课堂学习

课堂学习与传统教学是不同的，它是传统教学模式的延伸，课堂学习在实现过程中应该继续保持自己的优势，也就是对学生进行专业培养要保持其系统性。

（1）需要将已经为人所普遍接受的相对完善知识体系结构导入其中，使其成为课堂学习系统的支撑部分。传统教学在专业培养方面已经有了长时间的探索，形成了丰富的培养经验，学生根据前人所设置的专业结构、课程标准等进行相关专业课程的学习，这时的学习是循序渐进的。不过，对于一些学习能力强的学生而言，他也可以进行跳跃式学习，但是需要打开相应的测试权限，一旦其可以通过测试，就能学习其他拓展知识，但是这种学习是一种违背知识建构正常规律的学习，并不是所有学生都适合。

（2）对于课堂学习的过程，教师要形成详细记录，以便其能从整体上把握学生的学习进度。掌握学生的学习进度主要可以从以下两个方面实现，一方面是关注学生的专业学习走向；另一方面是关注学生某一门专业课的学习进度。在进行专业选择之前，学生需要通过知识线路图对专业知识有基础的了解，待其完成导入课程之后，教师就可以根据学生的专业选择传授知识。此外，教师为学生布置单元任务，让学习者的学习始终处于一定的范围之内，这样教师就能清楚地掌握学生学习的兴趣、习惯等。此外，教师要对学生不同时期学习的进度予以保存，以方便教师从整体上分析学生的学习情况，帮助学生优化其学习方式。

2. 课堂测试

课堂学习完成之后，就需要进入测试环节，这是移动课堂教学非常重要的环节之一。测试的结果一方面可以帮助学生了解自己学习的优势与不足；另一方面可以帮助教师完成自我反省。要想真正实现这一模块，就需要与传统教学相结合，在测试环节中导入传统教学积累的测试资源。测试资源的种类十分丰富，主要包括以下三个方面：①平时练习，这种测试资源主要是用来测试学生在日常学习中对某一部分基础知识的掌握情况，一般而言，需要学生自觉完成；②单元测试，是对学生一段时间内的学习情况进行检验，根据测试结果，教师可以掌握学生先前的学习情况，之后便能根据学生的实际学习情况做出教学计划、教学设计、教学方法等的调整；③课程考核，当学生完成一门课程的学习之后，教师就需要对学生进行课程考核，以验证学生是否比较好地掌握了这门课程的知识。

通过对以上测试资源的分析可以发现，平时练习中涉及的知识多为专业中的具体知识点，这是学生进行后续学习的基础，因此必须要引起教师的重视，除了给学生提供一些习题资源之外，最好可以根据习题提供必要的文字或视频讲解，以提高学生的学习质量；单元测试是以章节为依据形成的测试资源，教师需要根据测试结果了解学生模块学习的成果；课程考核是在学生已经明确自己学习活动结束之后，向教师提出考核申请之后生成的习题，学生的考核结果需要被保存下来，因为后续课程的开设要以这些结果为依据。

3. 交流互动

移动互联体系中最具特色的部分当属互动环节，但是这一环节并没有广泛在学习系统中得到很好应用。传统课堂教学忽视了教学中的互动性，教师在讲台上独自演绎，学生只是被动地听讲，课堂上的唯一互动就是教师问、学生答。将移动互联技术引入传统课堂，可以加强教师与学生之间的互动，传统课堂上存在的少有的互动可以在线上完成，这极大地加强了教师与学生的互动，同时让学生与学生之间实现了良好的互动。交流互动时需要注意以下两个方面：

（1）互动内容的选择。

互动交流行为有着显著的现实意义，主要体现在两个方面：一是打破了传统课堂上学生地理距离近而心理距离远的现状，学生不仅能在学习上实现友好交流，还能增进情感交流；二是教师与学生之间的互动使教师可较为全面地把握学生的学习情况，从而为以后的教学设计提供借鉴。这就给英语教师以启示，在设计互动内容时必须要考虑学生的意见，考虑自己过去的教学心得以及师生互动的相关内容。

（2）互动方式的选择。

在线课堂使用的互动方式主要有两种：一是设置评论，学生观看完视频之后，可以在评论区发表自己的观点，其他学生可以紧随其后，这样他们就可以对同一问题进行热烈讨论，从而保证知识的严谨性，当然教师也可以参与进来，与学生一起互动，同时能对学生的看法进行评价；二是引入第三方联系的渠道，微信在人们日常生活中扮演着重要角色，它不仅是人们友好交流、增进感情的工具，同时利用微信还能完成学习层面的互动，学生可将自己在学习过程中存在的问题通过微信发送给教师，教师可对其问题给予解答。

4. 资源共享

大多数课程有着很长的课程设置历史，这使其在课程发展过程中也积累了大量参考文献资料，而且学生在学习过程中也会利用网络查找相关资料，如果这两类资料都可以被整合起来，构建一个资源库，那么学生以后查询资料就会变得非常方便。教师在设计这一模块时还需要考虑资料的来源问题，因为来源不同，教师就需要设置不同的上传权限，这样做的目的就是使资料在上传的过程中完成分类，这既节省了教师的工作时间，也方便了学生的学习。只要有权限，每个人都可以上传资料，所以长此以往，资料的体量将会变得越来越大，这时可提供关键词搜索或者资源链接的方式让学习者继续学习。

总而言之，在互联网＋教育理念的支持下，移动课堂通过资源分享、师生互动、在线考核测试的方式实现了对传统课堂教学的强化。在教育信息化不断推进的今天，将移动课堂引入英语课堂教学有着不错的前景。

二、现代信息技术条件下英语移动课堂教学的重要性

（一）英语移动课堂教学的必要性

移动学习就是呈现学生如何"学"的一种新型教学模式，因此可将其引入英语课堂教学中，使其成为推动学生自主学习的重要力量。

第一，移动学习是一种课堂之外的非正式学习方式，能培养学生学习的自主化。移动学习是一种高效、便捷的学习方式，它对学习内容进行压缩，保持了自身灵活的终端特性，很明显，这是一种符合学生学习需求的学习方式。通过移动学习，学生可以高效地进行自主学习，可以利用日常琐碎时间学习，这样就提高了学习的效率。

第二，移动学习终端设备的便携、灵活等特性符合英语学习的认知特点。建构主义理论认为，学习是学生依托新知识进行选择、加工与处理的过程，英语学习过程也是这样一种过程。在英语学习中，学生需要及时将旧知识找出来重新温习，确保过去形成的短暂性记忆可以通过复习转变为长期性记忆，移动学习的灵活性恰恰满足了学生巩固知识的需求，可见，移动学习是符合学生知识学习与巩固规律的一种教学模式。

第三，利用移动学习工具可以搭建虚拟的语言学习环境，增强学习者的

体验。从本质上来看，语言教学并不是要机械地向学生传授知识，而是要从语言规律之外出发，为学生构建一个良好的语言学习环境，从而使学生即使在真实的语言交际中，也会保持较高的英语应用水平。移动终端具有智能化特征，它可以通过文本、图片、音频与视频等形式，给予学生更加丰富的感官体验，这样就有效激发了学生对英语学习的兴趣。

移动学习是信息时代出现的一种新的学习方式，它使学习方式框架得以丰富，同时，还为学生提供了多样的学习资源。因此，移动学习的优势使其可以应用到大学英语教学之中。

（二）英语移动课堂教学的可行性

第一，大学英语移动学习具备了实施的物质基础。移动学习的物质前提已经具备，具体表现为三个方面：首先，移动学习需要依靠的外部硬件已经十分成熟。可以以手机为例，现在大学生拥有的手机都有着比较高的屏幕分辨率，学生可以清楚地看到教师讲解知识的画面；中央处理器（CPU）处理速度已经非常快，如果学生对前面的知识并不太懂时，其就可以快速回到前面的视频中；内存也变得越来越大，这就让学生可以存储更多自己认为有用的知识。其次，移动互联网实现了快速发展，几乎人们走到哪里都有免费的行动热点，这种全覆盖的网络为学生进行移动学习提供了重要保障。尤其是现在，人类已经进入5G时代，信息下载速度有了显著提升，学生可以更加高效地完成英语移动学习。最后，信息技术在英语教育中的应用已经常态化。教师从互联网上为学生下载英语学习资源，同时利用多媒体工具为学生讲解知识，或者直接进行直播授课。同时，社会为学生提供了大量的英语学习App，学生在课下也能完成英语学习，从而使其英语知识结构体系更加丰富。

第二，大学生具备接受移动学习的相关能力。传统英语课堂的时间毕竟有限，所以学生学习的知识也是有限的，且对知识的消化程度可能不高，这就要求学生可以利用课下时间开展自主学习，移动学习就是这样一种可以实现学生自主学习诉求的学习方式，也能满足学生已经具备的接受移动学习的相关能力。

第三，英语学科及教学特征可以实施移动学习。作为一门语言，英语的主要属性就是交际工具，因此，在真实的场景中开展英语学习是非常有利于知识的吸收与应用的，支撑移动学习开展的移动设备没有时间、地点的限制，它具有可移动性，因此，学生拿着移动设备就能在任何地方实现英语学习。

总而言之，英语移动学习是必要的，而且是可行的，它是对传统英语教学的有效补充。不仅能较大程度上提高英语教学的质量，而且能转变学生的学习方式，提高其学习质量与效率。

三、现代信息技术条件下英语移动课堂教学的方法

（一）英语移动课堂教学方法的具体方式

第一，基于短消息的移动学习。基于短消息的移动学习模式将涉及消息传递的各种对象之间的关系体现出来，不仅体现了教师与学生、学生与学生之间的关系，还体现了学生与教学服务器、教师与教学服务器之间的关系。在立体传递关系过程中，学生能获得从不同视角出发分析与解决问题的方法，这极大地促进了学生自主学习的实现。

第二，基于课堂直播形式的移动学习。借助网络与多媒体技术，远程教育机构在网上进行授课课堂直播就是我们所说的课堂直播，一般也可将它称为"直播课堂"。课堂直播的作用不仅体现在即时的课堂讲授上，当课堂结束之后，这些直播视频资源就可以转化为随时点播资源，学习者只要想学习，随时随地都可以进行点播。课堂直播使学生即使不在课堂上也能感受到与教师面对面的氛围，其为学习者构建了真实的学习环境，并能有效消除学习者移动学习过程中的不少干扰因素，还能较大程度上将课堂教学的作用发挥出来。

第三，基于资料收集形式的移动学习。一般而言，这里的资料主要分为两种：一种是在学习平台上，由各大教育机构提供的各种教学资源；另一种是存在于互联网各个角落中的多样学习资料。学习者进行资料下载的行为与其学习需求有很大关系，他们为了获得自己需要的学习资料就会自行从互联网上搜索，由于这是学习者的定向学习行为，也使其移动学习具有了个性化学习的属性。

第四，基于视频通话交互的移动学习。学习者可以借助语音和视频的方式，解决自己在学习过程中所遇到的难题。通过这种方式可以给学习者创造一个良好学习氛围，使学习者通过移动学习终端的界面获得实时交流的感觉，也能让其置身相对真实的英语课堂中，基于此，学习者便会更加乐于学习，也会更加愿意与同伴、教师一起探讨问题。

第五，基于移动学习平台的移动学习。现在有一些移动学习平台可以使

用智能终端将课程前后、师生之间的教学互动进行连接，通过智能终端将课前、课中、课后的教学环节使用信息化手段进行全覆盖，如可以在课前将课程的资料发送给学生，让学生进行预习；教师可以通过移动学习平台了解到学生学习的相关数据，并可以根据数据调整上课内容；在课堂上教师可以使用这些学习平台进行实时互动，使每个学生都能参与到互动中来；课后教师也可以为学生布置一些与其在课堂上所学内容相关的任务，并利用平台的数据分析与管理功能对学生的课下学习行为进行数据分析，从而最大化地利用信息手段服务教学、促进教学。

（二）英语移动课堂教学方法的运用策略

第一，充分利用社群和网络。利用移动技术，学习者的学习行动将更加自由，他们不仅能控制自己学习的每一个环节，而且在制定学习目标、选择学习方式上，也能对自己的学习情况有正确的认识，从而做出正确的决定。如果从社会认知的视野出发，可以看出，学习也是一种社会行为，学生在群体中的学习也有着各种互动与交际关系，这些关系与学习内容有着非常重要的地位。学习社群并不是固定的，它是动态发展的，正是因为它的这一特性，才使其可以在多个层面上推动学习者开展自己的学习活动，总结自己的学习经验。社群内部的每一位成员都可以将自己获得的学习经验在社群内部分享，久而久之，这样的分享将会让每个成员都获得丰富的学习经验，从而使其可以在学习上少走弯路，提高学习的效率。在学生共同分享学习经验的社群中，每个人都是平等的，他们都是学习上的能手，他们看待问题的角度因为互联网而打开，他们更加喜欢把问题放置在情境中去解决。社群内部的成员之间，可以从别的成员那里获得优秀的学习经验，并对其学习活动进行模仿，这样，学习者就会更加优化自己的学习活动。所以，英语移动学习的实现需要网络以及社群的帮助。

第二，有效结合解决问题的各个方面。移动学习与计算机辅助学习有着显著的差别，就其功能而言，它并不具备与计算机一样强大的功能。通常情况下，移动设备的显示屏并不大，联网速度也不快，更重要的是，其处理信息的能力也比计算机弱很多，所以任何一个移动平台的功能都无法与计算机相媲美。我们要对移动学习做出精准的定位，不能将其单纯地看作一种解决学习问题的工具或者方案，它应该是英语教学过程中教师所利用工具的一部分，移动学习这个工具与其他教学工具一起共同作用，促进英语教学目标的达成。

　　第三，移动英语学习者应成为积极的、互动的知识构建者。学习者的角色定位问题困扰了人们很久，同时这也是移动学习需要解决的问题。移动学习被应用在英语学习中，能促进大学生英语知识结构体系的构建。学生没有必要在一致的时间内开展英语学习活动，这是因为移动学习可以让英语学习群体在不一致的时间相联系。在进行群体英语学习时，学生如果有疑问就可以向教师请教，也可以与其他同伴一起探讨。并不是所有学生都能对所有英语知识做到扎实掌握，他们总有自己喜欢的或者具有优势的部分，有些学生英语听力好，有些学生英语阅读好，这就让学生往往会根据自己的学习情况决定自己的信息传达内容。学生之间进行互动，可以让其进一步明确英语知识的学习不只有一种思路，其他人的学习思路同样值得被尊重，同样值得学习。

　　总而言之，移动学习中的学习者应该是主动的知识构建者，他们主动与教师、学生互动，同时，教师在学生移动学习的过程中也要转变身份，应该成为学生学习活动的促进者，帮助他们完成有效的学习。

第三节　翻转课堂模式下的英语教学

　　随着信息技术的不断发展，它对人们的影响也深入社会的各个方面。大学英语教学想要实现自身的改革与发展，也要借助信息技术，提高课堂效率，实现个性化学习，从而逐步提高学生的合作能力。翻转课堂指的是由教师创建教学视频供学生在课前观看，在课堂上通过师生的面对面交流从而让知识得到传播的一个过程。翻转课堂下的学习则将课堂变成了教师与学生以及学生与学生互动的场所，知识的获取是通过课外看视频获得的，这样就可以让学生有足够的时间去内化课堂知识，通过课堂的讨论，学生也会对这个知识点有更加深入的认知。"基于信息化教学，翻转课堂让学生获得来自不同教师的教学视频，让学生拥有更多获取知识的机会，特别是能够选择与自己相适应的教学方式，这不仅能够促进优质教育资源的共享，还推动教育均衡发展这一重要目标的实现。"①

一、翻转课堂模式下的英语教学设计与活动要点

（一）翻转课堂模式下的英语教学设计要素

翻转课堂是对传统课堂教学结构的颠覆，它改变了传统的以教师为中心的教学观念，更加侧重信息技术的使用，并且对学生自主学习能力以及协作学习能力培养等都有重要作用。翻转课堂模式下的英语教学设计要素如下：

第一，学习者设计。为了让学生以更高效率开展学习，教师应该做好教学设计，学生处于学习的中心位置，只有对学习者进行深入分析才能让高效课堂的创建成为可能。在分析学习者的时候，教师应该明确不同学习者的个性，从而能让学生实现个性化学习。在对学习者进行分析的时候，可以分析学习者的认知能力、学习态度等。应该让学生在课前学习相关知识，这样他们就能依据自己的节奏进行学习，对于不会的地方就可暂停视频进行思考。学生也需要具备一定的信息技术能力以及自学能力，同时，教师还需要考虑学习者的信息技能掌握情况。

第二，学习内容设计。在翻转课堂模式下，一些基础的知识点学生已经在课下提前学过了，所以就改变了课堂的目标，这显然就需要教师对知识进行重新划分以及整合。教师在设计教学内容的时候可以将不同单元里的知识点摘取出来，并将其进行仔细分类，这样就利于学生明确不同知识点之间的内在联系。教师也应该综观教学目标，将这些知识点放在合适的时间给学生讲解，将各知识点融入不同任务中。

第三，学习目标设计。在开展教学设计的时候，应该明确教学的目标，并发挥出教学目标的导向以及控制功能，让教学活动在教学目标的指引下向着正确方向进行。在翻转课堂教学中，可以将学生的学习过程大致分为课前知识的内化阶段和课堂知识的内化阶段。我们可以将第一个阶段的重点放在记忆与理解上，对于第二阶段，我们应该将其看作知识的应用阶段，可以看出，第二阶段的学习能有效提高学生对知识的应用程度。

第四，学习资源设计。在学生学习各项活动的时候需要相关材料的支持，这些材料被称为"学习资源"。按照来源的不同，我们可以将学习资源分为

---

① 郑璞玉，安桂芹. 论高校英语教学翻转课堂的信息化建设 [J]. 黑龙江高教研究，2017（2）：155.

三类：一是原创资源，这类资源指的是由教师根据教学的需要自己创造出来的学习资源；二是引用资源，这类资源是作为辅助性资料使用的；三是生成资源，指的是在教学的过程中所产生的与学习相关的资源。

第五，学习活动设计。学习活动指的是师生行为的总和，一般情况下也可以称为"教学活动"，此处用"学习活动"的目的在于凸显翻转课堂"以学生为中心"的原则。我们可以将翻转课堂中的学习活动划分为两类：一是课前自主学习活动；二是课堂交互活动。对于这两类活动，应该实现目标以及任务上的衔接。在课前，学生可以通过自主学习相关知识，提出一些与学习相关的问题，在课堂上就可以与学生就这些问题开展讨论，讨论的环节不仅能提高学生的口头表达能力，还利于学生思维的锻炼。在开展各项学习活动的时候，应该遵循各项学习任务的指引，让学生开展更为高效的自主学习以及合作学习。

（二）翻转课堂模式下的英语教学活动要点

第一，活动设计宗旨突出。将翻转课堂融入英语教学中需要重视学生自主学习能力的培养，所以在开展活动设计的时候要做到和而不同。在课前准备环节，可以将学生分为几个小组，教师可以定好教学要点，让学生以组为单位进行学习材料的搜集。在课中，可以让学生展示搜集到的内容，不同小组之间可以取长补短，让自己的知识体系更加完善。需要注意的是，在分组的时候应该遵循差异化的原则，让小组内成员实现优势互补。之后，小组内部可以推举出小组长，让他们进行材料的整合以及各种问题的总结，这样就可以做到分而不乱。

第二，课前准备要求明确。在课程开始之前，教师就应该将本次课程的具体要求向学生阐明。首先，应该明确情感目标，这样就可以让学生对本次任务的中心情感有明确的把握。其次，在课前，教师应该准备好丰富的学习资源供学生使用，如参考书、教案、相关的学习视频等。在完成资料的初步筛选之后，就应该将合适的学习资源上传到网上，让学生能自主观看。在学生开展自主学习之前，教师需要将本节课的学习任务向学生阐述明白。在完成课前任务之后，教师就应该汇总学生学习时遇到的问题，及时做好答疑解惑。最后，学生应该对教师所安排的任务有清晰的了解，不仅需要教师提供多样化的学习资源，还需要学生充分利用学习计划表，将自己在学习过程中所遇到的困难记录下来。

第三，课中学生自我展现充分。在课堂上，学生可以将自己搜集到的各种资料以多元化的形式展示出来，并且可以在课堂上阐述自己的看法。教师可以为学生构建多种教学情境，从而形成良好的学习氛围，让学生的学习兴趣得以激发，从而主动去构建新知。同学之间也可以通过彼此交流，让他们实现对材料的内化，彼此深入的交流也能让学生参与具体教学情境中，并对知识产生更深入的了解。学生可以小组为单位一起进行学习，并且在课堂结束之后派代表进行汇总发言。

二、翻转课堂模式在英语教学中的具体应用

（一）翻转课堂模式在英语阅读教学中的应用

在信息时代，翻转课堂是一种为师生所欢迎的新模式，它颠覆了教师和学生的角色，翻转课堂教学模式与传统的教学模式有很大区别，在传统课堂教学中，教师是课堂的主导者，负责知识点的讲解，学生被动地接受知识。

1. 英语阅读翻转课堂教学模式的设计

与传统英语阅读教学不同，"翻转课堂"改变了教师讲解内容的顺序，这部分内容被放在了课前，在课前，教师会为学生提供与所教内容相关的视频，学生通过观看视频完成自主学习，从而使学生原本需要在课堂上学习的知识在课前就完成了内化。而课堂的大部分时间就可以被用来解决学生在自主学习过程中遇到的问题，也可以用于教师与学生、学生与学生的讨论。

（1）课前教学设计。

第一，教师方：首先，教师要根据学生的需求选择阅读材料。许多学生反映教师提供的阅读材料毫无新意，与他们的兴趣毫无关联，因而无法真正激发其阅读的兴趣，所以教师在选择阅读材料时必须要从学生的角度出发，与时俱进。同时，还需要注意的是，翻转课堂阅读教学主要的目的就是要让学生实现深度阅读，因此阅读材料的篇幅不能太长，否则可能会影响学生阅读的效果。其次，教师需要根据自己教学的特点选择材料制作教学视频。可以将需要讲解的内容进行分割，相似的内容放在一个视频中，每个视频时长维持在 10～15 分钟，虽然每个视频是独立的知识点，但是教师还需保证每个视频之间的逻辑性，保证所有视频提供的知识是可以形成体系的。

◆英语课堂模式及其形成性评价构建

第二，学生方：学生在完成资料阅读之后就可以观看视频，学生要尽量掌握视频中的所有内容，对于重难点内容，还需要其多看几次视频，进行重点分析与总结。倘若在学习完毕之后学生仍然存在一些无法解决的问题，学生就可以通过在线平台与学生一起探讨，也可以向教师请教。

（2）课中教学设计。

通常而言，阅读理解存在两个层次：一个是字面层次；另一个是评断层次。学生在课前观看完视频之后只是达到了字面层次，这是因为学生只是通过阅读简单掌握了英语词汇的功能与句型等基础知识，对英语文字的基本信息有了一定程度的掌握，但并未对阅读内容有深入认知。但是阅读最主要也是最根本的目的就是要使学生达到评断层次，达到这一层次时，学生可以全方位地进行信息收集。然而实现这个层次并不容易，需要学生在课堂上集中注意力进行深度阅读，阅读完毕之后还需要就阅读过程中存在的问题与同伴讨论。

在教学中教师要时刻提醒学生阅读的重要性，还要求学生仔细研读阅读材料。仔细研读是学生进行深度阅读的一种形式，它能培养学生的高层思维技能。具体而言，教师可以采用示范研读的方式，在教师阅读完之后，学生进行集体研读，一方面学生可以锻炼自己的口语能力；另一方面学生能初步掌握文章的逻辑结构。当然，教师没有必要一次性将文章读完。教师可以先领学生阅读一个片段，当片段阅读结束之后，就可以让学生自己分析段落的结构、主题。此外，教师可以对学生进行分组，让学生以小组的形式对刚刚阅读的内容进行分析、讨论，并对学生讨论的结果予以点评。小组合作学习能让学生学习到其他同伴高效的阅读方式，同时能使其认识到自己在阅读过程中存在的不足。

（3）课后的总结与巩固。

第一，教师方：在阅读课结束之后，教师还需要分析学生在课堂上的表现，从而准确掌握学生在阅读学习上的优势与不足，并将其存在的问题通过微信等聊天工具反馈给学生，同时，教师也可以根据学生的问题向其有针对性地提出一些改进建议。

第二，学生方：学生根据教师的反馈反思自己的学习，并根据教师的建议重新拟订英语阅读学习计划。

2. 翻转课堂教学模式在英语阅读教学中的应用步骤

大多数学生的英语阅读并不是一帆风顺的，它总是会为学生的自身因素与各种客观因素所影响，而翻转课堂模式在英语阅读教学中的应用，让阅读教学变得更加高效，同时学生的阅读学习质量也得以提高。翻转课堂模式在英语阅读教学中的应用，主要可以通过以下步骤实现：

（1）教师制作视频，教授学生正确的阅读步骤。

教师可以在互联网上搜集一些与教学内容相关的视频，然后结合自己的教学经验制作教学视频，视频的时长不宜过长，维持在 10 分钟左右为最佳。视频的内容主要是讲解英语阅读的具体步骤，以帮助学生规避阅读过程中的一些错误。

第一，学生在第一遍阅读时要保证一定的速度，实现快速通篇阅读，这样做的主要目的是梳理文章脉络，了解文章的主题。

第二，学生在第二遍阅读时要绝对地认真，在学生阅读完成之后，教师需要引导学生对阅读材料中的重难点问题进行分析，从而使其可以自主解决问题，当然，学生如果无法解决，教师可以向其提供帮助。

（2）教师设计课前问题引导、课后问题检查。

为了使视频达到预期效果，教师可以在结合课后问题的基础上向学生提出一定的学习要求与目标，同时可以为其设计一些课前问题，让其带着问题去阅读，这样他们的阅读就具有很强的目的性，保证了学生能够认真对待阅读。此外，还需要注意的是，对于一些精读课文，学生不能像对待其他一般性课文一样，只掌握课文结构与主题大意，而是应该加强语言基础训练，提炼课文中的语言点，在课下进行反复练习。如果学生无法提炼课文中的语言点，教师就可以行动起来，帮助他们分析课文，为其圈出需要了解与掌握的一些重难点内容。课后巩固依然重要，这需要学生在课下完成相关阅读训练，并将问题反馈给教师，教师要对学生的问题进行检查，并给出合适的解决建议。

（3）选取英文报刊的文章。

学生通过互联网可以了解到来自世界各地的知识，因此，教师必须要提高自己的专业水平，否则教师有可能无法跟上学生的脚步。教师在教学之外要多注意搜集一些比较有名的英语期刊，通过阅读期刊丰富自己的英语知识，提高自己的英语水平。

需要注意的是，这些英文期刊并不只是教师提升自己专业水平的方法，学生也可以通过阅读英文期刊强化自己的英语阅读学习。教师可以灵活设置报刊阅读课程，多给学生一些阅读报刊的机会，同时要为学生积极创设阅读情境，让学生在真实的情境中培养自己的阅读思维。每个英文期刊都包括不同的栏目，学生应该主动选取那些有自己喜欢栏目的英文期刊进行阅读，而且有些期刊对于一些重难点词汇还有标注，这更方便了学生的自主学习。因此，学生应该在生活中主动阅读英语期刊，不断提高自己的英语阅读能力。

翻转课堂在英语阅读教学中的应用，不仅拓展了教师搜集英语阅读材料的渠道，丰富了其英语阅读教学的方法体系，也让学生认识到了阅读学习的重点不应该是将注意力放在某个单词、语法的学习上，而应该是在理解文章主旨的基础上培养阅读技巧。在这样的英语课堂上，学生会转变对于阅读学习的看法，也会更加认识到英语阅读的魅力，从而自觉进行英语阅读学习。

（二）翻转课堂模式在英语写作教学中的应用

传统应试教育关注的是学生的分数，纵然分数在一定程度上是学生学习效果与学习水平的体现，但是对于英语教学而言，分数并不是最重要的，因为语言的学习重在实践学习，所以，听、说、读、写、译综合技能的培养才应该是英语教学的重点。为了实现这一教学目标，教育界开始了长期的探索，并提出新颖的教学模式，翻转课堂就是其中一种为大多数人所喜欢的模式。大学英语写作教学正在面临革新，翻转课堂在写作教学中的应用，给大学英语写作教学带来了新的发展机遇。

1. 英语写作翻转课堂教学模式的设计

翻转课堂在大学英语写作教学中的应用需要一定的理论支撑，这个理论就是布鲁纳的教育理论，其理论认为一切教学活动都应该以学生为中心，能激发学生的积极性与主动性，同时教师要发挥自己的主导作用，给予学生恰当的指导。教师要在认清翻转课堂本质的前提下开展写作教学活动，这样才能保证写作教学的科学性与合理性。在英语写作翻转课堂教学中，教师可以通过以下步骤实施教学：

（1）课前精心准备授课视频。

授课视频最好由教师自己录制，因为教师了解自己班级学生，可以根据学生的学习特点在视频中强调学习重点。当然，教师也可以从互联网上下载现成的视频，不过，教师要确保这类视频是适合自己班级学生的。此外，视频的长度要有一定的限制，最好控制在 15 分钟左右，选取内容时要从教材与学生实际的学习情况出发，内容一般包括三部分：一是学生进行写作学习时需要掌握的写作基础理论知识；二是一些优美的文章分析；三是在其他英语学习中也能使用的核心写作词句。

（2）课上组织开展多种形式的课堂活动。

第一，课堂讨论（小组讨论或全班讨论）。通常而言，课堂讨论的现实意义主要有两点：一是可以将学生在课前写作学习中遇到的问题汇总起来，教师根据问题可进行针对性解答；二是能够开阔学生的视野，启发学生的思维，还能帮助学生大量积累写作的素材。其实，课堂讨论对学生而言是非常重要的，它不仅为学生的实际写作奠定坚实的基础，而且极大地减轻了学生在写作时的焦虑感。

第二，课堂写作。在课堂讨论结束后，教师可以向学生提供一些写作题目，学生根据自己的喜好选择题目进行课堂写作。学生必须要将自己学习的写作理论应用到写作中，同时，要尽量呈现一些英语词汇、语法以及阅读学习中的学习成果。课堂写作可以帮助教师及时检验学生写作学习的成果。

第三，审阅指导。英语写作重视英语知识的输出，具有很强的实践性，要求学生扎实掌握英语写作知识，并能将这些知识应用到写作的遣词造句和谋篇布局上。同时，要想知道学生的学习情况如何，还需要教师能对学生的学习做出评价，评价的结果要及时反馈给学生，以使其可以调整自己的写作学习计划。此外，在翻转课堂模式下，教师批改作业的效率也提高了。

第四，成果展示。写作教学有效性的实现与教师的指导有密切关系，同时与学生的情感参与关系密切，成果展示能使学生更加积极地进行情感参与。当学生在教师的指导下完成写作之后就到了成果展示阶段，在这一阶段，教师要鼓励学生当着全班同学的面宣读自己的作文，同时可以与其他同学分享自己的写作心得。宣读自己作品的学生能够获得教师与学生的认可，其在后续写作中就会坚定写作的信心，而对于倾听的学生而言，这种分享可以让其学习到一些新的写作技巧，从而有助于提高其写作能力。

（3）课后有针对性地布置巩固性、拓展性的练习。

课上内容教授完成之后并不意味着教学结束，课下练习也应是教学的一部分，它的主要作用就是巩固学生课上所学。因此，教师要给学生布置一些其在课下需要完成的巩固性、拓展性习题，不过，需要指出的是，拓展性习题一般是给那些已经消化了课堂知识而想要实现自我提升的学生准备的。

2. 翻转课堂教学模式在英语写作教学中的应用步骤

翻转课堂实现了网络资源与书本资源的整合，突破了时间与空间的限制，该模式为教师的写作教学提供了有效指导，因此，教师可以在大学英语写作教学中引入翻转课堂模式，具体步骤如下：

（1）第一阶段——"以读促写"。

阅读是学生信息输入的方式，而写作是信息输出的方式，二者可以实现信息的互动。通常学生要想写好一篇作文，不仅要具备扎实的语法知识，有一定的词汇、句型积累，而且最重要的是，需要其能对作品的主题有着准确而深刻的理解。那些本身知识面就比较狭窄的学生是很难准确理解作文主题的，同样也无法写出好的作文。因此，教师在写作教学过程中，要多鼓励学生大量阅读英语原版资料，在拓展自己视野的同时丰富自己的专业知识体系。写作训练是提升学生写作水平的有力途径，在写作课堂上，教师可以为学生提供与写作主题相关的文章，在学生阅读完成之后带领学生一起分析文章，从而使学生可以掌握文章书写的思路，然后让学生用自己的方式进行改写或者续写。需要说明的是，学生可以借助原文中的一些词汇或表达方式来充实自己的作品，这样就能在很大程度上降低学生的心理焦虑。

（2）第二阶段——自命题作文。

在微视频中，教师可以展示给学生一段材料，并对该材料进行解构、语法等知识的分析，然后从不同角度出发找出可以写作的点，学生可以根据自己的写作喜好与写作能力选择合适的题目。教师还需要对材料中的一些重点短语与句型进行讲解，并让学生尽量掌握这些内容，当其进行相关主题写作时，就可以把这些短语与句型应用到自己的作品中。因为是由学生自行选择写作题目的，所以学生可以根据自己的兴趣完成写作。教师还要对学生的立意进行考察，以保证学生没有偏离题目。

在教学过程中，教师不仅可以为学生提供多样的题目，也可以为学生提供丰富的题材，让学生进行多题材写作训练，从而提高学生的写作水平。写作是与生活息息相关的活动，教师还可以鼓励学生在旅游结束之后写游记，在电影观看完毕之后写观后感。此外，教师还可以搜寻一些能够继续展开写作的文章，让学生进行续写，这不仅能培养学生的写作技能，还能激发其想象力。

英语写作课堂翻转之后，学生可利用的写作资源更多，在写作中遇到的问题也能及时获得解答。对于教师而言，他们将会有更多的时间为学生搜寻、整合写作资源，然后将这些资源分类，构建内容全面、分类明确的写作学习平台；教师可以有更多的时间去分析学生遇到的问题，然后根据问题进行有针对性的教学设计，从而使整个教学活动变得更加顺畅、科学。

第三章　基于信息技术的英语课堂模式（二）

随着信息技术的逐渐发展，对我国的教育教学产生了重要影响，信息技术及其设备在英语教学中的应用，实现了课堂教学模式的创新与优化，也使教师在课堂教学中的角色发生了相应变化，促进学生的学习主动性和参与性，极大程度上提升了英语课堂教学的有效性。本章重点论述现代信息技术背景下智慧课堂教学模式、英语微课教学模式、英语慕课教学模式。

第一节　现代信息技术背景下智慧课堂教学模式

一、现代信息技术背景下智慧课堂教学的认知

（一）智慧课堂的教育目标

教育目的就是人们在开始正式教学活动之前，在脑海中对教育的结果所产生的预期，它也是教育应该达到的标准与要求。因此，人们期望通过一定的教育活动设计和教学手段去获取的最终结果就是教育目的。

教学改革的推进无疑对教学目标的设定产生了一定影响，人们对教学目标的设定开始朝着多样化的方向发展，除了对学生的知识水平有所要求之外，还提高了对学生动手能力、实践能力以及价值观的要求。现代教育的目标更加关注人的发展，具体而言，包括人的完整发展、和谐发展、多方面发展以及自由发展。完整发展是指人的基本素质要得到整体的发展；和谐发展主要强调各种素质的协调发展；多方面发展是指人的各项素质要尽可能地多样化

发展；自由发展则强调人的个性发展与自主发展。将这几个方面综合起来就构成了人的全面发展。由此可见，现代教育的目标越来越综合化，人们希望学生不只是在课堂上学到知识，还要学到学习知识的方法，同时要学会感知学习的乐趣，提升自己的综合素质。

智慧课堂①的教育目标与上述教学目标相一致，因此，教师在智慧课堂教学中要对学生有充分的了解，积极调动学生的兴趣与热情，通过客观、公平、个性化的评价驱动学生投入学习。具体而言，智慧课堂的教育目标可以从以下三个方面进行探讨：

1. 教育资源的有效获取与存储

经过数字化处理，能够在计算机网络中投入使用的教学资源就是智慧课堂的教学资源，可见，它是在教育信息化的推进下产生的，智慧课堂教育资源能够促进教育教学的改革发展。一般而言，网络课程、音频视频资料、电子教案、数字化资源库等都属于智慧课堂的教学资源。根据具体的功能作用划分，教育资源可以分为教学素材与辅助程序两大类。教学素材就是我们常见的在教学活动中频繁用到的文字、图片、音视频等形式的教学资源；辅助程序则指能够帮助学生解决问题的教学程序，如学生遇到不认识的单词时，可以用网络英汉双解程序查找其释义，这种程序也属于教学资源。对智慧课堂的教育资源能够有效存取与利用是教师必须具备的能力，同时这也是智慧课堂重要的教育目标。

2. 培养学生学习的主动性

科技的进步与时代的发展改善了人们的生活条件，教育领域也在不断涌现出丰富的教学资源与先进的教学设备，教育信息化、智慧教育等教学理念逐渐被人们接受，教师与学生的教学，学习生活也在朝着多样化、个性化发展。基于这一背景，主动探究学习逐渐成为人们提倡的学习模式，传统的被动接受学习正在被淘汰。

在传统课堂上，学生采用的是传统学习方式，即上课听讲、记笔记，下课完成作业。这种学习方式忽略了学生的主动性，也忽略了学习的过程，只关注学习的结果，如果没有教师严格的监督和管理，学生就可能会进入

---

① 智慧课堂是安徽讯飞皆成软件技术有限公司推出的信息化课堂教学服务平台，是基于动态学习数据分析和"云、网、端"应用的新型信息化课堂模式。

消极学习的状态。基于网络技术与计算机技术的发展，智慧课堂出现了，它为学生提供了全新的、多样的学习方式，拓宽了学生获取知识信息的渠道。学生可以借助这些数字化资源与网络平台开展自主学习，自主选择感兴趣的学习内容，自主选择学习的时间与空间，学生的学习主动权重新回到了自己手中。智慧课堂期望能够激发学生的主动性，改变学生被动消极的学习状态，让学生更加积极地投入学习中。"学生在智慧学习环境和教师有效的教学组织形式下，提升自身的认知、情感、思维等智慧潜能，达到智慧学习的目的。"①

3. 实现课堂教学的高效互动

传统课堂的师生互动往往僵硬且无效，智慧课堂推出的互动式教学系统则突破了这一难题，真正实现了有效的课堂互动。智慧课堂主张教师在进行教学设计时，应该将"互动"放在中心位置，同时借助多媒体技术、互联网技术、大数据技术以及云计算技术等新兴教育技术，开展丰富的课堂互动活动，互动活动可以有多种形式，可以是一对一，也可以是一对多、多对一，教师与学生可以相互交流以分享自己的观点。这极大地增强了学生的课堂参与感，有助于加强学生的学习兴趣，激发学生的学习思维。智慧课堂不仅为师生互动提供了良好的环境，还增加了互动的对象，拓宽了互动的范围，使高效互动课堂成为现实。

（二）智慧课堂的特征分析

第一，数据动态化。数据动态化是智慧课堂的首要特征，智慧课堂就建立在各种数据基础上，它利用大数据技术收集学生在学习过程中产生的各种行为信息，并对其进行数据分析，为教师提供直观的、精确的学情报告，以便教师合理地调整教学流程。并且智慧课堂中的数据是动态的，教师可以实时掌握学生的学习状况，动态地调整教学策略。

第二，实时个性化。智慧课堂可以为学生推送个性化的学习资源，满足学生的个性化学习需求，并且能够为师生、生生之间的交流提供实时互动平台，教师可以实时掌握学生的学习进度，学生也可以随时向教师提出问题，教师与学生都可以通过智慧教学平台获得及时的反馈与评价。

---

① 朱燕华，陈莉萍. 大学英语智慧课堂教学评价指标体系构建[J]. 外语电化教学，2020（4）：94.

第三，高效互动化。智慧课堂引进了各种先进的教学技术，这些现代教学技术极大地提升了课堂的互动效率，除了常见的小组协作学习、讨论学习之外，智慧课堂还引进了抢答器、随机挑人等设备，这些新兴技术为智慧课堂增加了趣味性，使学生的积极性与学习热情得到了激发，使课堂上的互动交流更加高效。

第四，多元智慧化。智慧课堂采用了多种新兴的教育技术，使课堂变得更加多元，同时智慧课堂还具有大量的智慧、智能元素，它能够智能地监测学生的学习过程，智能地生成数据分析报告，智能地推送教学资源。

第五，工具丰富化。智慧课堂引入了各种各样的教学工具与学习工具，并且它将这些智慧教学工具应用到了许多真实的、具体的情境中，这有助于学生自主建立相关知识体系。丰富的、智能的学习工具为学生创造了一个智慧化的学习环境，提供了多种学习途径。

（三）智慧课堂的支撑条件

1. 智慧学习环境的支撑

一般而言，学习环境主要由物理环境与虚拟环境构成，在智慧课堂中，物理学习环境就是智能教室，而虚拟学习环境就是智慧学习平台。传统的教室环境构成元素比较简单，包括教师、学生、讲台、黑板等，这种教室形态比较原始。不过，教室环境简陋不代表传统的课堂就没有智慧，智慧始终存在于每个时代的教学活动中，只是其内涵及表现形式有所不同。传统课堂的智慧主要体现在师生的言行举止上。现代信息技术的出现改变了教室的形态，如多媒体技术促成了多媒体教室的建立，但是实际上此时学生的学习模式并没有多大变化，只是从"人的灌输"变成了"技术灌输"，学生依然在被动地学习，智慧培养没有得到重视。而智慧课堂则改变了这种局面，它依托于智慧教室，致力于促进学生智慧的生成。

智慧教室的组成要素包括基础设施、泛在网络、教学平台、技术支持平台、移动终端设备等。其中，基础设施主要指教室中的桌椅板凳、灯、计算机、无线路由器等；泛在网络指多种网络连接方式；技术支持平台指数据采集、数据分析平台；教学平台指能够完成教学实施与管理的平台；移动终端设备则指智能手机、平板电脑等。

在现代教育技术发展的初期，由于缺少完善的平台，这些智能技术只能被零散地应用，不能将其功能发挥到最大，而"互联网+"时代则促进了它们的技术融合，许多开放的、智能的移动学习平台建成，教师与学生可以在一个平台上完成所有教学任务与学习任务，包括师生互动、布置作业、完成作业、教学评价等。并且这些平台还在不断更新完善，不断满足人们新的需求，智慧学习平台在教育领域的应用也越来越普遍。

2. 智能移动终端的支撑

智能移动终端通常指人们日常生活中频繁使用的智能手机、电脑等。它使用起来非常便捷，具有移动性与实时性，并且可以同时执行多个任务。移动互联网技术为实现移动学习提供了技术条件，在现代社会中移动学习几乎贯穿着人们的生活。在此背景下，越来越多新兴的、先进的移动学习设备被创造出来，这些设备可以帮助人们随时随地开展学习活动。

具体而言，智能移动终端的特点主要体现在：第一，就硬件而言，智能移动终端将CPU、存储器、输入和输出部件融于一体，它实际上就是一台微型的计算机，还具备了通信功能；第二，就软件而言，智能移动终端，包含操作系统，这些操作系统涉及的内容非常丰富，包括教育、娱乐、购物、社交等方面，并且这些系统大多数是可以免费使用的；第三，就通信而言，智能移动终端适用于多种网络标准，它的接入方式比较灵活，而且具有高带宽的优势；第四，就功能而言，智能移动终端的功能在逐渐完善，并且朝着人性化、智能化的方向发展。

在智慧课堂中，主要使用的智能移动终端就是智能手机，随着智能手机的屏幕逐渐优化、功能逐渐丰富，其在教育领域的应用也越来越普遍。智慧课堂中的智能手机主要具备的功能包括：一是社交功能。手机本身就具有社交功能，而智能手机中的微信、腾讯QQ等软件则优化了这一功能，学生可以借助这些聊天工具与教师、其他同学进行即时交流。而且这种交流可以是文字形式的，还可以是语音、视频形式的。二是搜索查询功能。智能手机具有便携性，学生在学习过程中往往会遇到需要查询的知识信息，手机则可以满足学生这一需求，让学生随时随地都能搜索信息。三是阅读观看功能。学生的学习离不开阅读，智能手机可以为学生提供电子书与优质的课程视频，让学生随时随地都能阅读观看，为学生的碎片化学习提供了设备条件。

3. 智慧学习技术的支撑

智慧课堂建立在诸多先进的现代教育技术基础上，这些先进的信息技术就是智慧学习技术，其中包括大数据技术、人工智能技术、云计算技术、物联网技术等。在信息技术的更新迭代中，人类开启了大数据时代。大数据技术在教育领域的应用也逐渐推广开来。大数据主要的特征为：第一，容量大，即拥有海量的数据；第二，种类多，即数据的类型丰富；第三，速度快，即人们可以快速地获取数据；第四，真实性强，即数据质量较高；第五，价值大，即数据可用价值高。要想充分发挥大数据的功能，就必须结合学习分析技术，该技术主要对这些海量的学习数据进行分析，进而对学生做出客观评估，找出潜在问题，并且提出应对方法。由此可见，智慧学习技术是相互联系的，不能孤立地看待，它们往往会一起发挥作用。

在传统的课堂教学中，教师往往很难了解学生的学习过程与轨迹，无法实时掌握学情，而智慧学习技术的出现，将师生在课堂上的教学学习数据尽数捕捉，并且能够对这些数据展开科学分析，还能将其可视化，使师生更加直观地了解相关教学信息，帮助教师制定教学策略。

4. 智慧学习资源的支撑

学习资源主要指学生在学习过程中需要的信息资源与实物媒体，它是教师与学生开展教学学习活动的前提。具体而言，信息资源主要指学习过程中需要用到的信息技术、教学设备等，实物媒体则指学习活动中需要的实物、标本、模型等工具，实物媒体更加形象直观，具有较强的真实感与空间感。智慧学习资源就是智慧课堂教学所需要的资源。

智慧学习资源包括预设性学习资源与生成性学习资源。预设性学习资源是智慧学习平台所提供的所有资源集合，它鼓励资源独立于设备。学生可以随时随地用手机在资源库中查找资料，选择自己需要的资源。并且智慧学习平台还能按照学生的学习特征、学习需求为其推送合适的学习资源。生成性学习资源具有生成性和发展性，换言之，它并不是预先存在的资源，而是随着学生的学习活动不断生成的资源。学生与教师、同学的交流记录，学生的个人反思与学习成果等都属于生成性学习资源。

二、现代信息技术条件下英语智慧课堂教学价值与模式应用

（一）现代信息技术条件下英语智慧课堂的教学价值

1. 英语教学资源的共享

英语智慧课堂将现代教学技术引入英语课堂之中，促进了师生之间的互

动交流，并且优质的英语教学资源可以通过网络远程输送到各个地方，促进教学资源的共享。在空间上，通过多媒体教学技术，学生可以坐在教室中看到其他学校的教室场景，换言之，英语教学可以以异地同步的教学形式进行，英语的学习不再受到空间的局限，不管是优秀的教师还是优质的教学资源都可以共享。在时间上，教师与学生的互动交流可以摆脱课堂时间的限制，即使在课下，学生也可以向教师提出自己的问题，与其他同学在线上进行讨论，学生的思维也不再局限于某个课堂，其英语学习思维会得到拓展。

2. 提升英语课堂教学效率

基于信息技术与大数据技术形成的英语智慧课堂，能够极大地提升英语课堂教学效率，辅助英语教师设计出合理的、个性化的教学方案。英语智慧课堂有着非常丰富的教学知识储备，支持多样化的教学形式，能够借助现代信息技术实时分析学情，跟踪记录学生的学习过程，并且可以随时回顾相关的教学内容。具体而言，英语智慧课堂对英语教学效率的提高主要体现在两个方面：一是教学密度高；二是教学节奏快。教学密度高是因为英语智慧课堂涉及的知识范围非常广，教学内容多，练习量较大；教学节奏快是因为在现代教育技术的辅助下，英语课堂教学的节奏加快了，不过依然遵循着一定的秩序。

在信息时代背景下，英语教学资源的内涵也有所扩展。如今，除了基础的英语教材之外，其他相关的辅导书籍、音频、视频以及网络上的课程资源都属于英语教学资源。只要英语教师仔细筛选，加以利用，就能为英语课堂增添各种有趣的、新鲜的内容。英语教学必须与时俱进，关注网络教学资源，加强信息技术与英语课程的整合，最大限度地提升英语课堂教学效率。

3. 帮助教师智能化教学

在传统的英语教学模式下，英语教师除了在课上讲授知识外，还有许多其他教学任务要完成，如备课、批改作业等，工作量较大，教学任务比较繁重。智慧课堂的出现则缓解了这一问题，它可以根据英语教学大纲以及本节课的教学内容，智能化地为教师推荐教学课件，推送相关的音频、视频教学资源，还会筛选出课程内容的重难点，推送具体的应用案例等，这为英语教师备课带来了极大便利。英语教师可以借助这些优质的智能化课件，高效、快速地完成备课任务，其教学负担减轻了。

过去，英语教师必须每天批改作业，只有这样才能掌握学生对知识的理解程度，还要组织学生每周或每月进行一次考试，设计试卷、修改试卷，期中或期末考试的工作量会更大，这些工作都是对教师教学时间与精力的消耗。智慧课堂则以智能化技术与海量的资源库，代替了教师的出卷、改卷工作，并且能在改卷之后自动生成分析报告，明确学生在学习中的问题，为教师提供了精准的、科学的数据，便于教师有针对性地修改教学策略。显然，智慧课堂帮助教师节省了大量重复劳动的时间，使英语教师的工作负担有所减轻。

4. 能够更好实现因材施教

每个学生的学习能力与学习特色都不同，每个个体之间都存在差异，但是由于教师数量有限、课时安排不足等多个方面的原因，传统的英语课堂教学很难做到因材施教，教师只能用一个统一的标准要求学生，这导致许多学生不能充分发挥其学习潜能，教师也难以达到预期的教学目标。现代教育技术的发展正在逐渐解决这些问题，教师可以借助计算机技术与网络技术，为学生创建一个良好的自主学习环境，在这里，学生可以根据自己的学习能力与学习兴趣，灵活地采用各种学习方式与学习途径开展英语学习。对于学习能力较弱的学生而言，他们可以选择难度较低的课程，循序渐进地展开学习；而对于学习能力较强的学生而言，他们则可以选择较高难度的课程，挑战自己，激发自己的无限潜能。可见，智慧课堂使因材施教的实现成为可能。

5. 科学培养教师互联网思维

所谓互联网思维，是指在网络信息时代背景下产生的一种全新思维方式，它具有诸多优势与特点，具体包括跨界融合、平台开放、关注用户、强调体验、应用大数据技术等。教师制作教学视频的任务重、压力大，不能仅仅依靠教材进行视频制作，而且要充分利用互联网中的优质资源。教师可以在网上寻找一些符合自己需求的、合适的、优质的课程视频，直接下载使用，这能够有效减轻教师的工作压力。另外，大学英语教师之间也要进行微课视频共享。

传统的英语课堂教学需要依赖教师的主观经验，而现代英语智慧课堂依靠的是大量的、充足的客观数据。借助大数据技术对学生学情、教学效果展开分析，极大地推动了高校英语教学改革的进程。具体而言，大数据技术与人工智能技术可以使教学分析结果可视化，教师可以通过清晰的图表了解教学效果，反思教学策略，进而有针对性地予以调整。同时，教师还可以借助新兴技术分析掌握学生的个性特点、学习偏好，从而帮助学生找到最适合自己的学习方式，为学生制订个性化的学习计划，真正地实现差异化、个性化教学。由此可见，现代信息技术与大学英语的深度融合，有助于学生的个性化发展。总而言之，一个"互联网＋教育"的时代已经到来，英语智慧教学的研究探索还是一个崭新的课题，无论是理论研究还是实际应用都处于起步阶段。积极探索信息技术和英语课堂教学深度融合的途径和方法，是英语教育者共同的理想。

（二）现代信息技术条件下英语智慧课堂教学模式的应用

1. 智慧课堂教学模式在英语听说教学中的应用

（1）智慧课堂在英语听说教学中的应用原则。

第一，真实性原则。在智慧课堂中，对大学英语听说教学相关任务内容进行设计时，教师应该贴近学生的真实生活，并将学生的一些真实经历融入其中。这种教学设计有利于将教学理论知识与社会生活有机结合，从而调动学生学习的积极性和主动性，更有利于学生将自己所学的理论应用于具体社会生活实践中。在日常的大学英语中，英语教师为了提高学生的成绩，会组织多种形式的活动。因此，教师在设计英语教学任务时，应该保证英语教学任务的真实性，多组织一些真实性的活动，从而提高学生对知识的探究欲望。

第二，交流性原则。由于听说教学的特殊性，教师在执行英语智慧课堂听说教学任务时还应该遵循交流性原则。学生通过交流能够认识到自己的不足，并改正自己的不足。同时，学生在交流中也能够学习他人的长处，发现他人的不足，这样有利于学生吸取他人的经验和教训，从而促进自己听说能力的提高。如果任务的设计缺乏交流性，那么学生与学生之间就无法相互学习，也无法取长补短，这在一定程度上会限制学生的发展。

第三，阶梯性原则。在英语智慧课堂教学中，教师要根据学生的实际学习情况来进行教学任务的设计。同时，教师还应该明确，教学与学习是一个不可分割的系统，两者之间并不是孤立存在的，而是相互影响、相互作用的。教师要结合英语听说教学的具体目标，以及学生之间存在的个体差异进行英语听说任务的设计，遵循任务的阶梯性原则，即先设计一些简单的、容易理解的任务，再设计一些复杂的、难以理解的任务。具体而言，教师在设计一个单元的任务时，首先应该将所有的任务集中在一起，然后再遵循阶梯性原则，将一单元中所有的任务进行由易到难的设计。同时，还应该注意的是，教师在设计任务时应该保证任务与任务之间的衔接性、层次性、合理性、逻辑性，这样有利于激发学生探索任务的兴趣。

第四，延展性原则。在英语智慧课堂教学中，教师在设计任务时不应该只局限于英语课堂教学，还应该根据学生的学习情况和任务的目标恰当地将学习任务延伸到课堂外，与课堂外的一些活动相结合。这就是英语智慧课堂教学中的延展性原则。英语智慧课堂教学不同于传统的英语教学，是英语传统教学的一种改革和创新。全方位的教学环境、丰富的教学资源和学习资源是开展英语听说智慧课堂教学的关键。

除此之外，在进行英语听说教学任务内容设计时，教师应该在英语听说教材内容的基础上，融入一些其他与之相关的学科内容，这是对任务内容的延伸。

（2）英语听说智慧课堂教学的可连续对话型设计。

第一，确定主题。确定主题也是可延续对话型任务设计的重点。教师根据学习目标以及学习者的实际学习情况，结合教材内容，选取与学习者学习、生活联系比较密切的主题，并遵循循序渐进、由易到难的顺序进行主题的确定。而学生可以根据自己的学习情况、兴趣爱好等来合理选择主题和对话伙伴。这里需要指出的是，智慧课堂不同于传统课堂，学生的对话伙伴在传统的同学伙伴基础上，还增加了一些移动终端，当然这些移动终端是可以进行人机对话的。

在选择完对话主题和对话伙伴之后，每个小组就可以进行对话练习了。需要指出的是，每个对话小组在对话主题、对话内容上是不一样的，因此，每个小组的对话方式、学习方法也都存在一定差异。而学习平台会将每个小组的学习情况以及差异记录下来。教师要想对每个小组进行合理评价，就可以以学习平台的记录为依据。

具体到大学英语听说智慧课堂教学中，教师在设计任务时也应该注重主题的选择与确定。同时，教师在选择主题时应该根据学生的听说水平、英语学习兴趣、社会生活经历等，使主题能够满足学生的需要，激发学生学习的兴趣。另外，教师还要注意对话内容的顺序，应该遵循循序渐进的原则，在一步步任务和活动的促进下，学生的英语听说能力也会有很大的提升。

第二，明确学习目标。在可延续对话型任务设计中，教师应该将学习目

◆英语课堂模式及其形成性评价构建

标置于首位。同时，教师要注意学习目标完成的顺序。具体而言，可延续对话型任务强调的是任务的可延续性，主要是指围绕某一问题组织的一系列可持续学习活动。在每个阶段的对话中，任务都是明确的，同时是可视化的。在完成每个阶段任务对话后也可以测量自己完成任务和目标的情况。同时，教师不受教材的限制来安排对话，而是根据句法的难易程度以及对话的准确、熟练程度来进行安排，保证对话的逻辑性、层次性、梯度性等，这样有利于为学生提供可延续对话型系列活动。

另外，教师要鼓励学生参与可延续对话系列活动，积极主动地学习，从而在完成每个阶段对话目标的基础上实现整节课的学习目标。这种可延续对话型任务设计也适用于大学英语听说智慧课堂教学。同样，在这一任务的设计中也要注重学习目标的制定，并通过英语听力每个阶段对话子目标的完成来实现英语听说课程目标。

第三，学习者分析。学习者分析也是可延续对话型设计应该考虑的因素。通常情况下，教师会通过学习者的学习需要与学习特征来进行学习者分析。智慧课堂与传统课堂不同，它注重学生的自主学习和个性发展，同时确立了学生的主体地位，课堂教学主要以学习者为中心。此外，要想实现智慧课堂的教学目标，必须综合分析学习者，如学习者的实际听力水平、学习习惯、学习心理、学习素养等都是分析的范畴。

大学英语听说智慧课堂教学坚持以学生为中心的理念，将学习者的学习特征与学习需求融入具体的听说教学任务设计中。同时，教师还围绕听说教学目标、教学内容、学习者的学习特征和需求创设真实的英语听说情境，这在很大程度上促进了学习者智慧的生成，调动了学习者学习英语听力和口语的积极性，提高了学习者的语言表达能力和应用能力。

第四，选择交互形式。每个小组都有着不同的对话主题。基于此，每个小组可以根据自己的对话主题来选择合适的交互形式。比较常见的交互形式有学生与学生之间的互动形式、学生与具有人机对话功能的移动终端互动形式、学生与教师的互动形式。

具体到大学英语听说智慧课堂教学，教师也要引导学生科学选择交互形式。与传统的教学模式不同，智慧课堂教学有着网络平台的支持。因此，教师可以引导学生在学生与学生互动的基础上，将学生与移动终端的互动融入其中，这样，智慧课堂网络学习平台上的资源，能够有利于丰富小组对话的内容。总而言之，生生交互形式与人机交互形式的有机结合，有利于互动形式的多样性，也有利于小组对话的可延续性。

除此之外，需要指出的是，无论选择哪种交互形式，都必须有利于对话的开展。只有适合自己的才是最好的。同时，教师还应该使学生意识到网络学习平台在小组对话中的重要性，并通过网络学习平台进行对话和互动。另外，教师还应该引导学生注重交互形式的多样性，在一种交互形式的基础上，还可以根据实际情况选择其他的交互形式，从而弥补一种交互形式的不足。教师还应该充分发挥自己的指导作用。具体而言，教师要对生生互动、人机互动、师生互动等互动形式进行讲解和示范，使学生明确这些互动形式的策略、重点与注意事项等，从而最大限度上提高学生的学习效率和效果。

第五，学习支持服务设计。在智慧课堂教学中，学习支持服务可以弥补传统教学的不足。具体到大学英语听说智慧课堂，教师在设计英语听说教学任务时，充分利用网络技术，将智慧课堂融入具体的听说教学设计中，实现了网络技术与智慧课堂教学的整合。教师利用多种信息技术工具，融入多种信息技术资源，真正实现了线上线下资源的整合。同时，教师还注重学习支持服务设计。这些都为英语听说教学提供了真实的语言环境。可延续对话型任务设计要求智能学习系统具有多种功能。例如，人际对话功能、线上讨论功能、反复播放对话视频功能等。智能学习系统的这些功能，为小组对话提供了丰富资源，也为小组对话活动的顺利开展提供了技术保障。

第六，效果评价。效果评价在可延续对话型任务中也起着不可替代的作用。教师要引导学生通过恰当的方式来展现自己的学习成果，并为学生提供学习效果评价的标准。同时，教师还应该鼓励学生之间的评价，并提供相应的评价标准。具体到大学英语听说智慧课堂教学，教师在进行可延续对话型任务设计时就应该提出相应任务标准，使学生明确英语听说学习成果的评价标准。同时，教师也要采用科学合理的评价方法，对学生英语听说学习的效果进行评价。

2. 智慧课堂教学模式在英语词汇教学中的应用

（1）智慧课堂应用于英语词汇教学的必要性。

随着信息技术的迅速发展，智慧课堂在大学英语教学中的应用更加广泛。因此，将智慧课堂融入大学英语词汇教学中，是当前英语词汇教学改革的必然趋势，究其原因主要包括以下三个方面：

第一，智慧课堂是信息技术发展的产物，实现了线上线下教学的有效融合，这种教学模式使词汇教学不受时间和空间的限制。词汇教学是一个复杂而动态的过程，在时间有限的课堂教学中很难系统地讲解词汇，也很难实现词汇教学的目标。而智慧课堂与英语词汇教学相融合，打破了传统教学的局限，学生可以在课下随时随地进行词汇学习，真正解决了课堂教学学时不足的问题。总而言之，智慧课堂将课堂教学与课外教学、线上教学与线下教学有机结合，对词汇教学具有很大的促进作用。

第二，智慧课堂注重学生的主体性，能够促进个性化教学的实现。智慧课堂融入词汇教学，教师可以充分利用智慧课堂教学的优势，利用测评分析，及时了解学生词汇学习的情况，并根据学生的学习情况进行个别化辅导，也可以及时调整词汇教学的进度，促进学生的个性化学习。学生也可以根据自身实际的学习情况来选择词汇学习资料，调整学习进度，真正发挥自己的主体优势。

第三，智慧课堂在词汇教学中的应用，为教师提供了多样化的教学方式。智慧课堂以信息技术为基础，融合多种教学媒体，为教师和学习提供了丰富的资源。教师可以采用智慧课堂的支持平台进行词汇教学，也可以借助微信等工具对学生的词汇学习进行指导。

综上所述，智慧课堂有利于解决大学英语词汇教学中存在的诸多问题，为大学英语词汇教学提供了新的思路。因此，将智慧课堂融入大学英语词汇教学改革中是必要的，也是可行的。

（2）基于智慧课堂的英语词汇教学课堂设计步骤。

智慧课堂在大学英语词汇教学中的应用是复杂的。为了更方便读者理解，这里主要以"《新视野大学英语1》第三版"为例来进行具体分析。这一节课的目标是学生学习和掌握42个单词和12个词组，具体的词汇教学设计流程如下：

第一，课前准备。课前准备是基于智慧课堂的大学英语词汇教学课堂设计的基础。课前准备不仅包括学生预习英语单词的测评，还包括相应的英语词汇教学设计。课前准备能够为英语词汇智慧课堂教学设计奠定基础，其旨在借助信息化平台对学生预习英语单词的情况进行检测，并根据预习测评结果，对英语词汇智慧课堂教学方案进行设计。在词汇教学设计过程中，要注意设计的针对性、逻辑性、个性化。

第二，课堂互动。课堂互动也是英语词汇智慧课堂教学设计中不可缺少的环节。课堂互动强调学生在课堂上的交流与互动，它是在学生预习的基础上进行的。通常情况下,课堂互动除了协作学习、课堂检验外,还包括总结提升的部分。通过课堂互动的设计和实施,有利于改革传统的教学模式,创新词汇教学的方法,形成平等、互动的师生关系,最终有利于提高英语词汇教学的效率,实现英语词汇教学的目标。

第三,课后反馈。课后反馈既是英语词汇智慧课堂教学设计的最后阶段,也是词汇设计不可缺少的环节。课后反馈能够对学生课堂上的表现和学习情况进行反映。教师可以根据学生的实际学习情况设计下一节课的教学内容和目标。通常情况下,课后反馈除了包括线上辅导、资料补充外,还包括复习巩固等环节。除此之外,还需要指出的是,教师可以根据课后反馈的结果,对词汇教学进行资料补充,从而使学生能够真正理解和掌握英语词汇,并将其灵活应用到英语技能教学中。

第二节 现代信息技术背景下英语微课教学模式

随着信息化时代的到来,网络通信技术发展日新月异,各种微平台也在不断发展。以短小精悍的教学视频为呈现形式的微课,正在影响着我国教育教学改革的发展趋势,成为日渐成熟的新型教育教学资源。大学英语教学也应该结合微课模式,推动自身发展。

一、现代信息技术背景下英语微课教学的认知

(一)英语微课教学的条件

1. 先进的教育教学理念

随着网络信息技术在教育领域中的广泛应用,教育信息化应运而生。微课是教育信息化发展的结果,它作为一种新的教育教学理念,在教育教学中起着不可替代的作用。随着网络信息技术的迅速发展,世界各国之间的交流与互动日益频繁。世界各地的人们打破了时间和空间的限制,可以随时随地进行交流和互动。网络信息技术在教育领域中的广泛渗透,改变了传统的教学模式,教师教学和学生学习都可以不受时间和空间的限制,学生与教师之间的交流与互动可以在线下进行,也可以通过网络信息技术在线上进行。同

时，在网络信息技术影响下，教育教学模式不断改革和创新，一些新的教学模式也逐渐应用于教育教学中，如翻转课堂、慕课、远程教学等。这些都为教师的教和学生的学提供了新的方式。

移动化、碎片化的学习模式应运而生，这种学习模式在很大程度上促进了学习者的学习。"移动化"强调的是打破时间和空间的限制，可以在任意时间、任意地点进行学习；"碎片化"主要强调的是容量比较小，学习起来比较方便。这种学习方式是教育信息化发展的产物，有利于学生根据自己的学习情况自主建构知识。微课具有短小精悍、目标单一、主题明确的特点。这些特点与当前提倡的移动化、碎片化学习的要求不谋而合。微课不仅容量小，所占的内存也比较小，而且能够以多种设备为载体，有利于学习者随时下载、随时存储、随时学习。

除此之外，微课中的微视频还有暂停功能、快进功能、快退功能、回放功能。这些功能的存在为学习者学习微视频带来了很大方便。学习者可以利用微视频的这些功能，反复观看微视频，将一些重点、难点、疑问等记录下来，与学生进行交流和讨论。同时，微课的载体设备类型众多，学习者可以根据自己的情况选择合适的移动载体设备。总而言之，学生可以随时随地观看微视频，微课的产生使学习者真正实现了移动化、碎片化学习。

综上所述，教育信息化是信息化时代的一种必然趋势，它有利于教育教学模式的改革，有利于教育教学理念的创新，从而使教育教学模式和教育教学理念紧跟教育信息化的步伐，适应信息化时代的发展。微课是网络信息技术发展的产物。它需要先进的教育教学理念，只有这样，才能引领教育教学的发展。

2. 发展现代信息技术

信息技术已经广泛应用于各个领域，在此背景下，无线移动网络的覆盖率也在不断增加。无线移动网络能够为学习者的学习提供便利。近年来，随着移动手机的不断更新和换代，学习者利用移动手机进行学习成为一种必然。另外，在信息技术、网络平台、大数据、云计算、应用软件等应用技术的推动下，移动终端实现了快速联网，同时它在教学中的应用也越来越普遍，这些都为微课在教学中的应用和发展奠定了基础。

随着信息技术的发展，信息技术对教育教学也产生了前所未有的影响。我国很多高校也意识到信息技术在教学中的重要性，并将信息技术应用于教育教学中。同时，高校在利用信息技术辅助教学的同时，也开始重视信息技术与课程整合及信息技术与学科整合，这是教育信息化发展的必然。

在当今时代，现代教育已经意识到信息化教学和人才培养模式的重要性，并利用信息化教学促进人才培养模式的改革，从而为社会输送高质量人才。要想实现信息化教学，就应该重视信息技术与课程整合。

近年来，英语教师也意识到现代信息技术在大学英语教学中的重要性，并将信息技术融入大学英语教学。信息技术与大学英语教学的有效融合，有利于提高学习者的学习效率，有利于提高大学英语教学的效果，更有利于实现大学英语教学的目标。

微课是教育信息化发展的必然趋势，将微课应用于大学英语教学中，必能促进大学英语教学的发展。众所周知，微视频是微课教学的重要载体，微课教学的实施和发展离不开现代信息技术的发展。因此，高校必须为大学英语微课教学提供必备的现代信息技术支持。现在高校网络教学设备日益完整，网络信息化体系也日益健全，这些都为大学英语微课教学的顺利实施和开展奠定了基础。

除此之外，还需要指出的是，当前大学生利用手机等移动设备进行自主学习的现象越来越普遍。因此，在教学中，教师可以鼓励和引导大学生通过移动设备来观看微课视频，这样有利于促进大学英语微课教学的实施。

3. 优秀的学生自学能力

微课要想在大学英语教学中顺利实施，还需要学生具有较高的自学能力。实践证明，我国绝大多数大学生具有较高的自学能力，这为微课在大学英语教学中的顺利开展奠定了基础。微课应用于大学英语教学，有利于激发学生学习的兴趣，有利于调动学生学习的积极性和主动性，有利于提高学生的创造能力和创新能力，更有利于提高学生的自主学习能力，这是大学英语教学改革的必然结果。另外，学生可以根据自身的学习情况和学习需要，通过微课来自主学习，获取知识。可见，学生的自学能够在很大程度上促进微课教学的发展，而微课教学的发展与应用也能够在很大程度上提高学生的自学能力，两者之间是相互作用、相辅相成的。

（二）英语微课教学的原则

1. 发展性原则

微课模式在大学英语专业实践课教学中的应用要想走向成熟，就必须不断发展，除了英语教师的精心设计以及学生的密切配合之外，学校作为英语教学的主阵地，也要大力支持微课模式，尤其是硬件方面。为此，学校要加强对现代信息技术的引入，依托各种信息化设备为英语专业实践课教学创建多元化的多媒体教室，从而保证微课教学的顺利开展。同时，学校还要从根本上对微课模式予以肯定，由于这种新型教学组织形式与传统教学组织形式存在较大区别，所以更要鼓励英语教师勇敢尝试，鼓励学生积极参与。

2. 趣味性原则

兴趣是最好的老师，学生在兴趣的指引下才能更高效地学习。在微课教学中，教师要想方设法地激发学生的学习兴趣，通过生动形象的教学微视频吸引学生的注意力，让学生在精力高度集中的状态下习得英语知识。

基于微课教学模式，学生学习知识的主要来源就是教学微视频，这就要求教师花费充足的时间与精力进行微视频的制作，尤其是视频画面，一定要做到品质精良，演示效果丰富，这样才能在短短的10分钟左右完全激发出学生的学习兴趣，让学生保持充足的学习热情。为了达到这样的目的，教师必须从自身出发，提高信息素养，做到游刃有余地运用各种微课教学所必需的信息技术。

微课的应用为大学英语专业实践课教学注入了新的活力，原本枯燥的教学内容以微视频的形式呈现在学生面前，学生在趣味性的环境中学习英语知识与实践技能，久而久之，英语专业素养也得到了提高。

3. 适用性原则

在开展微课教学时，教师首先要进行选题，针对恰当的内容设计微课，这样才能保证微课教学的效果。对于英语专业实践课教学而言，并非所有的内容都适合用微课模式讲授，教师要根据具体的教学内容，在分析重难点的基础上，确定是否实施微课模式。

根据认知负荷理论，人脑有效的认知负荷仅能保持10分钟左右，而传统的课堂教学时间较长，学生并不能有效掌握全部的教学内容，因此，需要通过一定的方式把一堂课的总体学习目标具体化，从而增强学生的自信，提高他们对知识的掌握程度。所以，教师在设计教学微视频时，要把时间控制在10～15分钟，让学生在相对舒适的状态下学习知识。至于那些包含复杂概念的教学内容，显然无法通过10～15分钟的教学微视频展现出来，因此也就不适合以微课的模式进行授课。

例如，语法知识是英语教学的一部分，浅层的语法知识可以开展微课教学，而那些深层的语法知识，学生在理解时需要调动先前掌握的知识，并在教师的详细讲解下借助立体化的思维方式才能掌握，如动词的各种用法，这就涉及动词变位、被动语态、形容词词尾等一系列的知识点，教师需要依据学生现有的学习水平、能力、接受程度等制订教学计划，并根据课堂教学的实际情况随时调整教学进度。微课属于一种相对程式化的教学模式，如果将复杂的语法知识生硬地设计成微课视频，很有可能对教学效果产生负面影响。

基于此，在将微课模式应用于英语专业实践课教学中时，应当选择适宜的教学内容，尤其是那些在传统教学模式下收效甚微的教学内容，可以尝试制作相应的教学微视频，以微课的模式将其攻克。

微课是对传统教学模式的优化，在充分肯定传统教学模式优势的基础上，要积极应用微课弥补传统教学模式的不足之处，增强选题的适用性，选择恰当的教学内容，让微课成为传统教学模式的最好补充。

4. 微而全原则

在微课教学中，微视频无疑占据着核心地位，但这并不意味着学生通过观看微视频就能收获学习成果，其实其他微课教学素材也扮演着不可或缺的角色，如微教案、微练习、微反馈等，这种"微而全"的微课教学才最有利于学生掌握学科知识与技能。

所谓"课"，其本意就是一个教学过程单位，"课"的开展表现出时间限制性与组织性，一般而言，"课"所实现的教学目的仅仅是总体教学目标的一部分，但这个教学目的对其本身而言又是完整的。微课作为"课"的形式之一，首先要体现"课"的基本特征，而后再彰显自身"微"的特色，即言简意赅、重点突出。

值得注意的是，虽然微视频是微课教学最为重要的组成部分，但不能简单地将二者等同起来。综观当前各种微课教学比赛，参赛作品直接被规定为教学微视频，那些在比赛中取得优异成绩的参赛者，大都因为教学微视频的质量较高。不可否认的是，高质量的教学微视频是微课教学开展的基础，但由于教学的动态性特征，仅仅有高质量的教学微视频是不够的，其无法全面满足教学活动的要求。

微课模式之所以在英语专业实践课教学中推广开来，主要是因为，与传统的教学模式相比，其不但将静态的课本教材以一种动态的形式呈现出来，而且从学生注意力集中的时间出发,将冗长的教学过程浓缩为简短的教学微视频。所以,微课教学能够提高教学效率,改善教学成果。在应用微课开展英语专业实践课教学时,应当注意教学微视频配套资源的全面性,通过微练习、微反馈等,帮助学生在观看教学视频后自主检测学习效果,并及时将学习情况向教师反馈。所以,作为教师,必须把微课设计得"微而全"。从这个角度来看,微课设计与传统课程设计存在相似性,即都需要从撰写教案开始,然后确定教学的目标、计划、重难点,而后开展教学实践,最后进行教学反馈。二者都体现了教学系统的完整性,只不过微课模式将教学的重要内容以微视频的形式呈现出来。

5. 互补性原则

当前,我国英语教学的主要形式仍然是课堂教学,这是由我国的国情及学生学习特点决定的。微课作为一种新的教学模式,其对英语教学起到了辅助作用,但是也存在某些问题。例如,学生在观看教学微视频时遇到不懂的问题,由于视频播放的程式化,其无法随时向教师提问,而这在传统教学课堂中是可以实现的。等到观看完全部教学微视频,学生当时想要问的问题可能已经记不清楚,这无疑影响了学习效果。这说明,微课教学模式与传统教学模式各有所长,二者不能孤立存在,而是要互相补充,从而促使学生的学习效果朝着积极的方向发展。

所以,教师可以把教学微视频当作学生课前自主学习的资源,让学生提前了解本堂课的教学内容,并整理出自己不理解的知识点。在课堂教学中,学生就自己存在的问题与教师交流,向教师请教,将原本课堂教授知识的时间转化为教师为学生答疑解惑的时间。微课与传统教学模式互为补充,相互结合,英语专业实践课的教学不仅令教师满意,也让学生收获满满。

6. 操练性原则

对于中国的英语学习者而言,大量时间被应用在理论知识学习上,实践性的语言操练机会少之又少。学习英语的根本目的是应用,要想具备使用英语进行交际的能力,就必须开展大量的语言实践操练。尤其是在英语专业实践课教学中,教师更要注重为学生提供语言操练的机会,让学生在实践中提升语言能力。

综上所述,微课在英语专业实践课教学中的应用并不是一个简单过程。

微课设计要做到"微而全"，微课内容的选择要做到真正适合学生，微课教学环境要充满趣味性，微课模式要与传统教学模式互补，微课中要具备实践操练性的内容，同时，还要时刻关注微课在英语专业实践课教学中的发展，让学生切实体会到这种模式创造出的可观的学习成果。

（三）英语微课教学的要求

1. 院校要求

随着信息技术在教育领域的不断渗透，微课作为一种新兴的教学模式在各大高校推广开来，就当前取得的教学成果来看，微课模式有着十分广阔的发展前景。过去，微课在高校教学中的应用表现出零散化特点，即只有少数教师在开展某些课程时应用这一模式，如今，越来越多的教师开始将微课与自己的学科教学结合起来，微课教学模式也逐渐变得规模化、集成化与具体化。

为了进一步推动微课在英语专业实践课教学中的应用，院校要承担起相应的责任，首先，保证微课教学有施展的场所，也就是建设更为完善的多媒体教室，配备更为丰富的多媒体设备；其次，由于视频是微课教学的主要资源，教师需要将制作好的教学微视频上传至教学平台，学生登录账号在平台上观看，这个过程离不开网络的支持。因此，院校要着力建设校园网络，让学生无论身处图书馆还是自习室，都能随时观看教学微视频，学习其中的内容。最后，在微课教学模式中，教学微视频的制作往往要耗费教师大量的时间与精力，如果教师将制作好的教学微视频上传至共享平台，此后其他教师讲授到相同内容时就可以借用这些视频资源，这不仅有利于减轻教师的教学压力，还能够促进教师团体之间的沟通与交流。

2. 教师要求

微课应用于英语专业实践课教学，关键在于教学微视频，高质量的教学微视频才能促进学科教学的发展，因此，英语教师必须提高对自己的要求，从而制作出精良的教学微视频。

（1）英语教师乐于在教学中应用微课这是十分值得肯定的，与此同时也要意识到，长期以来，我国的大学英语教学都是在传统课堂中进行的，微课模式决不可能取代传统的课堂教学，二者必须结合起来，各自发挥优势，共同致力于英语专业实践课教学的发展。

（2）微课教学模式是在教育信息化的背景下产生的，教师能否熟练应用相关信息技术，成为微课教学的重要影响因素，所以，英语教师必须不断学习，从而提高现代信息技术的应用水平。为了弥补传统教学模式趣味性的缺失，教师要制作出有趣的教学微视频——不仅画面生动，而且配音字幕使用得当，这就要求教师具备制作教学演示文稿（PPT）、使用录屏软件以及配备声音与字幕的能力。其中，声音的配备要求英语教师对教学内容进行一一朗读，因为在英语专业实践课教学中，英语发音格外重要。学生在观看教学微视频时，大脑能够接收到良好的语言刺激，在此基础上进行跟读，才能形成正确的发音，养成良好的语言习惯。

3. 学生要求

无论是传统教学模式还是微课教学模式，教学服务的对象都是学生，教学所要达成的目标也都是提高学生的学习效果，所以，任何一种教学模式都要注重学生的作用，为学生创造良好的教学环境，调动学生的学习积极性，这也是微课教学的应有之义。在基于微课的英语专业实践课教学中，学生更乐于在课前和课后观看教学微视频，这两个阶段的学习都没有教师的参与，因此，需要学生发挥主观能动性，开展自主学习。

在课前预习环节，面对未曾学过的知识点，学生要表现出精力高度集中的学习状态，有目地观看教学微视频。视频观看完毕后，回想自己学到了哪些知识，存在哪些不懂的问题，这些问题哪些需要与同学探讨，哪些需要向教师请教。另外，为了检测自主学习成果，学生需要完成教师设置的配套练习，这样才能明确自己的学习情况。在课后复习环节中，学生借助教学微视频查漏补缺，对于自己的薄弱之处多次观看教师的讲解，从而全面掌握课堂教学内容。除此之外，微课也可以在课堂教学环节应用，只不过大多数学生认为，课堂要以聆听教师的讲授为主。其实，在课堂中播放教学微视频能够调动学生参与教学活动的积极性，有利于提高学习效率。

英语教学的实践性本身就很强，英语专业实践课教学更是如此，实践课开展的目的就是促使学生在扎实掌握语言理论的基础上，形成语言实际运用能力。在微课教学视频的辅助下，学生可以跟读，并反复练习相关句型，正所谓熟能生巧，大量的练习必然能够帮助学生获得许多英语实践运用的技巧。总而言之，学生必须成为一个自律的人，用良好的自主学习习惯收获更多的英语学习成果，也让微课教学体现出其存在的价值。

二、现代信息技术条件下英语微课教学的应用

（一）微课在英语词汇教学中的应用

既然将微课运用到大学英语词汇教学中，对学生、教师及课堂教学都有着十分重要的意义，那么在实际的大学英语词汇教学中，教师就需要提升对微课教学的深层次认识，将微课合理应用到词汇教学中，给学生提供最好的英语学习环境。

第一，以精简的词汇教学，激发词汇学习热情。微课教学模式有短小精悍的特点，而此特点正与大学生的学习特点相符合，它能够在最短的时间内吸引学生的注意力，激发其学习兴趣，进行更为集中性的学习。在实际的大学英语词汇教学中，教师需要根据教与学的实情对教学内容进行有效精简，以此来激发其英语词汇的学习热情，提高词汇学习的效果。词汇教学中运用微课教学模式之前，教师必须要做好充分准备，要精心挑选词汇教学内容，提升词汇教学的趣味性。教师在教学中采用精简性的词汇教学方式，能使学生有眼前一亮的感觉，大学生会对词汇学习产生极大的热情，这能使学生在极短的时间内理解并记忆已学的词汇，构建更为完整的词汇知识体系。

第二，凸显重点，提高词汇教学效率。微课之所以成为"微"课就是因为视频较短，一般都不会超过 10 分钟，在精短的视频中难以将全部内容都容纳进来。为此，教师在进行词汇教学的过程中必须要对重难点的词汇进行挑选，以便凸显词汇教学的重难点，并以此为基础设计各环节的实践教学活动，提升微课词汇教学的质量。在词汇重难点的选择方面，教师通常是以频率来判断的，如在学习相关内容时，通常都会有若干英语词汇出现的频率较高，这时教师就可以针对这些词汇制作短视频，有针对性地进行讲解，这样既能缩短词汇教学时间，还能让学生用掌握的词汇技巧来进行词汇学习，必能取得事半功倍的词汇教学效果。

第三，增强学生对词汇的理解。传统的讲解、记忆词汇教学模式已经过时，它已经无法满足学生的实际词汇学习需求。而微课教学模式具有较强的灵活性、趣味性及有效性特点，教师需要加强对微课教学模式的进一步创新，以便于学生更有针对性地理解所学内容，构建完整的知识体系，吸收与消化英语词汇。大学英语教材中有大量固定搭配性的词汇实践教学内容，针对这

些词汇的学习，教师制作的微视频可以从简单的记忆向词汇语句翻译过渡，并适当调整课堂问答的内容，这样，学生能非常顺利地掌握及灵活应用固定搭配，提高词汇学习的效果。

第四，在微课设计过程中注重整体性。随着社会的不断发展与进步，信息技术逐渐应用于各个领域之中。在教学领域，微课就是它的体现之一。对于大学英语而言，微课教学是新型英语教学的模式之一。因此，在进行微课教育之前，首先，广大英语教育工作者应该在网络平台上科学地设计微课的教学内容，把大学英语教学的方方面面进行整合。教师对选择的教学内容进行优化升级，再对学生进行微课教学。这是广大英语教育工作者在进行微课教学前的必要准备。其次，教师在设计微课教学的过程中一定要注意抓住大学生的学习特点，根据学生的兴趣点及英语基础对微课教学进行设计。这样才能够激发学生的学习兴趣，从而为微课教学打下很好的基础。最后，教师在设计微课教学时一定要从课本出发，注重以英语课本为依据。教师一定是在课本的基础上合理地进行教学，对学生进行基础教学和拔高教学。因此，教师在设计微课的过程中一定要注重教学的整体性，而不是单独教学。除此之外，教师在运用微课教学的过程中一定要多利用多媒体技术，使微课与信息技术相结合，给学生带来更直观的教学感受，从而才能够提高学生的学习积极性，并提高英语词汇教学的教学质量。

第五，使用微课设立具体情景。学生英语成绩的取得需要学生具备扎实的基础，学生需要牢牢地掌握足够数量的英语词汇，因此微课可以很好地帮助学生提高这种能力。英语教师在上课之前要做好充分的准备，制作微课时要注意设计和收集一些能够与大学生的生活环境贴切，尤其是其比较熟悉的真实场合，并且能够调动学生的积极性，吸引他们的注意力。教师要善于利用微课将学生脑海中的意识和认知转换到现实生活中的真实场景，不断满足学生的好奇心和喜欢探索未知世界的心理。由于有了这种前所未有的体验，学生会对学习词汇产生兴趣，不再仅仅局限于死记硬背，而是以一种轻松愉快的方式牢牢掌握词汇，甚至还能提高学生的英语口语能力。

第六，观看微课视频，使学生积累英语词汇。英语水平的提高，除了学生日常好好听讲之外，还需要学生主动地进行课外拓展阅读。英语作为文科类学科，总是难以避免枯燥乏味这种情况，教学中只是单纯地背词汇很容易让学生感到无趣烦躁，难以继续学习。现在大学生喜欢阅读的人数较少，他们更喜欢看动画片、电影之类的视频。微课视频就可以很好地解决这一问题，它能够帮助学生提升语言素养，提高写作能力。例如，大学生都喜欢看电影和动画片，就是因为电影和动画片是动态的，人物的设定和说话的语气都符合学生的心理，并且电影具有情节性，更能抓住学生的兴趣。因此，教师就可以抓住学生这一心理，选择生动的电影视频作为微课视频进行播放。

综上所述，在互联网时代，在现代信息技术飞速发展的背景下，微课已经成为大学英语教学的模式之一。在微课教学中，微视频使得原本枯燥乏味的词汇学习变得生动有趣，学生可以在这样的学习环境下深化对英语词汇的理解，增强对英语词汇的记忆。同时，英语教师将各种词汇学习的技巧展示在教学微视频中，学生在了解并掌握了这些技巧之后，英语词汇学习的效率自然会得到极大提高。因此，在实际的大学英语词汇教学中，教师需要对这种方式进行深入性分析与研究，为学生后续英语学习的顺利推进奠定基础。

（二）微课在英语口语教学中的应用

在大学英语口语课堂教学中应用微课，主要包括课前、课中以及课后等不同阶段的应用内容。

1. 课前预习阶段

课前预习阶段是微课发挥作用与价值的重要阶段。在以往的英语教学中，学生需要借助纸质材料完成课前预习任务，由于多年来英语理论学习的惯性，学生本就十分排斥口语这门课程，更不用说通过纸质材料自主完成课前预习任务。基于微课教学模式，英语教师可以事先将教学微视频发送给学生，学生跟随教学视频的节奏，完成本堂课的口语预习任务，从而为口语课堂教学的开展打下基础。

为了保证微课在大学英语口语教学中的效果，教师必须制作精良的教学微视频。在教学微视频中，应当着重突出课堂教学的主题，并把教学目标、教学重难点等内容明确地展示出来，这样学生就能够有的放矢地开展自主学习。同时，微课最大的特点就是短小精悍，教师一定要将视频时长控制在 10～15 分钟，不至于引起学生的反感。另外，微课教学视频中的英语发音要做到口齿清晰，让学生能够模仿并学习。

微课教学视频制作完成后，英语教师可以将其上传至网络教学平台，一方面，学生能够根据自己的需要随时观看教学视频，对于难以掌握的口语知识点反复观看，实在理解不了的内容则及时记录，以便在课堂教学中向教师寻求帮助；另一方面，其他教师可以借鉴此教学视频，这种教学资源的共享无形之中缓解了英语教师的教学压力，让其有更多时间对学生开展针对性辅导。

2. 课中应用微课教学

大学英语口语教学的课时非常有限，将微课模式应用于口语教学中能够在一定程度上解决这个问题，因为在教学视频的辅助下，课堂教学时间得到了优化。在传统的口语教学中，教师需要在课堂上完成众多教学任务，时间紧任务重就是最真实的写照。课中应用微课教学，教师只需要将时间花在为学生讲解重难点内容上即可，其他容易理解的知识，学生可以通过观看教学微视频掌握。另外，微课模式还使得英语口语教学的实践性有所增强，学生获得了更多的口语练习机会，日常交际、求职问答等均能在课堂中加以训练，学生的口语表达能力也随之更上一层楼。

3. 课后练习应用微课教学

大学英语口语教学质量之所以提升缓慢，原因之一就在于学生的课后巩固与复习效果不佳。过去，学生在课后复习口语知识时，既没有英语教师的指导，又缺乏有效的复习资源。微课在学生课后练习中的应用改变了这种情况，学生可以通过观看教学视频完善自己的口语知识体系，并尝试将原本"死"的知识点以"活"的方式应用到日常交际中，这在无形中优化了学生口语学习的效果。

第三节 现代信息技术背景下英语慕课教学模式

慕课教学是信息时代出现的一种新的教学方式，慕课是一种在线课程，它具有大规模、开放性，慕课的大规模一般体现在以下三个方面：一是从课程内容上来看，其非常多且杂；二是从服务对象上来看，接受服务的学习者数量非常多；三是从影响力上来看，世界上任何一个角落里的人都可以学习该课程。慕课的开放性主要包括：一是学习空间开放，不仅在校学生可以利用慕课课程学习，社会人员也可以利用慕课课程学习；二是学习资源开放，所有人都可以自行下载课程资源，且课程是免费的。课程的内涵十分丰富，不仅包括各种主题提纲、教师讲授内容视频,而且包括学习资料、学习注意事项等。总而言之,慕课就是一种十分开放、规模较大的网络课程,将慕课与英语教学相结合,能更好地推动英语教学的发展。

一、现代信息技术条件下英语慕课教学的认知

(一)慕课对英语教学的重要影响

第一,创造英语语言使用环境。由于没有英语环境,因此学生在学习英语的时候经常面对理论知识无法实践应用的情况,这就对学生学习英语产生了一定的不利影响。慕课的出现就解决了这种问题,慕课可以为学生创设良好的语言环境,使学生接触地道的英语,并且慕课搭建了国际交流的平台,学生可以在慕课平台与世界各地的以英语为母语者进行交流,从而提高学生的英语表达能力。

第二,提供专业能力培养平台。慕课资源是教师开展慕课教学的基础,它可以将线下和线上的资源进行整合,从而发挥出更大的作用。随着科技的发展,慕课教学平台的建设也逐渐完善起来。在慕课平台上,有很多与专业有关的英语知识,学生可以结合自己的专业学习相关英语。因此,慕课为英语专业能力的培养提供了平台。

第三,增强英语学习的乐趣。慕课可以运用声音、图像等将英语知识呈现出来,这让学生可以了解到更加直观的知识,从而有利于其学习。以往大学生无法自主选择学习的知识,教师是知识的传授者,学生是知识的接受者,教师主导学生的学习进度,而慕课则给予学生较大的自主权,在慕课模式下,学生的潜能被激发了,思维更加活跃,学习英语也成为一种发自内心的自觉行为。而当英语学习是出自学生的兴趣时,其才能真正投入英语学习中,享受学习,并最终获得扎实的知识与较高的技能。

第四,完善英语教学的模式。大学英语教学中应用慕课主要是为了改革英语教学的模式。慕课作为一种现代信息技术支撑下的新型教学模式,可以对大学英语教学模式进行创新,对大学英语教学内容进行创新,教学内容以视频的方式呈现。在慕课视频内容中,学生必须集中自己的注意力,然后在结束视频之后进行自我测试,通过了慕课的测试才能进行下一个阶段的学习。例如,在大学英语的精读课视频中,教师先对教学的重难点进行梳理,从而使学生在视频开头就能明白学习要点,在精读视频课程学习之后,学生需要

通过一些问题的测试之后才能开始下一个精读视频的学习。教师主要将课文作为视频材料，制作成视频以供学生观看。

第五，扩大学生英语知识储备。课堂学习的方式是帮助学生学习英语的主要方式，在大学英语课程中，英语课程的课上时间比较少，而英语课堂学习的时间是有限的，因此，学生学习英语能够利用的课堂时间是有限的。但是，慕课的出现就解决了这种问题，慕课在教学中主要使用网络平台，这种教学模式可以使学生随时随地学习，极大地扩展了学生学习英语的范围，对丰富学生的英语知识十分有利。

（二）英语慕课教学模式的运行机制

1. 搭建联盟平台

当前很多高校开设了自己的慕课平台，有些课程也获得了很高的点击量，在信息技术深入发展的当下，更多的高校也应该积极投身慕课平台的建设。高校之间应该秉承团结合作的原则，以不同的学校类型或者不同的区域等作为划分，共同构建慕课联盟平台，研发出精品课程，从而让学生可以接受本校之外的优质教学资源。对于那些在慕课平台下积极学习并按时完成课程的学生，学校可以给出学分证明或者其他类似的证明材料，并且逐步推进校际之间学分互认体系的实现。

高校在组建慕课平台的同时，就应该突显自己的核心专业以及特色课程的建设，集中优秀教师力量进行课程的开发与录制，争取创建出一大批优秀的课程，并且积极传播这些优秀的教学资源。这显然能为学校树立更好的形象，同时能让高校在教育领域获得一席之地。

2. 实施开放式课堂

与传统的教学模式不同，开放式课堂教学的学分管理制度更为多样，不仅包含学分互认，还能做到线上线下教学的融合，这些都是在慕课影响下传统课堂做出的变革。在慕课视角下，开放式课堂显然能激发出学生学习的主动性，因为在慕课平台上有海量的优秀视频资源可供他们选择、学习，并且能培养他们的思辨能力、创新精神。我们可把传统的课堂看作"线下"教学，将基于慕课平台开展的教学看作"线上"教学，这二者共同构成了开放式课堂，从本质上而言，开放式课堂就是传统教学与慕课平台的有机结合。

（1）线上教学。

在慕课平台上，学生可以自主选择课程进行自学，他们的学习过程可以简单概括为四部分：观看视频、完成练习、在线交流、信息反馈。"慕课平台"的意义可以得到延展，不仅涵盖传统意义上的三大慕课平台，还可以包括各高校自主搭建的慕课平台，如"好大学在线"等，后来研发的各类网络资源学习平台也扩充了慕课平台的范围。

除此之外，学生应该认真对待慕课平台的学习，不应将其仅仅看作"预习"环节，这与翻转课堂课前观看视频是截然不同的，在慕课平台上，学生应该集中精力将涉及的知识点进行全部内化。

（2）线下教学。

在线下，学生是带着"准备"去上课的，教师也是带着"准备"去授课的，这种目的明确的教学显然能达到很好的教学效果。学生的"准备"涵盖以下两个方面的内容：一是学生对课堂要点已经进行了深入学习，是带着对知识的理解来上课的；二是在学习的过程中，学生有了一些收获，同时会有一些疑惑，这些成果与疑惑都是"准备"的内容。

对于课堂教学而言，教师的"准备"就显得更加重要，在课前，教师需要收集学生在慕课平台上遇到的知识点，并且提前做好知识点的整合等工作。在授课时，教师需要将这些疑难点进行合理安排，并设计丰富多彩的课堂活动让学生能够讨论这些话题，这样就可以为学生构建出高效的讨论氛围，教师就能真正发挥出课堂引导者的作用，当学生需要帮助的时候，就可以给他们提供合适的帮助。

此时，应该打破传统课堂的布置模式，采用一些新颖的布置格局，如圆桌式等，这样有利于教师照顾到所有学生，并能及时解答学生的提问，同时这也可以创造出一种更为轻松愉悦的氛围，从而给课堂增色。

（3）开放式课堂教学的优势。

第一，利于实现学习过程的循环。在心理学家看来，知识的学习是需要通过三个过程实现的。学生要想习得一种知识，首先需要对知识进行领会，其次需要巩固知识，最后需要将知识灵活运用到实践中。由此看来，传统的教学模式似乎存在某种不合理性，并且容易浪费教师以及学生的时间，学生如果在课后写作业的时候遇到一些疑难点，就会感到措手不及。在开放式教学模式下，教学的场所更为多元化，学习过程与以往相比也有了很大变化，一些理论知识等方面的内容可以放到课后让学生自己去消化，在课堂上，师

◆英语课堂模式及其形成性评价构建

生能有更多的时间坐在一起进行知识的探究,如果遇到问题,就可以得到及时解决。

第二,开放式课堂教学营造了更和谐的师生关系。学生在线上进行学习的时候,如果遇到不懂的问题,就可以在讨论区与同伴或者其他一些人相互讨论,这样就利于疑难问题的解决。同时,由于慕课资源是比较开放的,许多学习者都可以将不同的学习经验告诉教师,也可以启发教师进行课程教学的优化,从而利于慕课平台的发展。所以,学习者完全可以在交流区畅所欲言,从而让教师更好地了解学生们学习的现状。

学生在线下学习时,教师就可以将所学的知识进行搜集整理,并且提前构建课堂情境,尽量为学生提供一种比较舒适的交流氛围,这样就能让不同学生的思维得到碰撞。相较于传统的课堂,学生有了更多的机会与教师进行交流,因为在传统的课堂模式下,师生并没有几次交流的机会。在开放式课堂上,教师以及学生有了更多平等交流的机会,所以一种更加和谐的师生关系被构建了出来。

3. 建立英语评价标准体系

大学的课堂教学也需要有合适的教学方法与之相匹配,通过对教学质量进行评价,可以促进教学向着更为高效的方向发展。与传统的课堂相比,开放课堂有了更为多样化的选择,所以,在进行评价的时候也应该选择多样化的评价体系。

(1)对教师"教"的评价。

与传统课堂相比,开放式课堂教学的评价主体更加多元化了,因为课程是开放的,所以只要是学习课程的人都可以对课程进行评价。我们可以从注册人数上看到学生对课程的认可程度,如果注册的人数很多,那么显然有更多的人喜欢这个课程。学习者应该按照教学的进度在一定时间段内完成调查问卷,这样就可以反映出教师的教学状况。此外,慕课拥有讨论区,这样,教师也可以从讨论区中看到学习者的评论。

(2)对学生"学"的评价。

在传统的课堂教学中,纸笔考试是评价学生最为合理有效的方法,多样化课堂教学的开展也为评价提供了更多可能,这显然利于形成性评价的开展。对学生的考核主要是通过线上与线下两个方面实现的。在线上,通过测评其客观题的答题情况查看学生知识的掌握情况;在线下,还是通过安排统一考试的方式，以教师评价以及学生自评的方式开展。对于不同部分评价在总评价中所占的比例，可以由教师自主决定。

4. 建立多元化策应机制

（1）建立学校层面机制。

第一，制定慕课联盟平台建立制度。慕课联盟平台是一个大型的平台，它的建立和运用需要多个不同高校之间加强合作才能实现。这个平台的建立能够使多个高校都受益。对于高校而言，它们一定要采取必要的措施来管理和规范慕课联盟平台，从而协调解决常见的问题，从宏观的层面监督慕课联盟平台的运行。

第二，制定学分互认互换细则。众所周知，慕课是一种开放式的课堂形式，因而其可以在一定程度上实现学分的互认互换，这就需要学校层面的有关部门根据实际情况制定详细的操作细则，从而确定具体的学分互认互换策略。

第三，关注传达动态信息，统筹管理。在高校的教学中，慕课为学生提供了一种开放式的学习课堂，这种教学模式促使高校教师要转变自己的教学方式，改变自己的思想，从而拓宽自己的教学思路。很明显，从学校的层面进行分析，慕课联盟平台的构建与运行以及慕课的实施都离不开高校管理层的支持和管理，因而各个高校的管理层相关人员都需要时时关注学校的动态信息，从而根据大环境的变化做出调整，并积极应对问题。

（2）建立教师层面的机制。

第一，积极转变教育观念。慕课是一种较为先进的教学理念和教学模式，慕课也给中国的传统教育模式带来了很大影响，因而从教师的层面进行分析，教师也要做出相应的调整和改变。教师首先需要做的就是更新自己的教育理念，即教师在教学中要转变自身的角色，要用科学、客观的态度来对待慕课，而不能对慕课持有消极甚至是抵抗的情绪，因为这样不仅会对教师产生负面的影响，也会对学生产生消极的影响。总而言之，高校的英语教师要端正对慕课的态度，要抛弃陈旧的教学理念，从而加强自身的学习，确定正确的教育理念。

第二，掌握信息技术手段。目前，很多高校都尝试着把先进的现代教育技术引入高校英语教学中，这就对高校的英语教师提出了较高要求，它要求高校的英语教师要学习和掌握一定的信息技术手段，这样他们才能够在教学实践中得心应手地运用这些教育技术。慕课就是一种先进的现代教育技术，它的本质就是一种大规模开放性的课程，它的运用离不开计算机，因而高校的教师一定要学习和掌握计算机的基本操作，掌握一定的信息技术理论和实践知识，从而更好地指导学生的英语学习活动。在现代社会，教育信息化给很多高校都带来了较大的影响，很多高校教师都把多媒体设备和教育技术引入教学中，他们已经在课堂中比较少使用黑板等传统模式开展教学，由此可见，英语教师学习和掌握信息技术的重要性。此外，在教学中，很多高校都会根据实际情况要求教师参与慕课的建设和制作，这也是对教师信息技术的一种挑战，需要教师调整心态、积极配合完成。

第三，提升教育教学能力。虽然慕课是一种开放式的课堂，然而教师在慕课教学中依然发挥着重要作用。需要强调的是，在慕课教学中，教师对学生的学习起到引导和帮助作用，这就更需要教师不断提升自我，不断提升自身的教育教学能力，这样教师才能够在慕课教学中游刃有余地指导学生开展自主学习，为学生提供更加优质的慕课资源，并教会学生利用慕课开展自主性学习。

第四，准确定位自身角色。在慕课这种开放式的教学中，教师一定要明确自身的角色定位，这样才能更好地指导学生的学习，即教师是一种引导者和合作者的角色。对于高校的教师而言，他们不仅在教学的过程中运用慕课，也很有可能会参与学校的慕课制作，因而教师会是合作者的角色。

在慕课教学中，教师的地位提升了，教师的工作也变得更加多样化，其表现在：一是学生自主地利用慕课开展学习活动需要教师的及时指导，教师需要教会每个学生学习的方法；二是教师需要根据学生的自主学习反馈情况进行总结，并根据学生的学习情况创设一定的学习情境和探究性活动等；三是不同的学生学习水平有差异，教师要给予这些学生不同的指导；四是当学生已经学习完相关的慕课课程之后，教师需要对各项知识点统一进行梳理并使学生在头脑中形成知识体系。由此可见，在英语的慕课教学中，教师发挥着不可替代的作用。教师是课堂的主导，学生是学习的主体。

（3）建立学生层面机制。

第一，提高资源选择的能力。对于高校的学生而言，他们通过学习这种开放式的慕课课程不仅能够学习很优质的课程资源，还能够通过慕课学习掌握一定的自主学习能力，这种能力对学生将会产生深远的积极影响。从理论的视角进行探讨，慕课能够为学生的学习提供多样化的优质学习资源，这样学生就具有比较大的选择空间。学生在选择教学资源的过程中需要教师的耐心指导，这个过程也能够逐渐提升学生的资源选择能力，这对于学生将来的工作也是有利的。在信息技术时代，每个学生在日常生活中都会接触到网络，都会接触到大量的信息资源，如何在大量碎片化的信息资源中找到对自己有用、有价值的资源是一项技能，它考验学生的信息分析能力、专业能力以及判断力等综合能力。

第二，领会自主学习方法。在开放式的慕课教学中，学生需要根据自己的学习需求选择适合自己的学习内容和方法等，这样学生就需要主动思考，主动来做出各种选择，最后自主开展自主学习，这整个过程能够提升学生的自主学习能力。

第三，把握慕课课堂与传统课堂的关系。对于高校的教师和学生而言，在运用慕课开展英语教学的过程中，还需要适当地处理好慕课课堂与传统课堂教学的关系，即二者并不是一种完全对立的关系。由于各种实际因素的限制，慕课的应用范围会受到一些限制，因而在高校的英语教学中，传统的课堂教学还占据着重要的地位。慕课课堂和传统英语课堂之间的关系就是一种互相补充的关系。教师在英语教学实践中一定要处理好二者之间的关系，这样教师才能够利用慕课课堂提升学生的英语学习效率，并激发学生的英语学习兴趣。

二、现代信息技术条件下英语慕课教学的应用

（一）慕课在英语听说教学中的应用

1. 构建专业的教师团队

将慕课应用于高校的英语听说教学中是一种创新，这种混合式的教学模式能够为英语听说教学带来全新的活力，然而这种混合式的教学模式也为高校教师提出了更高要求，即高校必须要构建一支具有较强专业能力和信息技术能力的教师团队，来开发和维护慕课平台的运行和安全等，从而保障英语慕课的顺利开展。此外，这支教学团队一定要更新教学理念，在教学中始终做到以学生为中心，从而从根本上提升学生的英语听力水平和口语水平。

2. 打造强大的慕课平台

慕课的制作以及运用都离不开网络这个平台，因而对于高校而言，高校需要不断更新和维护自己学校的网络平台，在固定的时间对学校的网络平台进行维护，从而使网络的运行更加顺畅，也能够使学生获得比较良好的英语慕课体验，这能够吸引学生的目光，加大学生的英语学习乐趣。此外，各个高校还应该大力提升学校的信息技术，最好使校园的每个角落都覆盖上无线网，以便于学生利用碎片化时间学习英语知识。

在大学英语教学中，英语教师需要录制一定的英语听说慕课视频，通常这些慕课的录制时间都比较短，一般在 10 分钟范围之内，因而这就要求教师一定要保证慕课视频的质量。从英语听力的内容角度进行分析，教师可以选择高校英语听力的技巧，以及大学英语四级、六级考试的听力技巧等内容，同时还需要在慕课视频中设定相应的练习题目供学生参考使用；从英语口语的内容角度进行分析，教师可以选择高校的语音知识、西方文化、中西文化差异以及口语的常用句型等内容，同时教师也要设定相应的练习题目供学生参考使用。除此之外，教师还需要在网络上注册互动论坛，方便教师和学生的沟通与交流，提升学生的自主学习信心。学生可以在论坛上提出任何与听说学习相关的问题，并由教师进行解答，其他学生也可跟帖交流；还可以在论坛上上传学习成果或心得，共同分享、相互切磋、携手进步。

3. 积极完善线下教学

对于听说习得而言，进行面对面的语言输出、交流与反馈是至关重要的。所以，虽然慕课具有非常多的优势，但是这种教学模式也只能作为听说课堂的一种重要补充，是无法替代英语听说教学中的课堂教学的。混合式教学模式使各种关于听说的理论知识实现了网络在线讲解，这样一来，学生就能够在课下利用碎片化时间自主地掌握理论知识，从而极大地突破了传统课堂在时间与空间方面的限制，将传统的理论灌输的教学模式转变为任务驱动型教学模式，也实现了教学目标由理解、记忆知识向应用理论与提升技能转变。基于这一点，高校应当积极对传统的听说课堂教学进行变革，将混合式教学模式有机地融入听说教学之中，实现传统课堂与在线网络教学的有机融合，不断满足学生的多元化需求，进而促进英语教学水平的提升。

在课前的慕课中，学生可能会或多或少地遇到一些问题，在线下课堂中，教师可以针对学生所遇到的问题进行深入分析，帮助学生解决问题，需要注意的是，在教学内容方面，应当将重点放在知识的运用以及听说技能的训练上。在听力方面，针对线上学习中存在的比较普遍的问题进行集中练习，有效缩短听力练习的时间；在口语方面，注意多种方法的灵活采用，如对话、演讲、展示等。在对课堂任务进行设计时，要最大限度地对现实的生活情境进行模拟，并积极引导学生根据要求进行针对性训练，这样不仅能够营造良好的学习氛围，而且能够有效地激发学生的自主性与积极性，促进学生英语能力的提升。

4. 构建评价考核机制

在英语教学中，评价考核是非常重要的环节。通过评价考核，教师能够对学生的知识掌握情况形成系统了解，学生也能够发现自身存在的不足。在混合式教学模式下，学生的学习、互动与考试有机地融合为一体，使评价考核的形式更加多样化，能够全面地展现学生的学习情况。因此，教师应当对英语听说教学的课程评价考核机制进行重建，将学生的课堂表现、作业情况、期末成绩与线上学习的各种表现结合起来进行评价，与此同时，还要将教师评价同学生互评及学生自评相结合，从而得出最终的评价考核结果。这种评价考核形式具有非常明显的优势，主要体现在：重视评价对象的素质发展、强调评价主体的多元化、尊重学生的个体差异。总而言之，这种评价考核方式不仅使教师的主导作用得到了有效发挥，而且充分发挥了学生的主体作用，有助于激发学生的积极性与主动性，促进学生听说技能的提升。

5. 培养学生自主学习能力

虽然慕课作为一种新兴的教学形式，具有非常明显的优势，但是，需要注意的是，慕课毕竟需要通过网络来开展学习，因此很容易使学生在使用网络的过程中受到诸多不良因素的干扰，进而对学生的线上学习造成不良的影响。因此，运用慕课开展教学活动时，应当重视教师的引导、启发与监督，及时对学生的不良学习行为进行纠正，以保障教学活动的顺利进行。

学生自主学习能力的培养，需要注意：第一，在学生开展自主学习之前，教师应当采用各种方式对学生的现有学习水平形成系统把握，并指导学生制定适合自己的学习目标。在每次慕课开始之前，教师要制定好导学提纲，使学生对每次课程的学习目标与任务产生明确的认识，积极运用在线分享、在线答疑等方式进行教学互动，并且营造和谐、宽松的学习氛围，使学生对课程的评价方式有清晰的了解，重视学生内在学习动机的激发。第二，教师要指导学生根据自身的实际情况制订合理的学习计划,既要制订长期的学习计划,也要制订短期的学习计划,此外,教师还要为学生提供丰富的、合适的学习资源,并使学生掌握有效的学习策略。在学生开展自主学习时,教师要为学生个人及班级整体提供有效的学习策略指导,鼓励学生根据自己的实际情况选择适合的学习方法,并且对学生的学习情况及时进行跟进并及时帮助学生进行学习策略的优化。第三,教师应当时刻关注学生的慕课学习进度,并针对学生的测试完成情况给予及时的评价,把握学生的学习难点,进行针对性的指导。除此以外,教师还要鼓励学生积极主动地对自己的学习情况进行监控,使学生充分运用自我评价与学生互评等形式来把握自己的学习情况。

(二)慕课在英语写作教学中的应用

1. 慕课应用在英语写作教学中的主要作用

(1)慕课环境下能够快速获取英语资料。

在传统的英语写作教学中,学生的写作资料通常是从书籍中获取的,但是毕竟书籍的资料是比较有限的,而且查阅起来也需要耗费一定的时间与精力,所以很多时候,学生往往很难获得真正适合自己的资料。然而,慕课教学使这一问题得到了极大缓解,在网络的辅助之下,学生可以随时随地且非常精准地获得自己所需的写作资料。此外,学生利用慕课网络针对英语写作的相关问题展开交流,也能有效地拓展学生的思维。

(2)慕课环境下能够扩展学习空间。

在英语写作教学设计中,教师可以有针对性地选择一些优质的英语慕课,使学生更多地接触世界名校的优质课程,进而激发学生学习英语写作的兴趣与积极性,促进自主学习能力的不断提升。此外,在慕课平台中,学生可以自主地搜集相关的写作资料,并且查阅各种优秀的写作范文,掌握一定的写作技巧,并运用于自己的写作实践之中,不断提升自身的英语写作能力。

(3)慕课环境下能够优化教学资源,提高教学效果。

英语写作其实就是借助英语这种语言,将自身对客观世界的认识,通过书面的形式展现出来的活动。英语写作能力的提升需要长期积累。慕课平台在网络技术的支撑下,具备资源共享性、开放性、互动性等诸多优势,学生借助慕课平台,可以查看与阅读各种优秀的英文篇章,还可以阅读其他学生的作文。这样一来,学生不仅能够学习到优秀篇章的写作技巧,还能够在与同学的对比中发现自身的不足，从而不断修改、完善，促进写作能力的提升。

2. 慕课环境下英语写作教学模式的构建

（1）以慕课教学平台为切入点。

通常而言，学生在开展英语写作之前，需要做好诸多准备工作。当教师在慕课平台上发布了具体的写作话题之后，学生应当分组进行讨论，与组员进行交流，积极发表自己的见解，并且主动搜集相关的写作资料，为下一步的写作做准备。除此之外，在写作时，学生应注意良好写作习惯的培养，在写作构思上应当多加重视，将自己的观点用英语正确地表达出来，切忌出现文不对题、思维混乱、逻辑不通等问题，尤其要注意避免语法错误的出现。与此同时，应当注意英语思维与汉语思维的差异，遵循英语语言的表达习惯与行文特点，确保文章结构正确，表达流畅。总而言之，在慕课平台中开展英语写作教学，教师需要做的就是引导学生寻找写作的切入点，及时对学生进行引导并纠正学生存在的不足，帮助学生不断提升英语写作水平。

（2）慕课学习环境的构建。

学生在根据写作主题完成写作之后，可以将作文上传到慕课平台上，教师则及时在平台中检查学生的写作情况。由于学生在英语水平与思维方式上存在不同程度的差异，因此学生的作文所体现出的差异也非常显著。教师应当及时发现学生写作中存在的各种问题，并及时进行指导，然后引导学生不断对作文进行修改完善，在这一过程中促进自身写作水平的提升。与此同时，教师还可以选择一些优秀的作文作为展示范例，供学生参考与借鉴，使学生积极学习他人的长处，并及时发现自己的不足，进而取长补短，不断完善自己。

（3）慕课平台上英语写作模式的实施。

在慕课平台上开展英语写作需要注意两个方面的问题：一是教师要积极主动地为学生提供相关的写作素材与丰富的写作资料。慕课作为一种崭新的教学形式，具有高度的系统性，教师应当充分发挥慕课平台的优势，在充分把握学生英语水平的基础上，为学生提供丰富的学习资源，也可以在慕课平台上为学生设置一些相关资料的链接，使学生在需要时可以快速、准确地获取。此外，教师还要引导学生对自己的英语作文进行及时存档，使学生在不断写作学习中发现自己的不足，并积极借鉴别人的长处，促进自己写作水平的提升。二是慕课教学对学生的个性化学习非常重视，因此，为了使学生的

◆英语课堂模式及其形成性评价构建

个性化学习取得更好的效果,教师应当重视慕课平台各种资料的整合,使各种资源得到优化配置,从而激发学生学习英语写作的兴趣。需要注意的是,英语写作能力的提升单纯依靠写作能力的训练是远远不够的,英语写作本身就重视对学生的英语综合能力考查。因此,教师在运用慕课平台时应当注重为学生提供更加多元化的资料,重视学生英语综合能力的培养,这一点对于学生写作能力的提升也是至关重要的。

第四章　基于生态视角的英语课堂模式与优化

信息技术的发展改变了英语教学环境，影响了传统的课堂教学模式，因此，英语生态课堂教学的出现，使教师能够从教育生态学视角审视英语课堂教学，从而构建英语生态化课堂。本章重点围绕英语课堂教学的生态功能表现、英语生态课程管理与教学模式、英语生态课堂与生态教学构建、英语生态课堂的重构路径展开论述。

第一节　英语课堂教学的生态功能表现

英语课堂教学的生态功能决定了教学具有丰富的生态特性，而这些特性又通过生态功能得以体现，这两者是紧密相连的。教学的生态功能不仅保证了教学活动的持续稳固发展，同时人和社会发展的和谐进步也依赖于教学的生态功能。可持续育人功能、系统规范功能和动力促进功能是基于教学生态特性的三大教学生态功能。

一、英语课堂教学的可持续育人功能

"育"就是养育、培育、教育。教育教学对人最本质的功能就是育人，这是无可厚非的，教学以人为本，旨在培养健康向上、全面发展的人。教育对人的"育"从三方面得以体现：①针对人的身体发育，教育以促进人的健康成长为根本；②借助教育活动，以促进人的智力水平提高，同时对审美能力、创造能力等多方面能力加以培养，促进多种技能的发展；③以提高人们

的道德水平。在历史的发展长河中，教育是一个持久的、无限的教学活动，这就是所谓"教育的可持续育人功能"。

第一，教学是一个漫长的过程，其效果并不是即刻显现出来的，而是通过日积月累的积淀才能得以提高。一方面，教学是一个具有内在关联性的整体，教学的每一部分、每一环节都是不可分割的。学生身心发展的阶段性就决定了教育教学的阶段性，对教师而言，教学每一新阶段的开始不仅是对上一阶段教学成果的巩固和继承，也为下一阶段的教学做铺垫，打好扎实的基础以促进更深层次的教学。对于学习者而言也是如此，学习内容的有序性排列就说明了学习内容之间具有关联性，前面的内容为后面内容的学习起到促进作用，是相互渗透、相互联系的，不能将一种内容独立地进行教学。同时，不同学习内容对学生能力的培养方面也是不同的，我们不能片面地认为哪类内容对学生发展是重要的，哪类是微乎其微而可以忽视的。对于学习者而言，所有的内容都是必不可少的，它是促进个体全面发展的关键。另一方面，教学的根本并不在于使学生掌握多少知识和技能，而是要培养学生的"会学"能力，这是实现个体终身学习的关键因素。活学活用，使学生得以持续发展是教学育人功能的根本体现。要充分利用学生自身的内在潜力和创造力来推动学生发展，但是这种可以作为重要教学资源的内在潜力和创造力本身并不能为学生所用，它需要通过教育，借助教师敏锐的洞察力和正确有效的教学方法，逐渐转化为外显能力后才能对教学和学习产生促进作用。学生无限的潜力和创造力，就决定了教学在发掘学生潜力和培养学生创造力方面的作用也是无限的。

第二，课程教材对于教师教学和学生学习而言较为重要，它为教师和学生提供了丰富的教学资源。课程有显性课程和隐性课程之分，两者对学生的发展是同等重要的。显性课程就是教育所规定的标准教学内容和教学目标，它在课程和教材中都明确体现出来。而隐性课程是随着显性课程而出现的，是随机且难以预测的，它往往渗透在课程、教学活动以及人际关系中，对学生起着潜移默化的作用，包括学生的态度、习惯、文化价值以及信仰、偏见等。学校中存在的正规课程、各种社会活动以及一些非正规的、潜在的教学活动，都对学生起着各自的教育作用，影响着学生的方方面面。很显然，正规课程就属于显性课程，对学生的发展起着重要的作用，而后两种课程应属于隐性课程，它不仅促进了学生个体的发展和自我意识的形成，同时它的影响力是全方位的，涵盖面极广，对学生的发展作用不容忽视。因此，学校应尽快将隐性课程纳入教学内容中，充分发挥其不可估量的影响，重视显性课程和隐性课程的优势互补，促进学生的全面发展。基于隐性课程全方位、持续化的作用，在一定程度上也体现出了教学活动无限挖掘潜力和培养创造力的作用，并且这种挖掘和培养是可持续化的。

二、英语课堂教学的系统规范功能

在自然生态系统中，生物与生物之间存在一种内在的生态链，整个生态系统靠这种生态链得以维持平衡，这是一种自然的调节能力，它能使不同生物之间达到一种动态的平衡，在适者生存、优胜劣汰的自然规律中得以持续稳定地发展。

教学系统就如同一个自然的生态系统，其中存在的多种影响因素，以一种整体的、系统性的规范引导着教学活动的开展，保证了教学的秩序性、有效性，这里所说的系统性规范包括有形的制度规范和渗透于教学规律中的无形规范，这两种规范分别以显性和隐性的方式共同影响着教学活动，保证了教学质量的提高。

通过制定相关的教学制度来明确地约束和规范教学活动的开展，制度规范既是一种有形的显性规范，还具有一定的强制性，借助明确的条款直接作用于教学活动。教学制度主要指的是教学管理制度，通过学籍管理和成绩考核，达到"足以化民易俗，近者说服而远者怀之"的教学管理目标。当然，现代的教学管理有了相当大的发展，从它的定义就可以看出其具有现代化的色彩，内涵更加深刻，在内容和形式上也更加丰富。现代的教学管理被明确定义为"是以教学的全过程为对象，遵循教学活动的客观规律，运用现代科学管理的理念、原则和方法，对教学工作进行决策、计划、组织、实施、检查、指导、总结、提高，最大限度地调动教师和学生的积极性，以保证教育教学目标实现的活动"。它明确规定了教学目的、教学内容、教学方法以及教学评价，并对这些教学因素实施了全面的科学化管理。以教学评价为例来分析，教学制度通过确定评价主体、评价方式、评价指标以及评价手段等来保证教学评价有理有据地开展，提高了教学评价的效度和可信度。因此，教学制度通过一种明确、细致的条例规范来实现科学化的教学管理，促进了教学质量的提高，优化了教学效果，保证了教学目标的实现。

与制度规范相比，教学规律是在教学活动中反映出的必然的、稳定的教学关系，它是内在的规范，是在长期的教学实践中摸索和总结出的规律。教学规律就像存在于教师和学生心中的标准,需要教师和学生时时刻刻去遵守,它不需要用语言明确地表达出来,却不允许教育的相关工作者违背它,否则必然不能取得理想的效果。教学规律就如同自然规律一样,可以被利用,但是坚决不能被改变和创造。因此在教学过程中,无论是教师还是学生,都应遵守教学规律,以获得有效的发展与进步。一般的教学活动存在四条规律:第一,教学活动与学生的发展密切相关,两者相互促进、相互影响;第二,教师和学生是教学活动的共同主体;第三,教学目的、教学任务以及教学内容都应满足社会的发展需求;第四,教学效果受各种复杂的教学因素影响,在它们的共同作用下促进了教学的发展。这些规律是不容忽视的,只有在教师和学生的正确认识和充分利用下,才能发挥它们的促进作用,使之更好地促进教学活动的开展。

三、英语课堂教学的动力促进功能

动力促进功能是对于教育教学活动本身而言的,它是教学活动的最基本功能。李森教授所著《教学动力论》一书,详细地论述了教学系统在各要素的对立统一中得以发展的过程,他借助矛盾论对教学动力进行了系统研究,从多种教学矛盾维度上分析了教学活动得以发展的动力问题。这是从学生的学习动机角度来分析教学具有的动力促进功能。学习动机是对学习者个体而言的,它是一种内在的驱动力,学生在这种内驱力的推动下才能积极主动地投身到学习活动中。与外在的驱动力不同,内在的驱动力是受学生的兴趣、爱好的影响,承载着学生的理想和信念,反映着学生的世界观和人生观,是学生主观意识的体现。学习动机不仅可以提高教学和学习质量,也是促进学生发展、实现教学目标的重要推动力。因此,在实际教学过程中,教师应以学生的兴趣爱好为出发点,时刻关注学生,激发和培养学生积极的学习动力。教师可以通过三个方面来实现对学生学习动机的激发与培养:一是学习动机源于兴趣需求,是学生理想和抱负的衍生物,因此教师应培养学生的学习兴趣,引导学生形成积极的生活和学习态度。二是充分发挥教师的榜样作用,一名优秀的教师不仅要有高水平的专业能力,同时要具备积极的教学态度和丰富的人格魅力,在潜移默化中影响学生,使学生产生对学习的兴趣。教师榜样的力量是强大的,它能在无形中培养学生的学习动机,学生在教师积极的生活和工作态度影响下,会自然而然地喜欢上这个教师,进而对教师所教的课程产生兴趣。三是应从学生的需求出发,采取多样化的教学方式,使教学贴近学生的实际生活,以激发学生的积极性,使学生主动地投身于学习活动。

值得注意的是,教学动力不单单是学生兴趣和动力的激发,教学活动本身也是一种动力,它源于教师和学生的个性,又借助教学活动得以生成和发展。教学活动只有从师生的需求出发,尊重师生的个性,以一种科学性和艺术性的过程来促进教学目标的实现,才是一种动力教学,否则就不能很好地激发存在于教育教学活动中的动力,甚至还会出现反作用力,制约教育的发展。

教学动力是教育教学得以持续和发展的强大推动力,没有教学动力的教学活动是无法维持的。因此,教学动力的促进功能是教学本身的内在功能,它不仅激励着教学活动的进行和发展,同时还是促进学生积极参与学习活动的推动力。

"从生态发展观来看教学,它是一种整体的、动态平衡的发展过程,其自身的生态功能和生态特性就决定了教学本身的可持续发展性。"[①]教学伴随着人类文明的发展历程,受各种教学因素的影响,积淀了千年的文明历史,历经无数次的突破、改革,还原教学的初衷。这种突破和变革从本质上讲就是教学生态化的形成、发展和升华过程。

第二节 英语生态课程管理与教学模式

一、英语生态课程管理分析

(一)英语课程管理的认知

目前,我国对"大学课程管理"这一术语有着不同的定义,具体涉及五个方面:①课程管理是系统地处理课程编制技法和人、物条件的相互关系,以教育目标为标准加以组织的一连串活动的总称,其管理的核心是课程编制;②课程管理是对课程编订、实施、评价的组织、领导、监督和检查;③课程管理是在一定条件下,有领导、有组织地协调人、物与

---

① 魏华.大学英语生态课堂与生态教学模式的路径探索[M].南京:东南大学出版社,2018:5.

课程的关系，指挥课程建设与课程实施，使之达到预定目标的过程；④课程管理是学校对教学工作实施管理，是学校管理者遵循教学规律，行使管理职能，对教学活动各因素进行合理组合，使教学活动有序高效地进行，从而完成教学计划和教学大纲规定的教育、教学任务；⑤课程管理是部署和组织一定学校的课程设计，指导和检查一定学校课程的设施，领导和组织学校的课程评价。这五种定义对课程的外延有着不同的理解：一是把课程看成教学的下位概念，认为教学管理包含了课程管理；二是认为课程与教学存在一定联系，课程是教学的上位概念，其含义大于教学。在此基础上，它从微观、中观和宏观三个不同层次分析和讨论了课程管理，并将其定义为"在一定社会条件下，课程管理者依据一定的管理原则和运用一定的管理方法，对一定课程系统的人、财、物、课程信息等因素进行决策、计划、组织、指挥、协调、控制，以有效地实现课程预期目标的活动"，该定义适用于所有课程，对高校的课程管理具有较强的指导意义。在该定义基础上，可将大学英语课程管理定义为"在一定社会条件下，学校各级课程管理者依据一定的管理原则和运用一定的管理方法，对大学英语课程系统的人、财、物、课程信息等因素进行决策、计划、组织、指挥、协调、控制，以培养学生的英语综合应用能力（特别是听说能力）和自主学习能力，提高他们的综合文化素养，以更好地适应我国经济发展和国际交流需要的活动"。

1. 英语课程管理的要素

大学英语课程管理活动涉及四个基本要素，即管理主体、管理客体、管理手段和方法、管理目标，这四个要素相互影响、相互制约。大学英语课程管理的主体由学校主管教学的副校长、教务处、外语学院、大学外语教学部、教研室和教师六个层次组成，完成从学校大学英语人才培养方案的制订，到具体实施这些具体工作。大学英语课程管理的客体范围较广，既包括教师和学生这样的"人"，也包括图书馆、实验室、自主学习中心这样的"物"，还包括教学经费的预算和实际支出、相关信息资源等。大学英语课程管理的手段和方法是衔接管理主体和客体的纽带，是管理主体对管理客体实施决策、计划、组织、协调、控制等管理职能。管理手段和方法是一个可变项，对成功的课程管理和高质量的人才培养有较大的影响。大学英语课程管理目标是大学英语课程系列活动要实现的目标，是大学英语人才培养的目标，是学校办学的重要思想。

2. 英语课程管理的意义

（1）有利于强化责任意识。

参与大学英语的管理人员上至学校主管教学的副校长，下至实施具体教学计划的普通教师，如果管理工作到位、分工细致、责任明确，每个环节的工作进展情况都较为完善。例如，教材征订、期末考核试卷命制、学生成绩的评判、补考时间和地点的安排、监考人员的安排、调停课的管理、课堂组织等工作分工明确。因此，如果加强了课程建设和管理工作，明确了责任和义务，教学管理过程中的每个人不仅会尽心尽力履行自己的职责，还会精诚协作。

（2）有利于提高模块化工作的效率。

大学英语课程管理工作的周期较长，可分为显性管理时段（一、二年级修读大学英语的学生，大学英语为他们的必修课）和隐形管理时段（三、四年级没有大学英语必修课程的学生选修大学英语公选课程，参与第二课堂活动）。为了提高管理效益，可将工作划分成若干模块，即贯穿整个管理工作的大小事务可以分成若干模块（如教学计划的制订、教学计划的实施、第二课堂活动的设计、网站的建设、师资队伍的建设、学生反馈意见的收集、与其他学院教务人员的联系等），进行模块化管理是大学英语课程管理工作的一大特点。由于很多模块化工作具有阶段性特征，每个模块犹如链条中的一段，只要它们运转正常，整个链条就不会四分五裂，就实现了大学英语课程管理的整体化管理效益。所以，加强课程管理能保证模块化工作的顺利开展，进而能深化大学英语教学改革，提高学生英语技能。

（3）有利于开发课程资源。

模块化的大学英语课程管理通过不断改进和完善管理过程，把课程建设向纵深推进。各模块的负责人竭尽全力集思广益，加强自己分管模块的建设工作，以更好地服务于学生。例如，在管理过程中，课程开发模块通过问卷和访谈等形式征集学生意见，不断推出大学英语公共选修课程，以满足个性化选课需求，真正确保把成才选择权交还给学生。第二课堂模块会以趣味性、参与性等为活动宗旨，不断丰富活动内容和形式，确保第一课堂和第二课堂之间的联动；大学英语网站建设模块会紧跟时代步伐，基于学生学习需求不断地更新网站内容，以促进学生的自主学习；其他模块也不断采取措施，深挖自己模块的资源，以更好地服务于学生。

（4）有利于优化第一课堂内容。

随着大学英语教学改革的不断推进，各校正逐渐摒弃过去那种计划性课程安排，即教师的教学班由大学英语部统一安排，学生没有选择教师的权利。这种课程安排模式忽视了学生对课堂教学质量的反馈，不利于激发教师的教学积极性，最终影响全校的大学英语教学质量。实施把成才选择权交还给学生这一教改措施后，学生具有挑选教师的权利，那些拘于传统教学方法、课堂缺乏互动、信息素养跟不上时代发展要求的教师，就很少有甚至不会再有学生选修他们的课程。这一改革迫使教师不断更新教学内容，丰富课堂活动，注重教学质量。对于学生还没有选课权的学校而言，强化大学英语课程管理同样能优化课程内容。因为诸多的教学管理过程能显示出某位教师的教学质量。例如，中期检查时，通过领导和同行的听课，可以了解到教师的教学积极性和投入度、教学模式、学生的课堂参与情况等，通过学生座谈，可以获取学生对该教师教学的整体接受度，通过学生平时成绩记分册，可以洞彻教师是否始终如一地坚持认真教学。期末考试后，通过纵向（与这个班上学期的成绩比照）和横向比较（与本学期其他教学班比照），可以了解学生的英语水平发展状况。因此，一旦把课程作为一个评价单元，教师所要承担的责任就比较明晰，教学效果不理想，教师就难逃其责。

（5）有利于学生了解大学英语课程建设轨迹。

加强大学英语课程管理的终极目标是为了提高教学质量，最大受益者是学生。因此，在开展各项活动之前，要去思考学生能否从这项活动中受益，受益有多大。同时，也应看到大学英语课程管理是多层次、多维度的。虽然开展的某些活动和采取的管理措施是以学生为间接受益者，但是他们从中可以关注到本校大学英语课程管理和建设的轨迹。例如，为了展示自己的课程建设成绩，各校会积极申报各级精品课程和视频公开课、各级教学成果奖、各级优秀教学团队、各级优秀教材建设、各级优秀教学课件等，这些活动的申报书会涉及课程管理和建设所采取的措施、取得的成绩、优势或强项、下一步的建设目标等。学生掌握这些信息后，不但了解了本校大学英语课程管理和建设的过去，还明确了学校下一步的教改方向，最重要的是，能以此为依据，对自己的大学英语学习进行规划和定位。

3. 英语课程管理的内容

大学英语课程管理包括课程生成系统管理、课程实施系统管理和课程评价系统管理三大板块。课程生成系统探究如何将教育思想、教育观念和教育理论融进课程总体方案，在此基础上确定课程教学目标、课程内容等；课程实施系统研究教师如何有效地传授知识，让学生把一门课程的内容内化成自己的知识和技能；课程评价系统旨在保障课程质量。大学英语作为独立的课程而自成体系，由于各个学校的校情不同，管理的内容和管理模式自然就有所差异，现具体从以下五个方面进行探讨：

（1）制定教学文件。

教学文件是课程建设的指导性文件，它包括各门课程（含大学英语在内）的教学大纲、课程描述、教学安排、教学进度表、考试大纲等，在这些文件中，最重要的是教学大纲和课程大纲。教学大纲是学校教学的总领性文件，指导本校人才培养方向。每门课程的教学大纲可从以下方面对该课程进行描述：教学对象、教学目的、教学要求、选修课程、教学安排、教学环境、评价形式、教材和参考书、教学中应注意的问题。课程大纲是严格按照教学规律制定的一门课程的指导性文件，它是教材编写或选用、组织实施教学、课程评价、教学过程检查的主要依据。大学英语课程大纲的制定，应该是国家语言政策和语言教育政策，以及社会和个人对英语教学需求分析结果的产物，涉及相关学科领域，尤其是外语教学理论研究、心理学和教育学等领域的最新研究成果。有条件的学校，应该对大学英语教学大纲格式进行统一要求，然后汇编成册，作为课程资源和选课参考资料供学生随时查阅。

（2）完善课程体系。

课程设置和教学大纲是课程管理的集中体现，也是课程原理的主要依据。《大学英语课程教学要求》明确指出：各个学校应当根据本校的实际情况，按照《大学英语课程教学要求》确定本校的大学英语教学目标，并以此为基础设计本校的大学英语课程体系。该课程体系除了包括传统的面授课程以外，更应注重开发基于计算机、网络的大学英语课程，将综合英语类、语言技能类、语言应用类、语言文化类和专业英语类等必修课程和选修课程有机结合，形成一个完整的大学英语课程体系，以确保不同层次的学生在英语应用能力方面得到充分训练和提高。第一课堂是人才教育的主战场，要培养适应我国经济发展和国际交流的高素质人才，就必须对本校资源和学生需求进行充分的调研，从是否有足够的理论依据、是否适合学生目标、是否具有成功实施的可能性、是否具有效果的可评性四个方面对拟设课程加以论证，在此基础上构建完善的大学英语课程体系。该体系可包括大学英语周末强化课程、大学英语预修课程、大学英语必修课程、大学英语通识课程、大学英语选修课程、英语辅修专业课程、双语课。

（3）建立课程管理机制。

课程管理是围绕教师的教、学生的学和资源利用开展的管理。建立健全的课程管理制度是为强化课程管理、稳定教学秩序、加强教学质量控制而制定的系列规章、制度、条例、规则、细则、守则等。它具有一定的约束力，是全体师生和教学管理人员必须共同遵守的行为准则。完整的大学英语课程管理机制包括学校、教务处、校学生会、校团委、外语学院等相关部门制定的相关规章、制度、条例、规则、细则、守则。就外语学院而言，这方面的制度常见的有"教师教研活动制度""教师集体备课制度""教师集体阅卷制度""教师听课、评课制度""教师调、停课管理规定""多媒体教室使用规定""大学英语自主学习中心使用细则""外语学院资料室借阅细则"等。这些规章制度有利于推动规范化管理，约束大学英语教师和相关管理人员的行为，提高办学效率和资源利用率，为提高大学英语教学的整体水平奠定坚实的基础。

（4）整合课程资源。

课程资源是制约学校课程发展的一个重要因素。学校课程的丰富多彩和独特个性的形成，都需要大量的课程资源予以支撑。英语课程资源是指包括英语教材在内的一切有利于培养和发展学生综合语言运用能力、提高教师素质的物质条件和其他非物质条件。非物质的课程资源，主要包括英语教师、学生、学生家长和其他一切社会人士。校内物质条件方面的课程资源，主要表现为各种各样课程教学材料的实物等形式。

（5）加强师资队伍建设。

教师也是课程资源。由于教师是教学活动的主持人、课程的设计者和提供者、教育市场上商品的厂商，在课程管理和建设中有着不可替代的作用，是左右教学质量的关键因素之一，因此要单独讨论。各校应该充分分析和利用本校的大学英语教师资源，根据个人的业务水平、专长和特点，做好师资管理：一方面，按照"职才相应"和"按需设岗"两大原则合理安排工作，做到"知人善任，扬长避短"；另一方面，要多渠道、多模式地开展教师培养，如学历提升、国内外短期访学、到名校进修并移植某门课程、学术沙龙、教授帮带、和外教联合授课、说课竞赛、同行和领导听课，以绩效观测、全面衡量、动态发展为考核原则，制定考核指标和考核时间，引导教师在规定时间内全面提升自己的教学和研究能力，以适应大学英语教学的要求。

（二）基于互联网的英语生态课程管理措施

第一，有效培养学生自主学习能力，强化外部监控效力。"高等教育与初级或中等教育不同的是，不仅要在夯实学生基础和锻炼学生技能方面进行优化，而且要培养学生适应社会的能力，即强化学生的自主学习技能。"① 尤其是在互联网时代背景下，很多教学资源的拓展都需要学生自己来开发和利用，这样才能根据自己的实践需求和兴趣方向来选择合适的教学方案。基于此，在大学英语生态课程构建的过程中，教师也要明确培养学生自主学习能力的方向，引导学生意识到作为学习资源的开发者、信息的加工者的责任和义务，从而不断地开发并强化学生主动承担自主学习责任的意识，而教师在此过程中作为监督者要予以正确的引导，从而强化学生的学习技能。例如，在生态课程构建上，教师要多开发一些小组学习任务，让学生排练英语课堂剧等，将导演、主演和统筹策划的权利全部下发到学生身上，使其能够充分利用互联网资源来拓展课程资料，以此强化自主学习技能。

第二，设置多样化的特色课程，促进生态教学的生活化。大学英语教材的设置虽然具有很强的科学性，但是随着互联网时代的到来，学生们每天都能够接收海量的信息资源，教材中的内容存在一定的延迟性和落后性。这就要求教师在实际的教学环节，不能仅以教材作为出发点来设计课程内容，还需要开发一些充满生活化和特色化的课程资源，使英语教学与行业发展、社会热点以及生活娱乐结合在一起，以激发学生们主动学习的兴趣。

第三，创设多元化的网络教学环境，开发网络课程资源。网络课程的设置可以多种多样，首先是微课资源的开发，主要针对学生课上学习的重点，起到预习、练习和复习的作用，并将微课观看时长和练习成绩算作总体评价依据。其次是线上课程的开发，教师可以在远程用直播或会议视频的方式，与学生进行远程"面对面"交流，使教学内容实现线上、线下的无缝对接，从而提升教学效率。

---

① 丁路.基于互联网的大学英语生态课程探讨[J].科技资讯，2020，18（33）：121.

二、英语生态教学模式

（一）英语生态教学的系统功能

英语生态教学是英语改革时期涌现出的一种新的教学方法，它借鉴生态学原理剖析英语教学的全貌，目的是营造一个和谐的教学环境，提高学生的英语能力。系统的结构会在很大程度上影响系统的功能。在一个系统内部，要素相同，但是如果要素组合后的结构不同，其产生的功能也就不同。"依据教育生态学的观点，教学活动是一个有机的微观生态系统。就其构成因素而言，生态化的大学英语教学，不仅包括参与教与学的活动主体和活动中介，如学生、教师、学习资源，还应包括有效开展教学工作所需要的各种条件或情境，即人的主体因素、物质的环境因素和精神的介入因素等。"[1] 英语生态教学主要具有以下三个方面的功能：

第一，确保人才培养的质量与水平。英语生态教学系统内部的各个要素可以任意组合，组合后形成的结构可以决定系统的功能，该系统最重要的一个功能就是营造一个比较优良的英语教学环境，使教师可以更高效地组织教学，学生能更轻松地进行英语学习。这就使高校能够培养出符合市场需求的高质量人才。通过构建完善的英语教学生态环境，英语教学系统的各个要素都能发挥自己最大的作用，各要素相互影响，共同为提高学生的综合应用能力奠定基础。

第二，规范教学系统的正常运行。自然生态系统中存在物竞天择、适者生存的自然规律和高斯原理、耐受定律与最适度原则等自然法则。这些自然规律和法则对整个生态系统的运行起着制约和规范作用，正是有了一定的制约与规范，存在于自然界的生态系统才能始终保持平衡发展的状态。对于教学生态系统而言，教学规律与教学制度是其两大规范手段，二者又有明显的区别，前者是在教学活动中客观存在的，是一种内在的规范，与教学制度相比，它并不具有具象化特征，总是悄无声息地影响教学活动；教学制度是一种直观的规范手段，它规范教学参与者的行为，规范教学活动的正常开展。在英语生态教学系统内部，在系统内部规范的作用下，教学主体与各个生态因子承担自己的职责，在共同作用下维持着系统的稳定，促进英语教学的平

---

[1] 洪常春. 人工智能时代大学英语生态教学模式构建研究 [J]. 外语电化教学，2018（6）：31.

稳发展。

第三，有效促进社会进步。促进社会进步这一功能的实现主要是通过英语生态教学系统所提供的人才和成果来实现的。英语生态教学系统的主要目标就是向社会输出高质量的英语人才，这些人才不仅要具备扎实的英语基础理论知识，还要了解不同文化的差异，一旦他们步入社会，就会成为推动社会进步的重要力量。

随着全球化和国际化步伐的加快，世界上不少国家在进行商业谈判时所使用的语言就是英语，英语已经成为世界人民公认的最具影响力的语言。中国正值改革开放不断深化的时期，对英语人才的需求一直都很大，这对高校提出了较高要求，高校应该构建完善的英语生态教学系统，在与社会实践结合的前提下，为社会培养高质量的英语人才，从而让其可以为社会发展贡献自己的力量。

（二）英语生态教学的特征表现

第一，整体性特征。英语生态教学系统内部的各个要素之间相互影响，并组成一个统一的整体，系统内部的各要素之间进行信息流、能量流的流通与转换，从而使系统得以平稳运转。

第二，多样性特征。生物多样性是指所有来源的形形色色生物体，它的内涵极其丰富，既包括物种的多样性、景观的多样性，也包括生态系统的多样性等，不过，需要说明的是，要认识生物多样性问题，物种的多样性是最为重要的一点。

多样性是生物系统活力的展现，是生物系统得以持续发展的基础。在英语课堂上，所有的学生就像是存在于自然界里的不同物种，他们有着自己独特的个性，同时生长的地理与文化环境也不同，更重要的是，他们在学习风格上也差异明显，尽管如此，他们依然可以共存于英语生态教学系统之中。不仅学生在个性、认知、思维、语言能力方面具有差别和多样性，而且教师在许多方面也展现出了多样性，如教学方法层面上的多样性、教学内容层面上的多样性等。

（三）英语生态教学模式的设计

英语生态教学模式设计需要一定的理论依据，可以在对行为主义、认知主义与建构主义分析、整理的基础上，同时对生态学原理加以借鉴，完成英语生态教学模式的设计。如果从教育生态视角来看待英语教学，英语教学系统是一个充满活力的系统，构建全新的英语生态教学模式迫在眉睫。

1. 英语生态确立教学目标

确立教学目标要先明确教学以谁为中心，现代教育理论认为教学应该以学生为中心，因此，对于英语生态教学而言，其教学目标也应该围绕学生来确立，实现学生的可持续发展最终就成了英语生态教学的目标。我们不能单纯地将可持续发展看作一种事物发展的状态，它同时是事物流动的过程，所以从这个方面而言，它应该是极其和谐、稳定的。

从教育生态学层面出发，教师要全力维护教育的生态属性，对于学生，要爱护他们，鼓励他们激发自己的创造力，当学生在英语学习中犯错时，教师要以更加包容的心态看待他们，耐心地指导他们。此外，教师要清楚的一点是，每个学生个体都存在明显的差异，他们在学习上都有自身存在的优势与不足，且经过长时间的学习经验积累，已经形成了相对稳定的学习习惯与风格，这就要求教师不能采取单一的评价标准评价他们，而是要从学生的实际情况出发，积极探索新的教学评价方式。教师要公平地对待每一名学生，无论学生的成绩是好还是坏，教师都要给予他们相同的学习机会，给予他们一样的关注。

存在于生态系统中的所有生物都需要与外界产生联系，而它们产生联系的方式是通过物质交换实现的，通过物质交换，它们可以始终与外界保持信息沟通、交流的流畅性。其实，就学生的学习而言，也不是静止不变的，而是处于一种动态的变化中的，到了一定阶段，也是需要更新的。基于此，教师在教学过程中就不能以一种原有的固定目标要求学生，当学生的学习发生变化时，目标也应该跟着改变。英语教学活动不应该只关注学生考卷上的数字，而是要深入学生学习与生活的实际，关注他们的成长，教师要将教学与学生的生活联系起来，让教学日常化、生活化，这样就能激发学生学习英语的积极性，也能让其真正了解英语在实际应用中的魅力。同时，英语生态教学还强调学生要主动去探索外部环境，这就要求教师在积极引导学生学习的过程中，也要鼓励学生进行自主学习，靠自己的能力完成自己的知识体系建构。

英语教师要从教学实践中总结经验，积极探索一些能够维持英语课堂生态平衡、能够满足学生学习需求的教学模式。需要说明的是，生态教学模式要以学生为导向，基于此，教师就要为学生构建良好的英语生态环境，使其可以更加轻松、愉悦地进行英语学习活动。

2. 确定英语生态教学内容

在确定英语生态教学的内容之前先应该明确生态教学的目标。大多数高校依然将学生的大学英语四级考试和六级考试成绩作为评价标准,让学生们在课下努力记词汇、刷题,更加重视考试成绩,对于英语应用能力的获得并不在意。从这里可以看出,英语教学如果要想取得新的进展,就必须要做出改变。英语生态教学就能做到这一点,在英语生态教学中,教师不仅要注意向学生传递英语基础理论知识,同时,还要引导学生参与英语实践活动,让他们在实践中锻炼自己的英语听力与口语能力,并最大限度地激发学生的英语学习积极性。培养学生综合应用能力的目标确立之后,依据目标就可以确立英语生态教学的内容,确立内容也是英语生态教学模式构建的重要环节之一。

教学内容设计也要遵循一定的原则,要能实现学生的可持续发展,要能最大限度地挖掘学生的潜力。英语生态教学的内容与一般性的英语教学内容有着许多相似之处,都包括英语语言知识与文化知识。英语是一种语言,生态英语教学内容当然包括语音、词汇、语法等语言基础知识,又因为语言与文化联系密切,所以,生态英语教学内容当然也会包括英语国家的风俗文化等知识。可见,在英语生态课堂上,学生不仅能学到基础的英语理论知识,而且能了解西方文化,这对其英语学习而言是有利的。

3. 分析英语生态课堂环境

英语教学的主要阵地依然是课堂,课堂环境的好坏在一定程度上与英语教学的质量息息相关。因此,从这个层面而言,要想提高英语教学的质量,教师就必须要为学生构建一个良好的英语生态课堂环境。

(1) 高校要优化教室环境。

学生在英语课堂上学习英语需要高度集中注意力,教室中产生的任何噪声或者教室中的一些不当的装饰品都会分散学生的注意力,这就可能引发学生的心理焦虑,从而影响其英语学习。可以看出,环境对学生英语学习的影响是很大的,这就要求高校要尽量为学生提供一个相对比较安静、舒服的教室环境。学生在课堂上接受教师的指导,从教师那里吸取英语知识,此外,其还可以从环境中收获其他美好的品质。例如,教室里张贴的名人名言会让学生受到鼓舞,进而奋发向上。可见,对课堂进行必要的美化是能够对学生的英语学习产生一定影响的。此外，教室的颜色不同对教学活动所产生的影响也是不同的，一般而言，浅色能让人感到非常舒服，对于学生而言，当他们完成了繁重的学习任务之后需要消除疲劳，浅色的教室环境能让其安静下来，进入休息状态，而暗色则能引起学生的兴奋，使其无法好好休息。因此，高校在布置教室时需要考虑学生的需求，尽量选择浅色。

（2）对教师与学生的位置进行合理安排，合理的位置将会有利于师生之间的沟通与交流。

无论是教师还是学生，他们都需要清楚的是，教学是双向互动的过程，教师一方的单独讲授，学生一方的单独学习，都无法实现教学的有效性，只有师生之间加强互动、多交流，才能保证英语教学的质量与效率。传统的教师座位安排并不合理，教师的座位在最前面，学生座位呈横列式与竖列式，两个位置被彻底割裂开来，尤其是对于后面的学生而言，他们难以有效听到教师的讲解，尽管现在多媒体设备已经走进各大高校课堂，但是其影响毕竟有限，后排学生在课堂上的收获依然不能与前排学生相比。因此，教师要根据教学需求选择可以移动桌椅的教室。例如，教师需要学生就某一问题展开讨论，那么圆形或者椭圆形的位置形状就更能满足学生讨论的需求，学生与学生可以顺畅交流，同时，教师也可以从外侧或里侧跟每一名同学进行交流。

需要注意的是，师生之间的交流非常重要，但班级规模的庞大又在一定程度上限制了这种交流。一些高校英语课堂规模庞大，百人以上的班级非常普遍，教师不可能兼顾到每名学生，也不可能在课上与所有学生交流其英语学习情况，这也使得教师无法准确掌握每名学生的学习动态。与大班相比，小班人数不多，教师有更多的精力了解学生，能与其进行频繁的交流，从而可增强学生的情感体验，而且更重要的是，由于教师可以与学生实现情感交流，学生学习英语的积极性也就提高了。英语生态课堂的人数最好可以维持在30人左右，这个人数可以创造出有序的、高效的、生动的课堂环境。

4. 实施英语生态教学评价体系

英语教学的实施以及后续教师教学计划的制订都需要以一定的评价结果为标准，所以，一个科学的评价体系将能够促进英语生态教学的优化。

英语生态教学评价体系摆脱了传统教学评价的单一性，将形成性评价与总结性评价结合起来，多样的评价形式使该体系非常符合英语生态教学的要求。评价体系不仅要评价学生的认知能力，而且要评价学生的情感与实践能力，也就是要从更全面的角度对学生进行评价。

英语生态教学评价体系，首先，应该着重关注学生的英语综合能力，具体评价时要看两部分内容：一部分是学生的考试成绩，考试结果能反映出学生对英语基础知识的掌握情况；另一部分是学生的水平考试成绩，这是对学生使用英语情况的考查，根据这一考试结果，教师能够了解到学生的英语应用能力与水平。其次，应该构建一个具有弹性的教学系统。高校要允许不同性格、学习风格的学生制订不同的学习计划，让他们根据自己的能力找到适合自己的学习方法，允许差异性存在。最后，需要对学生进行全方位的测试。教师需要对学生进行日常课堂测验、单元测验与期末测验等，并将这些成绩保留下来，到最后对学生的英语学习轨迹进行梳理，学生的英语学习情况会很清楚，教师也能更好地把握后续的教学计划与设计。

（四）英语生态教学模式构建策略

1. 充分认识，做到思想先行

做任何一件事情，完成任何一项任务，必须先要认识到位，做到思想先行。应该明确的是，对传统英语教学进行改革，构建一个充满生机活力、高能高效、长盛不衰的相对理想的英语生态教学系统，是整个高等教育改革，特别是教学改革的重要组成部分，是贯彻落实中华人民共和国教育部新一轮英语教学改革、培养大批英语综合应用能力强，特别是听说能力强的高级专门人才的重要保证，也是高校本身加快教学改革和教学条件建设步伐，进一步改善教学环境和教学条件的迫切需要。要构建的这个生态系统，就是要为英语教学提供更好的环境、更好的生态，高校重视英语生态教学系统的构建工作，需要注意以下四个方面：

（1）投入精力。

学校领导要把构建相对理想的英语生态教学系统提到学校议事日程上来，加强领导和统筹协调，拿时间、拿精力对这个问题进行调查研究。听取有关部门、院系的意见，集中开会讨论研究，制订规划，拿出方案，采取具体措施，解决实际问题，加快建设步伐。学校教学部门及相关部门、各院系特别是外国语学院，也应按照学校的统一要求，根据各自的职能和实际情况，花时间和精力，积极主动做好相应的工作。

（2）投入人力。

建设这样一个英语生态教学系统，关键在领导，关键在人。学校要有专门的领导主管这项工作，并确定主抓的处室和单位，最好能有专门的班子处理有关问题。同时，要善于调动广大教职工和学生主动参与的积极性，使他们的聪明才智得以真正发挥。

（3）投入物力。

建设这个生态系统必须要有足够的、高质量的物质条件做保障，特别是大量的先进设施装备。还需要有数量足够多的教室、实验室、实习实训基地，这些设施条件要好，智能化程度要高。

（4）投入财力。

生态系统的建设需要财力的支撑，队伍建设、环境条件建设、教材建设都涉及资金，学校领导、财务部门要舍得在这方面花钱，加大资金投入，保证建设的高水平、高质量。

2. 以建设目标为中心，制订计划

高校相对理想的英语生态教学系统建设目标主要包括：既有正确的运行方向和运行规则，又有灵活、高效的运行机制；既有严密的结构层次，又有自由、开放的发展空间；既能稳定、有序地按规则运行，又可自调、自控，弃旧创新，保证可持续发展，从而使系统充满生机和活力，生气勃勃，高效高能，长盛不衰。英语生态教学系统的建设以及相应的建设计划，必须围绕这个目标来进行。

在确定建设目标的前提下，还需要制订建设计划。一是明确各项建设任务，即要开展哪些工作，设定哪些项目，并对项目进行科学的可行性论证，以保证项目的实用和必要。这些建设任务和项目，实际上就是构成系统的要素或因子，高校务必高度重视，精心选择。二是要明确这些工作和项目由谁来承担，如何组织实施，也就是要明确责任人的任务和具体职责。三是明确建设步骤，是全面部署、分步实施，还是全面部署、全面展开？四是明确条件保障，即开展这些工作所需要的人、财、物能否及时到位。五是无论采用何种步骤和办法，均应明确工作进度和时间表，即这些建设任务在确保质量和安全的前提下何时完成，何时投入实际使用。六是实行强有力的工作督查和质量监管，以保证各项工作任务的有效完成和各个建设项目的质量合格。

3. 采取有效措施，实施建设工作

在建设计划明确之后，紧接着的任务就是采取各种切实有效的措施，具体实施各项建设工作，主要表现在以下五个方面：

（1）高校领导，特别是分管的校领导要意识到自己肩负的责任和使命，靠前指挥，加强组织协调，并注意到基层了解情况，听取意见，进行调研，统筹做好全局工作。

（2）牵头的工作部门（单位）和工作专班要切实负起责任，协同相关部门和单位，有效发挥牵头作用，解决建设中的实际困难和问题。专班要专、要实，全力以赴协助牵头部门做好日常工作，要注意把握工作的进度和建设质量，深入建设第一线，深入现场实地，及时了解工作的进展状况，发现问题，迅速反映，迅速解决，同时注意总结经验。

（3）外国语学院既是教学机构，又是参与建设的主要力量之一，还是做好建设工作的重要参谋，因而在整个建设过程中，其必须发挥骨干作用。培养目标和教学计划如何制订，教材如何选用和补充，教学内容、教学方法如何改革，现代先进的教学设备设施如何选配，教学空间和实验实训场地如何建设完善，班级的教学民主氛围如何形成，等等，这些任务都主要应该由外国语学院主动承担。

（4）充分发挥教师和学生的作用。教师是教学中的主导，他们对目前英语教学中的积极面和消极面、应当肯定的东西和应当否定的东西、哪些东西要放弃和废止、哪些东西要坚持和发扬、哪些方面要改革和创新，都非常清楚，他们最有发言权。学校领导应当十分注意听取他们的意见、建议，并且理所当然地要他们参与进来，因为他们的作用是不可替代的。

（5）积极争取上级教育行政部门和其他有关部门的支持，既包括财力、物力的支持，也包括工作指导和政策的支持。同时要善于利用好高校面对的国家经济、社会、文化、科技、教育等各方面良好环境，振奋师生员工的精神情感和信心；还要善于利用高校所处城市的各种与英语教育教学有关的机构、设施、场所及有关外事活动，丰富和完善英语生态教学系统。

第三节 英语生态课堂与生态教学构建

一、英语生态课堂分析

（一）英语生态课堂的本质

大学的生态型英语课堂本质就是学生生命成长与发展的一个过程，学生们以生态型课堂为媒介汲取养分使自己生命走向成熟，并且利用信息、能量和物质交换这种形式，从而对生态型课堂模式建设起到积极的推动作用。大学的生态型英语教学当中存在的信息、能量和物质交换的正面可持续性轮回，提供给学生们生命进一步成长发展和持续性成长发展，一个好的生态型外部环境。由此可见，学生们的生态型英语课堂所关心的主要内容，永远都是在校生个人的进一步变化与更新、整体在校生们的进一步变化与更新和持续性变化与更新这三大内容。

（二）英语生态课堂的特征

1. 整体性特征

生态课堂中的整体性特征，是将大学的英语教学课堂当成一处小范围拥有生态系统的环境，其意义在于生态型课堂当中的每一个元素及互相作用及联系，用最大的能力把每一个元素在生态环境中所处的位置调整到最佳，努力削减存在于其中的限制性元素的量，从而减少限制性元素引起的不良反应，使得生态功能能够在大学英语课堂中发挥出最好的效果。依照作为生态学基本视角之一的整体观，存在于大学英语课堂当中的任意一个元素发生改变之后，必定会引发一系列的相关反应，从而破坏课堂里那些本来拥有的生态平衡状态，影响课堂有规律的发展方式。

2. 多样性特征

所谓多样性，首先是指生态课堂因子的多样性，这些因子包括教师、学生、教学内容、教学环境、教学方法等。其次是指每个因子本身特征的多样性，例如，作为课堂生态主体的学生具有不同的性别、年龄、学习动机、学习策略、学习风格和自我效能感。多样性既是大学英语生态课堂的内在规定性，也是各个因子的内在规定性。大学英语课堂教学应遵循这些因子的内在规定性，不以强制的外在力量去约束学生，而是从学生生命成长的实际需求出发，通过精心的教学设计和合理的资源配置，因材施教，使每一个学生在生态课堂上绽放异彩。

3. 共生性特征

所谓共生性，是指大学英语生态课堂主体之间的相互联系和相互作用，共同生长。在校学生及任职教师担当大学生态型英语课堂当中的主要组成部分，他们的共生性大致体现在三个方面：首先，偏利共生关系，也就是说生态主体之间的相互作用，仅仅对一方有益处，而不会对相对一方产生任何作用。那些主要通过教师讲授传递知识的传统型课堂，非常容易产生这种偏利共生的关系。其次，无关共生关系，也就是说生态主体之间互相作用于彼此，虽然不会产生好处，但也不会产生坏处，出现这种现象的关键在于学生和学生之间、教师和学生之间缺少信息、能量和物质的交换。最后，互利共生关系，也就是说元素之间的互相联系与作用都是向上的，可以使得双方相互促进成长，例如教师和学生之间存在的教与学相辅相成的关系、学生和学生之间团结互助的合作关系，这种关系因为可以帮助减少生态型课堂中因内部纠葛而形成的无谓消耗，提升了教学在单位时间内完成的工作量，因此格外受到大学生态型英语课堂的喜爱和重视。

4. 开放性特征

所谓开放性，是指生态课堂及其因子不是封闭、一成不变的，而是在不断地与外界进行物质、能量与信息的交换，探索适合自身发展的生态位。首先，对于外国语言的教学，我们要突破传统课堂在教学过程中对时空的限制，努力将课堂所授内容拓宽到与社会紧密相连的部分，指引学生们开拓视野，走出去体验社会，进入社会这个大课堂当中，加强对于课堂学习内容与课外实践之间的联系，重视课内教学与外部社会之间的相互接触。其次，教学方法、教学内容、教学目标等元素必须始终站在时代前列和实践前沿，唯有如此才可以满足学生生命进一步变化与更新的需要和要求。长期以来，大学的英语语言教学就单纯夸大其工具性功能，而对其人文性功能缺乏关注，导致现阶段大学英语语言的教学步履维艰。全新的课堂教学，需要兼顾对于语言人文性和工具性的重视，在重点加强在校生进一步掌握更新语言能力的同时，也要关注对于学生人文素质的教育和训练。

5. 动态平衡性特征

所谓动态平衡性，是指大学英语生态课堂沿着"平衡—不平衡—平衡"的轨迹发展。动态平衡性作为生物、生命系统与环境科学这门学科的中心思想，它还是大学生态型英语课堂的最主要理念。依据生态型课堂当中所存在的这种动态平衡性，我们知道，存在于大学生态型英语课堂当中的平衡仅仅是短暂的存在，随着元素之间互相作用和不同时间的不同变化，原来存在于生态课堂当中的平衡被破坏，若原来存在的平衡被破坏了，那就必须再创建一个新的平衡。例如，若学生们输入的语言达到了足够的量，再次输入时就会出现对语言输出的抵触，那样的话教学辅导工作也理应根据这个规定进行改变。换言之，语言在输入阶段的原有平衡被打破了，就需要我们再次创建一个全新的平衡。其实这个过程的存在也就是哲学上所讲的量变积累到一定程度必然引起质变的过程，多亏了这个过程，学生们的人文素质和语言能力得到了一定程度的提升，他们的生命有了进一步的改变与更新。大学生态型英语课堂这样的轨迹发展过程，其实也是学生生命进一步改变与更新时切实所经历的。

学生生命成长与发展的过程是生态课堂本身固有的根本属性，而且学生生命进一步改变与更新应该有一个融洽康健的生态大环境。大学生态型英语课堂把学生生命的进一步更新与改变当作立足点，努力地去调配处理生态型课堂当中每个元素之间的相互联系，营造出拥有互利共生关系的教育大环境，让教学脱离局限性极强的传统型课堂。它依据学生的实际情况和需求调整教学内容、教学方法和教学目标，优化教育教学资源并且进行合理配置，尽最大努力完善每一个元素在生态中所处的位置，从而使得生态化课堂环境在教书育人方面发挥出它最大的潜能。

二、英语生态教学构建

（一）英语语言

1. 英语语言与汉语语言的对比

（1）汉语重心多在后面，英语重心一般在前面。

从语言的逻辑角度来看，汉语的表达方式通常将重心放在句子后面，比方说先说事实再说结论，先说原因再说结果，或者先说假设再说推论。但是英语则不同，句子的重心一般是在前面，先说结论或者判断，然后再进行说明。这样一来，以汉语为母语的学生在做听力练习的时候，往往依照汉语的习惯，不重视句子的开头而去听句尾，所以容易错过英语句子的重点所在，抓不住听力内容的重心。

（2）汉语习惯于补充说明，英语倾向于使用省略表达。

以英语为母语的人，相比于使用汉语的人群，更经常性地省略部分说话内容。英语中省略的方式更加多样，比较常见的有省略句中表暗指的动词或者名词，除此之外，还有句法省略和情景省略等。例如，当几个句子之间是并列关系时，英语表达中会习惯性地省略听者明确其所指的内容，或者在前面的句子中已经出现过的内容。但是在汉语中，通常会习惯于将这些词再重复一遍，以起到强调或者补充说明的作用。这种对于内容的补充或者省略，是学生进行汉英互译工作的一个难点。

（3）汉语更倾向于使用短句，英语习惯于使用长句。

汉语具有很强的穿透力和延伸力，有时通过几个字词就能直接表达出整句意思，或者通过短句表达出超过句子范围内的意蕴。此外，英语中常常会出现很长的句子，其中包含多层意思和复杂的句法结构。对于习惯于汉语语句短小精悍的中国人，在阅读英文文献时，遇到的最大困难正是在于对长句的理解。理解长句往往需要进行语法分析，正因为它的复杂性，英语长句的翻译经常出现在英译汉的考试中。

（4）汉语重语义，英语重结构。

汉语的叙述方式通常是简单的，重点在于陈述意义，而不在于句子结构的安排，语句或短语之间的关系则通过对语义的理解表现出来。然而，英语的语法特点决定了其句间关系和句意表达完全依靠语法结构的严谨，如果语法结构不正确，句意就无法理解或产生偏差。一些学汉语的外国人觉得汉语难学，也是由于虽然他们掌握了汉字，也能够组合句子，但在理解句子上还有困难，觉得汉语较为杂乱。

（5）汉语一般都使用主动句，英语更多地使用被动表达。

英语中，尤其是科技英语中，会经常性地使用被动句式。尽管汉语中也有被动句，通常也有明显的表示被动的词汇，但是相比于英语，汉语的被动句非常少见，而且有时汉语中的被动句还带有贬义。例如，自从"被就业"一词蹿红网络和媒体后，"被式语言"（或"被式句"）如雨后春笋般见诸我国各类媒体。因此，我们在英语学习中，要习惯性地把英语中的"被动"理解为汉语中的"主动"表达。

（6）汉语使用分句频率较高，英语则常用从句。

在汉语表达中，句式较为松散，短句的形式较为常见，也习惯于通过语词的意义来传达句意。但在英语中，则经常使用包含大量修饰语的长句，或者用引导词在主句之外连接从句，使得句子看上去较为复杂，难以理解。在理解这样的长句时，需要对复杂的句子结构进行梳理，通常可以使用语法分析的方法来解决。在传统的英语教学中，语法教学占据了很重要的地位，这在我国是有必要的，因为英语和汉语在语法上有着巨大差异，学生需要通过对英语语法的学习来理解句子的成分和句意，以及进行文章的翻译。

（7）汉语重复的表达较多，英语却习惯于变化表达方式。

英语中常常会在表达同一意思上变化表达方式，但是汉语中并没有太高的对于多样化表达的要求，甚至会特意运用重叠的词汇或者排比的句式来增强气势。在将英语翻译成汉语的过程中，同样意思的不同词汇和表达可以用重复的表达来翻译，但是在英语写作中，则通常需要避免使用重复的词汇或者表达方式。

（8）汉语倾向于使用名词，英语则使用很多代词。

在汉语中，名词具有很重要的地位，松散的句式和短小的句型，使名词的理解在句意的理解中占据首要地位。但是在英语中，由于长句更为常见，且句法结构对句意理解起到了决定性作用，代词就变得十分重要。I、you、we 等人称代词，以及 which、that 等关系代词的大量使用，是确保句意明晰、结构正确、避免重复的关键。

（9）汉语注重推理，英语重视引申。

英语有两句俗语：一是"You shall know a word by the company it keeps."（要知义如何，关键看词伙）；二是"Words do not have meaning, but people have meaning for them."（词本无义，义随人生）。从英语俗语中，我们可以看出英语单词的词义虽然是固定的，但真正的意义却因实际运用的语境不同而不一样。因此，英语实际的意义重在引申，而汉语表达却注重推理。

2. 中华文化视野下的异域语言文化教学观

语言与文化之间存在密切的关系。语言是文化的组成部分，文化则是语言的活动背景。在交际时，只有人的文化意识与包含在语言中的文化因素相

第四章 基于生态视角的英语课堂模式与优化

互作用，交流才能顺利地进行。如果语言的使用脱离了原先的文化背景，或者语言系统自身产生了变化，就有可能中断语言和文化之间的关系，而使语言失去其文化内涵，交流就无法正常地进行下去。同时，语言也作为文化的载体，帮助文化的延续、发展、交流和传播。在语言的学习过程中，学生可以增强对文化的了解。这样看来，语言的教学实际上也是文化传播的过程。英美文化与中华文化之间存在很大的差别，因此，中国学生在学习英语的过程中，也常常会遇到文化上的冲突。英语教学不仅仅是教授语言知识，更帮助学生面对不同文化间的冲突，增强对不同文化的了解。

（1）中华文化传统对教学理论的影响。

中华文化形成于漫长的历史之中，是中华民族的性格和心理的集中体现，同时又反过来影响着中华民族历史和社会的进步与发展。因此，语言教学一方面有助于文化传播，另一方面体现了文化传统的影响。尽管近年来中国的教育理论发生了模式和思维上的巨大转变，但是从中国长期以来的主流教学方式和教学理论中，还是可以看出中华文化传统的深刻影响。

第一，教学目的：满足社会对人才的需要。教学的目的不是张扬个人固有的天性，而是使人接受并遵守外在社会中存在的"礼"的约束并以此来改变人性，以确保统治阶级的长治久安。近现代以来，科举考试制度被推翻，但是在人才的培养上依然以适应社会岗位的需要为目的，而忽视了个体的和谐、全面发展。虽然素质教育和全面教育一直被作为当代学生培养的指导方针，但是考试制度，尤其是高考和中考制度，依然决定了教学模式还是以应付考试要求为主，教学内容限定在国家规定的科目、课程内容范围内。而很多高校培养人才以适应就业为目的，教学内容也是为了学生能够适合某一岗位和领域而设定。这样的教育模式忽视了个体的特征和个人发展的需求。

第二，教学内容：统一要求。中国古代使用科举考试的方式来选贤举能。由于中国独尊儒术的思想，考试的范围限定在儒家经典的范围内，规定了读书人的学习内容。而随着专制集权的逐步强化，科举考试的内容越发狭窄，成为统治阶级控制文人思想的方式。到了清代，科举考试规定了方式和书目，内容主要限定于儒学，也考查考生的才能。当时的考试共有三场：第一场以"四书五经"中的儒家基本义理为考试内容；第二场考查写作实际文章的能力，如草拟章表诏书，写判语、论说等；第三场考史书和诗赋。为了求取功名，读书人终日记诵儒家经典，教师教授的范围也限于儒学经典之内。

近现代以来，考试制度进行了改革，但是国家在规定教学内容上一如既往。很长一段时间内，各个地区都使用同一种教科书，教学上遵循着同样的教学大纲和教学计划，而不顾及地区之间的差异和学生个体的差异。学生只学习规定的教材和科目，教师也完全按照教学大纲来进行教学。这样的教学方式忽视了学生之间在爱好、个性等方面的差别，也忽视了学生作为个体的人的独立性，而将学生当作可以加工的产品，塑造成统一的样式。

第三，师生关系：教师权威。教师在教学中依然具有权威的地位，被看作真理的拥有者，而学生则受到教师的控制、管理以及监督，被动地接受教师传递的知识，在教师的要求下学习。教师和学生之间形成了统治和被统治的关系，作为被统治者的学生不能对教师质疑，需要完全服从教师。这种模式不仅不利于师生之间正常的合作和交流，还压制了学生的个性和创造力，不利于学生个体的和谐、全面发展。

第四，教学方法：以"讲授法"为主。中国在上古之时就已经产生了丰富的教学理论和教学方法。孔子是古代教育的代表性人物，他强调"学"和"思"的结合，要求学生做到"闻一知十""举一反三"，采用启发式的教学方式。这些思想对后世的教育思想具有启示性的作用。但是，中国古代社会长期存在的科举考试制度和保守的文化氛围，使大多数教师在教学中依然以"讲授式"的方法为主，即教师将经典、典籍讲授给学生，而学生被动地接受教师的讲授。同时，传统文化中对于个性和个体并不重视，而强调共性和群体，而且对教师的尊严有很高要求，再加上采用讲授的方式可以让一名教师面对众多学生，在人才缺乏的时期极为高效、省时。因此，"讲授式"的方法被广泛采用。这种教学模式不仅在古代社会占据了主流，在今天也普遍存在。但是这种方法的局限性是将学生变成了存储知识的容器和答题背书的机器，过于统一的培养方式影响了学生的个性，也使教学氛围变得压抑。

第五，教学评价：以选拔性评价、终结性评价为主。考试制度在很长一段历史时期内都是人才选拔的主要方法。唐代的科举考试，包括策问、诗赋、口义、墨义和帖经五种。到了明代，科举考试的内容变成了草拟、判语、论说和义理。科举考试在一定程度上对教学产生了支配性的影响，如今，考试制度依然决定着教学的内容和方向。学校的教学内容和教学目的都以考试的内容和要求为重心，学生学习和教师教学，都是以应付考试为目的，而考试的成绩既是评价学生的主要手段，也是评价学校、衡量教学效果的重要方式。这一方式重视学习结果，在学习开始前就规定了学习的范围、内容和目标，然后在学习结束之后，则通过将学生实际表现与所设目标相比照的方式，来对学生的学习成果进行评定，以此选拔表现优秀的学生。在这种方式影响下，教学完全围绕着课本进行，学生单方面地接受知识，而学生的非智力因素，包括其意志、情感、态度等则完全被忽视，学生的个性也受到压制。

（2）中国文化视野下进行的异域文化融合。

在汉语文化背景下的英语教学，需要将文化教学与语言教学的过程相结合，主要涉及以下两个方面的内容：

第一，语言文化相互结合。语言教学内容必须有利于文化教学；文化教学就应该在英语语言教学的框架内进行，文化教学更要为语言教学服务。例如，在初学"对待一般赞扬做出适当反应"时就必须给学生灌输文化差异。在选用 thank you（very much），thanks（a lot），thank you for your help, it's very kind of you 等语句时，就可以体现文化内容与语言相结合的阶段性原则。中国的传统文化提倡谦虚，因此，一是人们很少表示赞许，以免有惺惺作态之感；二是赞美的接受者也会对赞许表示拒绝的态度。但是这在英美文化中却完全不同，赞许在对话中会反复出现。这样，在教学中，就要使语言和文化背景相融合，或者通过联系、解释词语的文化内涵，或者通过讲述词汇的来源故事，或者在学习句子时引入文化典故，或者在学习文章时解剖文化内涵。

第二，语言的文化因素与文化的语言因素相结合。我国的外语教学在很长一段时间内都将传授语言知识和培养语言技能作为重点，到了20世纪80年代，交际外语越来越受重视，进入了教学大纲，学校越来越重视对学生语言应用能力的培养，同时将教学重点定位为培养交际能力。而在语言教育中，文化知识的引入则主要开始于20世纪90年代，使英语教学模式产生了巨大的变化。《全日制义务教育英语课程标准》明确提出，为了培养学生的跨文化交际能力，外国文化内容可以作为语言教学材料直接引入外语教材中，或者把外国文化中具有文化特色的内容直接编写进教材，或者开设相关文化课程，直接介绍外国的历史、典故、习俗、风土人情等。

合适的教材选择，不仅能增强学生的学习兴趣，提高学生的学习效率，还能够补充学生的文化知识，教师在教授语言的同时也传播文化，使学生一边提高语言水平，一边培养文化意识。

3. 语言知识与语言技能的融会贯通

语言能力由语言机能和语言知识共同构成，两者既相互促进，也相互影响。语言学习不仅是为了语言知识内容的获得，也是为了发展包括听、说、读、写、译在内的语言技能。

近年来的主流观点将语言技能的培养，而不是语言知识的学习作为语言学习的主要目的。因此，在英语教学中，对于语言知识通常只是简单地说明，匆匆带过，而重视对听、说、读、写、译等实际语言技能的训练。然而，能够理解和运用语言知识对于培养语言技能具有重要的意义。《全日制义务教育英语课程标准》认为，英语教学目标包括知识的掌握和技能的形成，而教学内容也包括语言知识的学习和技能的培养。尽管如此，只学习语言知识，也是不够的。在英语教学中，在知识传授之外，还要将知识运用到语言实践中，将听、说、读、写、译等实际语言能力的训练和语言知识的学习结合起来。在学习语言知识时，要具有在语言实践中运用知识的意识，而不是仅仅将知识作为头脑中的储备，同时在语言实践中，又要将实践作为巩固知识的手段。只有使语言机能和语言知识相互促进，才能让语言教学取得更好的效果。而英语教学的定位也应当参照这一标准。

在语言机能和语言知识的结合中，我们应该坚持实践性原则，不应过于重视词汇的讲解和语法知识的传授，也不应一味地采取机械式的操练、模仿以及死记硬背方式，而应当采用互动的、开放的教学模式，将技能训练和语言知识的传授紧密融合到一起。

（二）教学环境

语言环境对语言学习有着非常重要的作用，人所处的语言学习环境中各种各样的要素综合产生的作用，最终决定了一个人的语言能力。当一个人所处的语言学习环境有利于学习时，就能调动学习者学习语言的积极性，使其产生原动力来推动自己积极主动地学习语言。

1. 社会文化生态环境与语言教学

（1）语言与社会。

语言是社会的内在元素，因而社会文化生态环境对语言能力有一定程度的影响。另外，作为交际的语言也是一种社会现象，它和社会有密不可分的联系，这种联系表现在以下三个方面：

第一，语言是社会的产物。早在社会形成的时候语言就已诞生，从有人类起，他们就一定会和自然界产生关联，以便得到相关的生活信息。换言之，因为人们有社会交流方面的需求，所以就出现了语言。

第二，语言是社会约定俗成的。语言是由音、形、义组合而成的一种符号系统。符号系统内，音义的结合带有一定的任意性，即语言是由一个语言社团的人们约定俗成的。因此，形式和意义没有必然的联系，任何语言都只是使用该语言社团的约定俗成。

第三，语言随着社会的发展而变化。语言因为社会的发展而发生改变，它们之间有着密不可分的关系。社会制度的更改、社会结构的转化，以及教育和商业等，都会对语言产生影响，从而使语言发生变化，这种变化主要表现在语言的结构和交际功能上。从结构系统变化这点来看，主要体现在新的语言事实的出现。从语言交际功能的变化来看，体现在有语言的区域不断出现和扩大，方言在细化、增加。语言结构系统方面的变化在词汇方面体现得尤为明显。例如，由于社会的发展，英语中的 knight（骑士），foe（敌人），coach（四轮大马车）等词语已不在或不常在现代英语中使用；而像 generation gap（代沟），picturephone（电视电话），supermarket（超级市场）等新的词语，则越来越广泛地出现在现代英语中。

（2）语言教学与社会文化生态环境。

英语的社会学习环境包括学生所处的家庭环境和社区环境、学校环境，还有国家相关的方针、教育、政治、政策的现实环境。社会环境对英语教学的引导作用是不可代替的。从某种程度上来看，社会环境会对英语教学的产生、壮大和走向产生极大的影响和限制。随着全球经济的发展，各领域的国际交流不断增多，如教育、科学等领域。此外，外语不仅是学校里的一门学科，还是以后在社会上实践的一种必备能力。因为有了这种认识，所以人们才有动力去学习外语，这样也加快了我国英语教学的发展步伐。另外，外语教学也得到了我国教育部门的重视：英语教学的相关措施在不断地完善，教材的编写体制在不断地更新，学校的环境也越来越好，从而推动了我国英语教学的进步。

2. 我国英语教学语言生态环境的拓展

近年来，我国的英语学习氛围不断提升，各种各样的考试也"相应产生"，"学习材料"也较为多样化。

（1）收看英文电视节目或原版影片。

随着时代的发展，欧美电影在全球盛行，所以学习者寻找英文电视节目是非常容易的，在看电影或者电视剧的时候就可以把自己想成主人公，带入语境中。语言承载着文化，学习者在看英文原版电视剧的时候，除了能学习英语和练习听力，还能了解文化和语言之间的相互关系。例如，学生可经常观看诸如《老友记》以及《绝望主妇》等系列电视剧，在观看过程中，除了留意节目中的日常生活用语，学习他人怎么"用英语"，还能了解英语文化中独特的"喜怒哀乐"。所以，看原版影片就是一个提高英语应用能力、丰富英语文化知识的有效途径。

除此之外，经常看英文原版影片还可以提升我们的听力，因为在看电影或者电视剧的时候，会有相关的画面帮助我们听力理解。如果经常听英语广播、参加英语讲座就可以进一步提高英语听力水平。听音的过程也是一个繁杂的学习过程，所以，学习者不仅要注意节目中的语音，而且要记忆和学习听力材料中的新知识，要正确地区分哪些是日常口语，哪些是正式口语和书面语言的表示方法，不然学习起来就会带来负面影响。

（2）利用网络，畅游英语世界。

我国语态下的英语学习者要运用好互联网学习空间和计算机媒体学习英语。如今网络飞速发展，人们的生活方式已经被网络改变了。学习者通过互联网，除了能找到西方国家的科技、政治、经济、文化等方面的英文信息资料外，还可以听到各国领导人的英文演讲。互联网上的音效、文字、图片效果，可以让学习者有学习的欲望，让学英语变得有乐趣。

3. 各要素之间的生态关系

学习者是英语生态教学模式中的中心。除此之外，其还与英语教师、英语语言以及英语学习的整个环境有关，它们具有相辅相成的作用。在学习中，教师的教学方法与整体教学效果有很大的关系，学生对语言的学习与教师的教学具有相互推动的关系，在教师教学的过程中教师也能够学到许多从未学过的知识。在整个英语学习过程中，学习者的学习状态与学习环境有很大的关系，如果学习环境和学习氛围好，那么学习者就能够从中获得更多知识。学习者与英语语言常常被人们看作相互对应的关系，但实际上它却是英语生态教学模式的主要组成成分之一。在学习者学习英语语言的过程中，英语语言对学习者又具有极大的影响力。

英语教师和英语语言联系的重点是英语教师把握好英语语言的同时，英语语言存在的意义又会影响英语教师对教学方式与教学内容的确定和研究。然而，英语传统教学模式对英语学习环境的忽视，往往是由学习者在学习语言时对学习环境的不重视造成的，但是在当今的英语教学模式中，好的学习环境和学习氛围可以为学习者提供一种学习的动力，让学生能够更好地融入这样的学习氛围中，进而提高他们的学习效率。

综上所述，很多人认为英语生态教学模式只由上面的四个条件构成，其实不然，除了上面的四个条件之外，英语的课程教材、英语的课程教案以及其他与英语生态教学模式有关的内容也具有重要意义。而"四因素"的存在，主要是对英语生态教学模式的一种实际性的举例，所以才没有对其他的因素仔细讲解。本书中没有涉及的因素并非不重要，而是因为我们不能将所有的因素都分列出来。在实际的英语教学中，我们只有对它们的存在给予肯定，才能够有利于我们开展英语学习。

（三）英语教师

教师，是教学活动的力量源泉，是教学实践的中心，是教学活动的设计者、领导者、组织者，也是教学的执行者。教学，是一种让同学们去认识其他事物的活动，学生作为活动的参与者，教学内容作为活动中的认识对象，教师作为桥梁和媒介将这两者串联在一起。在教学过程中，特别是有着生态化语言的环境下，教师不仅要善于引导学生在学习中找到适合自己的学习方式，使之合理运用以获得新的知识，用所学到的东西去解决自己遇到的各种问题，还要深化生态化语言学习，让学生们真正能获得它的实际效用。学生作为活动的参与者，应该知道如何学会学习；而教师要做的，不仅仅是引导他们的学习方法和思维转向，还要去引导他们形成正确且良好的人生观和价值观，更主要的是要对学生在语言学习上进行启迪、激励和引导。在学生自主学习方面，教师应该学会引导学生自己提出问题并能够自己解决问题、自主选择自己的学习方式、自主选择自己的学习目标、自己能控制和调节自己的学习进程。总体来说，教师在英语生态教学模式中作为有机组成部分之一，有着非常重要的作用。为了实现生态化英语语言教学模式的转向，教师们需要让自身的语言知识文化观、教学角色意识和教学方式发生根本性的转变。

1. 教师语言观的提升

语言学和语言哲学中的一个主要命题就是语言知识文化观，因为它影响着是否能形成正确的外语教学观。教师的语言观对英语教学有以下三个方面的影响：首先，在教学的过程中，如设计教学大纲、回应学生在学习中的反馈、组织课堂教学等方面会遇到很多问题，而这些都会受教师在外语课堂的教学过程及组织的影响。当然，在英语教学过程中，不一定所有教师都会直接运用语言学知识，而且教师们如果只是掌握了其中一点语言学知识，是不能解决所有问题的。往往是相互联系但是意义不同的参照构架之间的相互作用，才会产生有效的解决语言教学问题的方法。其次，受教学语言观的影响，教师就会在教学内容上选择广泛的知识范围，这样，语言知识选取就会为教师的语言观所影响。最后，英语教师对自己所教语言性质的认识也会受到教师语言观中语言学对于语言描写的影响。

2. 教师教学角色的转变

目前，我国的英语教学已经不只是要达到以往单一地对英语基础理论知识传递的要求，还增加了英语交际能力与实践能力、语言掌握能力等，这就对英语教师提出了更高要求。教师要转变自己的教育理念，从传统英语基础理论知识的教学逐步转变成多方面的英语教学。教师要从教学实践前期开始改变，首先要对学生进行分析，根据学生的个性化特点，制定教学目标、确定学习方法，从而适应各个阶段各个层次学生的教学。另外，教师要在原有传统教学手段的基础上，增加新的教学手段，引入多媒体以及网络教学资源来丰富教学内容、提高教学效果。教师要改变原有的单一内容型教学传递方式，改变原有的仅重视理论知识传递的教学方式，应在教学过程中引导学生学会自主学习，调动学生学习的积极性，从而达到更好的教学效果。

在新的教学模式中，要以学生为中心，教师作为教学实践的实施者，逐步从原有的知识传递者角色中解脱出来。在新型的教育体系中，教师的作用侧重引导学生进行自主学习。在学生自主学习的过程中，教师又扮演着观察者的角色，观察学生在自主学习的过程中所遇到的问题与解决问题的方法，并且在观察的过程中提出问题，协助学生利用自身的能力，寻找问题的解决方法。这个过程对教师观察问题的能力有着很高的要求。新型的教学实践对教师的组织教学能力也有很高的要求，因为教学实践已经不单单局限于课堂上的讲解以及课下的考核，而是要在课堂实践的过程中组织活动，让学生在活动实践中进行学习，这些都是教师角色的转变。

3. 教师教学方式的丰富

随着社会的发展和教学体系的改革，教师在语言教学方式上也要进行丰富——从最开始完全的讲授与接收的课堂教学方法，逐步转变为课本剧表演、课堂讨论等新型的教学方法。除此之外，教师还可以设计更多的教育教学方法。教师在制定教学方法的时候，要以能够促进学生发现并掌握新的知识为原则。教学方法需要在教学实践过程中进行验证，只有在实践中证明是能够促进学生掌握新的知识，有益于学生发展的，这样的教学方式才是有效的，是值得推广的。教师在教学方式的设计上不能故步自封，不能因循守旧，一定要有创新，只有新型的教学模式，才能激发学生自主学习的兴趣。

（四）学生主体

1. 学习者时空流变性的双重性

时空流变性建基于时空的三维性，通常而言，我们不难理解空间的三个维度，即长、宽、高；其实时间也有三个维度，即"现在""过去"和"未来"。此外，从人文角度和心理视角都能观察和体验到"现在""过去"和"未来"，也能确认"时间"这个概念三者之间的区别与联系。离开了时间的三个维度，就谈不上时间流程和时间观念；就人文时间中的历史时间而言，可以划分出古代（包括远古、中古和近古）、近代、现代和当代的时间间隔（虽然学界热衷于"后现代"，但有学者认为后现代并非时间概念，而是价值取向问题）。人文社会科学不但涉及"过去"和"现在"，而且论及"未来"。例如，历史学、人类学、社会学等学科都对历史、文化、社会的未来有所预期或进行预测，新兴学科"未来学"更是以预测时间坐标的"未来"为己任。就心理时间而言，"现在"经常与当下、目前、此时、此刻的观察感知活动和生成的印象等相联系；"过去"往往同回忆、回想、回顾、怀念或缅怀之类的心理状态或心理活动的意向性对象有关联；"未来"则和预测、期待、期望、期盼、展望、憧憬，甚至预知、先知等心理活动的意向性对象息息相关。

语言学习也是一种学习模式的延续，我们在学习第二语言时不可避免地会受先前母语学习的影响。仔细分析可以看出，第二语言的学习遵循了母语学习的规律，并且母语学习的思维将影响第二语言学习的思维。

空间流变性就是语言的学习会受身边文化变化的影响，这个过程会对学习母语过程中养成的习惯与经验进行改变，甚至是重塑。语言的学习受时间以及空间的影响,是两者综合作用的结果。

2. 学习者语言学习历程的影响

语言学习历程对语言学习者有很大影响。语言学习者,尤其是多语种语言学习者会受整个学习历程的影响。例如,某位语言领域的专家在本科期间学习俄文,在学习过程中积累了俄文的理论;在研究生期间学习德文,掌握了德文的使用方法;在之后的学习过程中又接触英语,工作后作为英语专业的研究生导师;除此之外,他还精通一些小语种,如葡萄牙语、古希腊语和拉丁语。这样的语言专家可以在多种语言的学习,以及使用过程中分析出语言的共同点,通过语言的共同点,促进多种语言的掌握。在普通人看来,可以同时掌握这么多种语言,并且能够熟练地运用多语种语言进行听、说、读、写,甚至是翻译各种语言的经典著作,是非常不可思议的。但是仔细回顾他的语言学习历程,可以发现其在每一阶段都系统地学习过某一种语言知识。作为人类交流的工具,各种语言之间都是存在相关联系的,当拥有分析语言共性能力的时候,会在语言的学习过程中找到乐趣,并且能够高效地学习并掌握多语种语言。

我国的英语教育在进行改革后,将英语课程的启蒙年级降低,在低年级阶段就引入英语教学,并且在课堂教学结束后引入评价过程。在每一个阶段的学习后,教师都给予学生一个评价,让学生能够通过评价了解自己对于语言的掌握程度,增强学习语言的信心,从而培养学习语言的兴趣,逐步达到自主学习。在评价体系的设置上,不能仅仅考核结果,那样会培养出一批应试教育的学生,这样不利于他们将来语言交际的实践。评价体系要分为两块:一是过程评价,即对于学生学习英语的过程进行评价、对学习的态度等进行评价;二是结果评价,即在每一学习阶段结束后对学生的掌握情况进行结果评价。在这样的教育体制下,教师需要进行自我提升,不能守着传统的教学资源一成不变。教师要利用自己的教学能力,为学生提供更多的教学资源和更为丰富的教学方式。如今互联网技术如此发达,教师应该多引入互联网教学资源、视频教学资源等,让学生在模拟实践的过程中,获得更好的学习效果,甚至可以让学生参与到视频教学资源的制作过程中,这样可以充分调动学生的积极性,更好地提高学生的英语使用能力。

第四节 英语生态课堂的重构路径优化

信息化语境下的大学英语课堂生态受多种因素限制，仍达不到平衡态，无法完整释放其育人功能和系统功能，合理的系统结构也还未能建立。就外语教育工作者而言，当前亟须突破的障碍就是大学英语课堂要以何种方法来重构生态平衡。

一、英语生态课堂的重构原则

所谓原则，就是说话、行事所依据的准则。良好的原则有助于指导人们对问题的处理、观察，有助于人们行为思想的规范，有助于事物客观规律的准确反映。其通常具有两大特性：不言自明性、高度概括性。无论是在行动上，还是在思想上，对有效性原则、系统性原则、人本性原则以及生态性原则的遵循，都会对大学英语课堂生态的重构发挥重要作用。

（一）生态性原则

生态性原则主要指以生态的视角为研究路向，以生态学研究方法为主要手段，以生态学理论为主要依据，以生态化为价值取向，观察、分析和解决课堂生态失衡问题。就大学英语课堂生态的重构而言，坚持生态性原则应注意以下四个方面：

第一，坚持以生态的视角来认识课堂及课堂教学的本质，观察、发现和分析课堂教学中所出现的问题。就生态而言，功能失调、结构失衡等存在于课堂生态系统功能以及结构上的问题即为课堂教学问题的实质。课堂生态系统中对信息进行传递，让能量流动起来，以完成教学内容的教学模式即为课堂教学；具有微观性的生态系统即为课堂的本质。就传统教育学而言，对教学效果产生影响的各方面问题即为课堂教学问题；教师通过课堂来完成知识的传授即为课堂教学；能使多种教学活动顺利进行的场所即为课堂。对生态课堂这一身份加以认证，从而对课堂的生态性有所了解；对存在于课堂生态系统中问题的发掘更具积极性，对导致课堂生态系统失衡、失调的原因进行分析，从而做到有的放矢，这些便是大学英语课堂生态在信息化语境下的重构要求。

第二，以生态学研究方法为主要手段。生态学的研究方法主要包括综合分析、受控实验、原地观察等。该学科主要是针对环境与生物间的互相关联来进行研究。协同性、系统性、整体性以及层次性是现代生态学研究方法的几个特性，这是在传统的自然科学界限被突破后，拓展到人文社科领域的基础上而形成的。教育生态学的研究范畴要求通过生态学研究方法来对教育问题进行探究。教育生态学作为一门独立学科，同时涉及生态学领域、教育学领域，且在这两个领域的研究内容基础上取其精华，在研究教育生态、教育问题的过程中，主要运用类比法并借鉴生态学研究方法。在对生态学的一些方法和技巧进行研究时，可以采取跨学科的研究方法和道路；对教育生态的研究要以协同、系统、分层以及整体等多维度来进行；在吸收了这些科学系统的研究成果之后，教育生态学就能得以发展。研究教育的微观生态，有时也运用现代科学技术手段，采用精确的定量分析和实验，对教育系统的细小部分进行详细研究；研究教育生态系统，要把握系统的全部基本要素及其动态情况，抽样调查法、统计学方法、类比法、观察实验等方法都可以采用。研究大学英语课堂生态，可以运用课堂观察、教学实验和综合分析的方法，融合生态学、系统科学和教育学的相关理论，研究大学英语课堂生态系统中各组分的结构和功能，研究它们之间的相互关系、它们与系统整体的关系以及系统整体与外围环境之间的关系，发现和分析课堂生态系统结构和功能上的失调与失衡，探究失调和失衡的原因，找出应对策略，重构和谐共生的外语课堂生态。

第三，生态学理论在大学英语课堂生态研究中的具体运用。近几年来，大学英语课堂生态一方面在功能上产生了如降低了生态育人功能、退化了演化促进功能、减弱了关系调协功能，以及衰减了结构优化功能等失调状况；另一方面出现了一些如系统内部营养结构失衡、系统组分间交互关系失衡以及系统组分构成比重失衡等结构失衡状况，这些都是现代信息技术过度介入的后果。只有以差异多样、互动共进、良性循环、平衡和谐、整体优化以及调控适度等为原则，对花盆效应、最适密度原则、生态链法则、生态位理论以及限制因子理论等生态学的相关理论加以巧妙运用，才能使这些问题得以解决，使大学英语课堂生态在信息化语境下得以重建。

第四，以生态化为课堂教学的价值取向，也就是以构建生态课堂为目标。

第四章 基于生态视角的英语课堂模式与优化◆

为了使教育的生命价值得以实现，构建自由和谐的环境来促进学生的发展，对学生的全面发展、成长过程、价值观、态度、情感、知识传授以及认知过程都要加以关注。不仅要充分关注学生的自由发展、个性发展以及全面发展，也不能忽视对教师专业发展的关注，使其与学生全面发展的良性互动关系得以形成，这就是生态化课堂教学的追求目标。对大学英语课堂生态而言，生态化的实现就是以生态化的形式来改造异化了的课堂，重构课堂生态平衡，创建大学英语生态课堂。

此外，生态课堂观认为，生态课堂是一个联系的课堂、发展的课堂、和谐的课堂、共生的课堂。课堂中平衡、和谐的关系生态、心理生态、行为生态、文化生态以及环境生态等就是生态课堂的内涵。或者说，多元评价机制的发展更具动态性，生态课堂的交往以对话互动的形式来进行，生态师生关系更加平等民主化，以及生态课堂环境的共生和谐就是生态课堂所追求的。对师生共同成长有益的且具有和谐内外关系的课堂生态就是生态课堂的本质。在考察并分析现有课堂生态的基础上，为一些失衡、不和谐以及层次较低的课堂生态，到平衡、和谐及层次较高的课堂生态系统的演变过程提供帮助，便有助于生态课堂的构建。

（二）人本性原则

使师生共同的价值追求得以实现，师生关系更加和谐，把学生当作教学活动的中心，也就是坚持以人为本，这是大学英语课堂生态得以重建的根本。以人为本得以贯彻落实就是人本性原则。

以人为本是人本主义教育思想的核心内容。人本主义教育思想古已有之，中国古代传统的儒家"人本"教育思想承认人的高贵，肯定人的价值，认可人的潜力，重视人的个性。坚持以人为本，以学生为中心，先要以培养"完整的人"为目标。此外，要建立平衡和谐的大学英语课堂生态，就必须在课程的设计、教材的编写、教学方法和方式的选择、学习环境的构建、师生的相处、教学评价的实施等方面贯彻"全人"教育目标，既培养学生的交际能力（包括语法能力、社交能力和策略能力），又强健学生的体魄和心智，培养学生积极、健康的情感和人格。

第一，把学生当作教学活动的中心，贯彻落实以人为本的理念，还要在学习过程中使学生的主体地位得以确立。换言之，通过教学活动，对外语学习中学生的主体地位不但要加以认识，还要承认并尊重。学生应当在知识意义的建构上更加主动自觉，而不应在信息的接收上处于被动的位置，且建构者只能是学生自己：学习是学生通过自己来建构知识的过程，而不是单纯地从教师那里接受知识，这是建构主义学习观的观点。从教学角度出发，一方面教学观念加以转变；另一方面教学条件得以创造，在学习的速度、内容、地点、时间、环境以及方式上，提供机会让英语学习者自主选择，从而使学生的主体积极性得以激发，使他们的主体意识得以增强。此外，要在学习者的创造性、能动性上给予他们信心，为使学习者的主体性得以最大化发挥，找到学习的方法，就要帮助学习者将知识性学习转变为能力拓展，将学习上的依赖性转变为自主性，将学习上的被动性转变为主动性，这是生态外语课堂的构建对教师的要求。外语学习是在不断学习、不断实践的过程中学会的。所以，在语言学习活动中，尽量以学生为中心来开展课堂活动，把学生当作课堂、班级，乃至所有学习活动的主人，这是对教师的要求。

第二，把学生当作教学活动的中心，贯彻落实以人为本的理念，个性化教学的倡导也是其中一个部分。不阻止学生的差异化和个性化发展是生态课堂重构的必然要求。为加强学生学习的研究性、自主性，就要借助现代信息技术使个性化教学在大学英语课堂中大力开展。个性化意义教学在手段意义方面就是将差异化和个别化的教学手段、模式以及方法应用到各异的个体当中；在过程意义方面就是学生的学习过程、教师的教学过程都带有个性化；在目的意义方面就是使个体的培养更具身心和谐统一性、独立性以及独特性。这就是个性化教学丰富的内涵所在。帮助学习者实现自我价值才是个性化教学的最终目的，为达成这一目的，首先就要以学习者的个性特征、个体差异为依据，将学习者置于主体地位，教学手段、方法更具差异化和个性化，使学习者在品格的锻造、能力的发展以及知识的建构上更具个性化。为使学生的个体特长得以发挥，就要对以往的教育方式加以改革；为使教学中更多出现学生的身影，就要对以往传统的知识传输方式加以改革；为更好地充当助学者、管理者以及组织者角色，教师要通过现代信息技术从传统课堂中的全知者和权威者的定位中脱离出来；为使传统课堂中教师的主体地位得以改变，就要让课堂教学和现代信息技术的整合更具合理性，这也是个性化教学对教师的要求。

第三，把学生当作教学活动的中心，贯彻落实以人为本的理念，建立师生间的和谐关系是不可或缺的。因此，要使学生在个性上得以独立，发挥学生的创造潜能，使其更加自信地学习，产生自我价值感以及学习上的安全感，师生间融洽和谐关系的建立是这一切的前提。此外，师生间要交流情感、传递信息也得益于此。主要表现在以下两个方面：一方面，学生对教师布置的课堂任务配合度高，课堂秩序良好，学生积极主动地学习，学习兴趣高昂，自信心饱满；另一方面，教师不仅在对学生情绪的控制上有一套独特的心得，而且自身兴致高昂，保持积极乐观的态度进行教学活动，这些都得益于课堂生态的和谐、平衡。所以，和谐的师生关系能否构建成功是构建新的课堂生态平衡的一大考量因素。

（三）系统性原则

系统性原则主要是指坚持从系统的视角运用系统论观点和方法研究问题。坚持系统性原则，就是运用系统科学相关理论和方法研究课堂生态，解释课堂生态失衡的机理，探寻和谐共生的课堂生态的构建策略。系统科学相关理论主要包括系统论、信息论、控制论"老三论"和耗散结构论、协同论、突变论"新三论"。系统研究方法主要是指"分析+综合"的研究范式，把分析和综合辩证地结合起来，既对系统的组分、结构、功能、关联等予以分析，又对它们进行综合的系统考察。系统研究要坚持动态的观点，把系统放到动态的运动中去把握，从中找出系统的动态规律，在动态中协调整体与部分的关系，使部分的功能和目标服从于系统总体的最佳目标，以达到整体最优。系统研究要坚持全局的观点，从全局看局部，研究局部与局部之间的关系、局部与全局之间的关系、系统与环境之间的关系，而不是机械地、孤立地对课堂生态复杂性进行分析研究。系统研究要坚持联动的观点，系统内部诸要素之间相互作用、相互影响，任何一个组分的变化都会给别的组分带来联动效应，从而影响到各要素之间的相互关系甚至系统整体的平衡。

二、英语生态课堂的重构路径

路径即道路，指的是通向目的地的路线。本书中所提到的重构路径指的是重构大学英语课堂生态平衡的思路和方法，具体而言，主要从以下七个方面论述：

（一）发挥信息技术为主导因子的作用

在发展教育上一定要充分重视信息技术的应用，它不但能促进教育模式的演变，还能产生革命性的影响：对信息技术在基于信息化的大学英语教学改革的课堂教学中占据生态位的准确理解，对改革初期由于广泛应用的信息技术导致的课堂生态失衡的状况得以修复，对调整课堂生态中其他因子的功能结构以及信息技术的引领作用得以有效发挥都能提供帮助。

　　基于信息化的大学英语教学改革已推进了近十年，广大教育工作者对信息技术在外语教学中作为主导因子的重要地位也逐渐有了清晰的认识。计算机网络等信息技术在外语教学中的生态位理应随着改革的不断深入而发生改变，初期的辅助教学功能应该转变为引导教学改革的重要力量，并在很大程度上决定着教师教的方式以及学生学的方式，师生的信息素养也在很大程度上决定着其是否能够成为一名合格的教师或学生。信息技术已经不再是外语教学中若有若无的展示工具，而是教学中不可或缺的教学工具、认知工具。课堂生态当中的其他因子会因信息技术主导地位的确立而发生变化，师生作为课堂生态的主体，对课堂交互的自觉调整，对教学方式的改变积极性高涨，对自身的信息素养主动提升，对教学观念的自觉转变，是他们实现自身发展、达成教学成效的要求。如此，课堂气氛、环境作为课堂的生态客体也会发生改变，同时会相应调整课堂的规章制度，这样一来就能日渐恢复课堂生态的平衡。

　　第一，大学英语教学信息化进程要从政策上加大推进力度，使信息技术的引领作用得以有效发挥。为了有效推进大学英语的信息化改革进程，教育部门采取了多种措施，出台了有关文件，制定了有关政策，这不但是大学英语教学改革的内外需求，也是教育信息化趋势下的必然要求。可见，要想使教学系统新的动态平衡得以实现，耗散结构得以形成，实现远离平衡区域下的课堂生态突变，结合课堂各要素的协同力量，就要继续采取相关举措来推进信息化教学改革。

　　第二，信息化教学的深层化、常态化的实现，也是信息技术的引领作用得以有效发挥的必然要求。信息化外语教学的深层化、常态化推进是外语教学信息化实现可持续发展的必然要求。将信息技术有机整合到外语教学中去即为深层化，在时空上信息技术被广泛应用到教学当中即为常态化。为使外语教学的效益、效率以及效果得以提高，重构课堂生态得以促进，在教育技术理论、教育学理论、外语教学理论的环境下，将信息技术整合到外语课程当中，实现外语教育技术的转化，并将其引领作用有效发挥到调整课堂生态功能与结构中去，促进粗放型发展到内涵式发展这一信息化教学模式的转换，是现代信息技术深层化、常态化应用的要求。

（二）科学控制课堂生态中的限制因子

生态学中的耐受性定律认为，任何一个生态因子在数量上或质量上的不足或过多，即当其接近或达到某种生物的耐受限度时，都会影响甚至阻止该种生物的生存、生长、繁殖、扩散和分布，成为生态系统中的限制因子。在课堂生态中，各生态因子之间相互作用，既受系统内其他因子的影响，又反过来影响着其他因子，最终影响到课堂生态主体的成长，这种影响接近或达到课堂生态主体的耐受限度时，则演变成为限制因子，影响课堂生态的平衡与和谐。因此，要重构外语课堂生态平衡，就必须控制课堂生态中的限制因子。

第一，要控制课堂生态中的限制因子，必须辨识诸多生态因子中谁是真正的限制因子。如何甄别必须要进行有意识的观察，观察前要增强以下意识：①每个生态因子都可能演变成为限制因子；②限制因子有别于一般的影响因子，其影响已经接近或达到课堂生态主体的耐受限度；③该因子阻碍了课堂生态主体的成长。以现代信息技术为例，虽然我们提倡外语教育信息化，但是如果应用不当，也会对课堂生态产生负面影响。

第二，要控制课堂生态中的限制因子，关键在于控制该生态因子面临的可能性空间。课堂生态系统中的任何一个生态因子都存在多种发展的可能性，这种发展变化中各种可能性的集合就称为"可能性空间"。控制论认为，一切控制过程，实际上都是由三个基本环节构成的：①了解事物面临的可能性空间；②在可能性空间中选择某些状态定为调控目标；③控制一些条件，使事物向既定的目标运行或转化。

（三）合理引导系统各组分同步协变

课堂生态系统各组分比重出现失调是大学英语课堂生态在信息化语境下产生失衡现象的一大表现。究其原因，还是由于系统内部各组分没有同步协变作为主导环节因子的信息技术。在介入信息技术的时候主动干预，采取一切办法来引导系统各组分随之改变，是大学英语课堂生态在信息化语境下重构的要求。

大学英语课堂是一个微观生态系统，系统中的生物成分就是教师和学生，包括群体和个体，系统中的非生物成分就是课堂生态环境，包括课前生成的环境（课堂自然环境、信息媒体环境、师生固有水平等）、课中生成的环境（师生关系、师生课堂态度等）以及课后生成的环境（课堂文化、课堂规章制度等）。当信息技术介入课堂并成为主导环境因子后，由于系统内部各组分之间相互作用、相互影响的原因，信息技术能够在一定程度上引领其他生态因子发生同步协变。

此外，为使学生的信息化学习能力得以提高，可以通过培训的方式以及时间性的规划，让其对网络教学平台以及相关学习软件进行了解。就教师而言，为帮助他们对一些教育理念如混合式学习、研究性学习、个性化教学、生态化教学、人本主义教育思想以及建构主义教育思想进行学习和掌握，可以通过培训的方式来传授现代教育理念；为帮助他们提高信息素养，学会制作课件、使用网络教学平台、应用计算机网络，了解现代信息技术和外语教学整合的理论、实践以及教育信息化的重要性、必要性，可以通过培训的方式来传授现代教育技术。

在系统组分同步协变的促进上，可以采取适宜的规章制度以及奖惩机制。就教师而言，一方面，以规定、程序为根据，以点名批评、扣除教学工作量以及谈话沟通的方式，来对一些在研究、开展网络教学工作上不符合要求的教师进行教育；另一方面，根据制度来认可一些在研究、开展网络教学工作上积极性很高的教师，且以此为重要参考来进行各种评比。就学生而言，为使他们的网络学习得以有效进行，要正确引导、制约，可采取在学生的终结性评估或者形成性评估当中，记录该生的信息化学习的成效、时间的方法。

在系统组分同步协变的促进上，还可以采取优化课堂教学环境的方式。学校统筹考量学校的人力、物力以及财力状况和外语教学信息化的客观需求协调发展，坚持战略思维，如可持续发展、均衡发展，这是建设信息化教学软硬件的要求。通过近些年的改革，在对一些高校的情况有所了解的同时，相关问题也随之显现出来：部分学校缺乏教学条件，仍有部分教师在进行教学活动时缺乏多媒体设备；部分学校虽然计算机硬件储备丰富，不过在计算机的更新换代方面却缺少财力、政策支持，网络教学也因此受阻；部分学校计算机硬件储备很丰富，却没有安装相应数量的网络教学软件，即学校无法支撑同步的软硬件建设，如此，学生的网络自主学习环境也存在很大问题。课堂教学规章制度的制定、课堂教学信息化氛围的营造，以及网络资源、多媒体课件的合理利用等课堂软环境建设也不容忽视。相对于处于课堂生态中的某一对师生，别的师生也是生态环境的组成部分，该特定师生对信息化外语教学的态度会受全体师生形成的教学风气影响,这一点是尤其要强调的。

以主动干预的形式来调控信息化语境下的课堂生态系统各组分,在坚持唯物辩证法观点的基础上,以培训的方式来使师生和信息技术实现同步协变;为使信息化课堂环境得以优化,通过制定适宜的课堂教学规章制度以及奖惩机制的方式来实现,这些举措对恢复课堂生态的平衡,平衡系统各组分的构成比重,以及促使系统各组分与课堂教学信息化同步协变等方面都会产生重要作用。

(四)重塑互动对话的生态课堂交往

信息化语境下的大学英语课堂生态出现了失衡现象,另一个重要表征就是课堂生态系统各组分之间交互关系的失谐,主要包括生态主体之间的失谐、生态主体与信息技术之间的失谐,以及信息技术与其他生态因子之间的失谐。要重构信息化语境下的大学英语课堂生态,就必须协调系统各组分之间的交互关系,消解矛盾,实现互动对话。

在课堂上,教师要努力保持与课堂环境之间的互动,学生也要像教师一样,积极保持自己与课堂环境的交互关系。外语学习过程也是一个学习者同外部环境发生交互的过程,这个交互过程比较复杂。生态主体之间的交互关系主要表现为个体的教师同群体的学生、个体的教师同个体的学生、个体的学生同群体的学生、个体的学生同个体的学生、群体的学生同群体的学生之间的交互。可见,课堂教学的交互就是各种组分间相互作用的复杂系统,这些组分包括学生个体、教师个体、学生群体、教师群体、心理环境、教学媒介、物理环境,等等,这些组分间的关系和交互复杂程度越高,系统的稳定性就越强,系统的平衡性也就越好。重塑互动对话的生态课堂交往主要从以下三个方面着手:

第一,要想让生态课堂的互动对话保持良性的状态,就要令课堂交往的动力得以激发,让课堂互动的整体活力得以增强。只有建立起了良性的课堂交往,才能构建起和谐的、平衡的课堂生态。所以,应使现代信息技术的优势得到充分体现,课堂生态中的所有组分得到共同发展,这样才能令各组分间的比重趋于平衡;要重新认识课堂营养结构,调整不合理的结构方式,让信息以及能量的流通变得更加顺畅。如果按照营养的结构来划分,这个系统中的生产者是教师,教师把自身掌握的信息,以及从外部世界收集来的信息进行加工整理、消化转换,通过课堂这个环境传递给学生,学生则对这些信息加以分解、消化以及吸收，并将最后吸收的结果通过一定的方式反馈给教师。生态课堂当中这种课堂教学过程中的交互会更加复杂，教师以及学生是这个生态系统中的不同主体，他们有时是生产知识的主体，有时是消费知识的主体，有时还是分解知识的主体。

第二，要想充分激发学生参与各类课堂活动的积极性和主动性，就要先为他们创造一个友好的物理教学环境。多媒体课件由于具备图文并茂、生动活泼的特点，能够很大程度上吸引学生的注意力，让他们变得愿意参加课堂上的互动活动，这样有利于加强学生与自己的授课教师、与其他同学、与教材、与学习资源之间的交互关系。我们应当多构建一些具有实用性、合理性的教学平台，让学生愿意在这些平台上进行自主学习，通过平台来拉近师生间的心理距离，这样能够提升学生参与交往和互动的主动性。如果能身处一个舒适的课堂环境当中，座位的编排也非常合理，那么学生的交往动力就会不知不觉地提升。

第三，提升学生课堂交往主动性的另一个因素是要有良好的人文环境。课堂教学过程中如果建立起了师生间平等、和谐的关系，那么这种良性的关系就会促进学生主动参与到教学交互活动中来，有利于激发学生学习的动力，有利于营造一种教师乐于教学、学生乐于学习、师生间乐于交往的课堂氛围。

另外，课堂交互的另一个原动力就是要有良好的学风和教风，学风和教风对学生和教师群体都有示范带动作用，因为群体都会产生凝聚力，这种凝聚力能够对成员产生吸引力，促进学生和教师朝着良性的方向发展。人类有合群的倾向，当一个人的行动与其他多数人的行动相异时，他会感受到一种来自群体的无形压力，迫使自己采取与多数人相同的行动，这种群体的吸引力称为"群体动力"。

（五）有效调整课堂生态因子的生态位

生态位理论认为，生态系统中的种群或物种个体都具有自己的生态位，即一定的时空位置和功能，并以此保持系统的正常运行。教育生态学视界中的生态位主体并不局限于种群和物种，而是包括系统的所有组分。所以，规则制度、课堂布局、信息技术、教学方法、教材、学生以及教师等这些课堂教学生态中的要素均有其生态位。作为课堂主导因子的信息技术是在介入外语课堂教学后慢慢演变过来的，而系统的失衡以及各组分间的和谐关系也深

第四章 基于生态视角的英语课堂模式与优化

受系统内部生态位特征、分离以及重叠等问题的影响。

教师的生态位在信息化语境下需要进行调整。就传统课堂而言，学生学习知识主要来源于教师，教师充当着知识的生产者、转化者；而就信息化课堂而言，知识的生产者、转化者不再局限于教师，还可以是学生本身、多媒体课件、网络资源。相较于传统的生态位而言，既有重叠部分，也有竞争排斥现象，这种生态位的重叠有以下两个方面的体现：一是学生可以通过对网络论坛、知识搜索引擎的运用，来代替教师用以解答学习中出现的问题；二是网络自主学习导致学生在课堂上听课不用心或者直接逃课，因为在网上自学就可以掌握课堂上要学习的内容。在这种情况下，就要求教师对新的课堂身份自觉主动探索，对"传道授业解惑"的传统角色加以转变。不仅如此，生态位特化也是现代信息技术的应用中教师面临的一个问题。得益于现代信息技术的发展，教师的教学课件可以通过网络下载，还能利用音频文件来教学生发音。但以往的教师备课就没有这么简单了，为针对某个单词的用法进行讲解，要在课前通过仔细查阅字典，找到合适的例句后记下来，以便课堂教学使用。繁杂的备课有助于教师的专业发展，丰富的资源导致了生态位特化，使教师的专业发展受限，对此我们应当加以重视并进行调整。

学生的生态位在信息化语境下也需要调整。学生的功能、地位在外语教学信息化的推进过程中变化明显，他们有了新的角色定位，如知识的生产者、分解者，生命价值的实现者，知识的主动建构者，而不再只是被动的知识接受者了。现在课堂的中心是学生，不再像传统课堂那样以教师为中心，那么对应调整学生的地位、角色就是必然要求。要求学生在和谐平等的师生关系建立上更具积极主动性，要求学生在进行网络自主学习的同时也不能忽视课堂活动的作用，要求学生加强自主学习意识。不仅如此，据生态学的竞争排斥原理，当一定的生态位空间被两个及以上的物种一起分享时，一个物种会挤占乃至完全占领另一个物种的空间，生态位被迫产生分离的竞争排斥现象就会出现。外语教学通过借鉴该原理，应一边为防止学生间竞争过于激烈采取个性化、差异化的培养方式，另一边为使得学生的斗志得以激发也要保持适度的竞争。这一方面对学生选择符合自身兴趣的课程，选择教学风格符合自身学习风格的教师产生帮助；另一方面可以帮助学生对自身的生态位加以明确，或多或少可以防止同学间过于激烈的竞争造成的生态位重叠。这些都是基于信息化的个性化教学、分级教学产生的积极影响。

(六)恢复信息化课堂的生态功能

系统的结构和功能是统一存在的,正常的系统功能可以稳定系统的结构,而稳定的结构可以充分发挥系统的功能。但是系统的功能比结构更容易受到环境的影响,所以也具有更大的可变性。系统的内部或外部环境变化会对系统结构产生干扰,甚至会削弱系统的功能引起变异,因此,结构和环境共同影响了系统的功能。现代的外语课堂由信息技术作为主导环境因子,给系统的结构带来了非常大的变动,而系统结构的改变也影响了系统内部的各要素,不仅削弱了促进演化和生态育人的功能,也削弱了课堂生态系统优化结构和调节关系的功能。所以,重新调整系统结构,强化系统功能,优化系统环境,是重新构建大学英语课堂生态信息化的关键。

第一,要使信息化外语课堂的生态功能得到恢复和平衡,就要充分利用失衡系统的自组织能力。外界环境对系统的控制和影响并不能阻碍系统本身具备的能力。但是,要完成系统的自组织过程需要满足一个前提条件,那就是这必须是一个远离平衡的开放系统。为了满足系统远离平衡这一条件,需要能量通过外部环境不断地向系统输入,使系统和它的元素处于一个非静态过程。现代信息技术的应用,让大学英语课堂满足远离平衡的系统这一条件,如要让系统合力,进入相对平衡的状态,就要保证外语教学信息化的多媒体设施投入使用,让信息技术成为这个环境的主导因子,拉动系统其他部分在这个空间里进行移动。

第二,要恢复外语课堂生态功能和实现外语课堂生态的再平衡需要恢复课堂生态机制。保持和重建理想状态的系统结构和功能是课堂生态机制的主要目标,恢复过程中把调控者设定为课堂生态主体,运用课堂生态系统中一些影响因子的特性,并对这些影响因子进行调控。但是在运用和调控之前,要先了解这些影响因子的特点和作用方式,采取"认知—调控—获取反馈—再调控"的方法,对相应的影响因子采取措施,及时地反馈系统对于调控的信息,对调控采取针对性措施。调控措施分为补救和预防两个措施:补救措施作为修正措施,一般在系统失衡之后使用;而预防措施则是作为规避措施在系统失衡之前主动使用。要使调控达到预期的目标,就要有调控主体的能力,而这些能力需要通过学习来不断地进步和提升,如发现和获取反馈信息、认识和分析影响因子、制订恰当的调控方案、选择适当的调控时机等能力。

第三,要恢复信息化课堂生态功能,就要把现代信息技术与外语课堂教学的有机整合作为重点。要实现现代信息技术与外语课堂教学的有机整合,就要把构建师生共建式生态课堂作为目标，把师生的共同成长作为追求，实现生态因子之间的和谐共处，平衡系统的输入与输出，让教学目标和成效相同，让生态化课堂环境得到创建，让师生之间可以平等地对话，运用混合式教学模式，调整师生的角色定位，创建多元教学评价体系，创新多维课堂的教学方式。当现代信息技术与外语课堂生态达到了完美融合时，课堂生态就发展出了新的结构，这种新的结构通过与环境的交互，充分发挥了演化、调节关系、优化结构和生态育人的功能，而课堂教学与信息技术的结合，给系统内部的失调问题找到了解决方法，如英语教学与教师角色和理念的失调，多媒体教学方式与英语教学效果的失调，学生学习效果、学习能力与英语学习目标的失调，传统评估方式与英语教学目标的失调，新式英语教学模式和传统英语教学模式的失调等。

（七）保持课堂生态的活水效应

活水是动力之源，能帮助系统保持持久的动态平衡。生态学上将生态因子的不断优化或物质能量的不断输入而使生态系统保持动态平衡的现象称为"活水效应"。信息化语境下的外语课堂要达到并维持动态平衡，就必须依靠源源不断的"活水"，这里的"活水"既可以是系统内部各生态因子的优化，也可以是来自系统外部的物质和能量输入。

第一，只有让课堂的生态因子不停地优化，课堂生态才能发挥活水效应。课堂的生态因子不断优化即教师、学生和课堂环境在不断地优化。现在的外语教学充满了信息化气息，教师一定要积极地掌握现代教学方法，提高自身的教育水平，使用新的教学手法、新的教学技巧和新的评估规则。学生应该增强自身的科学观念，学习现代教育观念，塑造优秀的学习风气，不断完善自我，提高自学能力。不仅学生要具备终身学习的意识，教师也应当有终身学习的自觉性。只有如此，才能不断完善自身素质，增强学习能力。要想营造一个良好的课堂环境，首先就要建立起学生和教师之间和谐的关系，要让课堂气氛更加活跃，班风更加积极向上，调整好学生的座位，利用好多媒体教室，等等。只有课堂生态结构得到合理调整，才能为课堂输入新的发展动力，让整体学习系统平衡发展。

第二，只有从外部不断输入物质和能量，才可能产生课堂生态的活水效应。课堂生态系统是开放的，其不停与外界环境进行物质和能量的交互。教师一定要有终身学习的态度，不断完善自我，增长教学能力，通过和外部环境交换信息，学到新的教学技巧，掌握最新的科学技能，创造良好的教学氛围，从而提高自身的教学水平。除了教师不停学习新知识外，学生也要在内外环境中进行物质和能量的交互和信息的交换，要不断地掌握新的知识，调整自己的学习态度，培养自己良好的学习习惯，提升自主学习的能力。教育部门对课堂教学的重视，为教学配备各种系统设备、增加科研经费等，就是外部物质和能量输入的一种体现，这些行为都是为系统注入新鲜"活水"，有利于整个系统的平衡发展。

第三，只有多样化创造各种条件，才能让课堂生态的活水效应得到充分体现，才可以让课堂生态中物质、能量和信息及时交互。从生态链的原则中可以看出，物质、能量和信息在生态系统中的交换会出现富集和降衰的现象。富集是指聚集放大的效应，降衰指逐级递减的效应。例如，就课堂生态中的知识传递而言，教师在课本上学到了知识，然后再教给他的学生，这一知识传递的过程经常会出现降衰现象。说得通俗一点，课本上有十成的知识，教师只可能学到九成，教师再把知识教给学生，学生最多只能学会八成的知识。如果信息传递中出现了某些阻碍因素，降衰现象就会更加明显。我们认为，教育生态系统如果呈现降衰情况，能量和物质的传递渠道就会很简单，还会呈现单一的流动，信息传递变得很困难，教育生态系统就没有生机和活力，发展就会更加缓慢。因此，要增强课堂生态的活力，就要拓宽学生和教师的信息源头，要在信息流通过程中运用现代信息技术，运用真实语境的优势，避免信息流通里降衰的发生，让学习者在信息传递中出现富集现象。

第五章　英语课堂模式的多元化发展与运用

随着对传统课堂教学模式的进一步反思和教育改革的深入发展，多元化教学模式逐步走入英语课堂。英语是学生需要学习的重要文化课之一，学生英语水平也是其综合素养的重要组成部分，所以英语教学要从激发学生的英语学习兴趣着手，促进学生英语专业素养的提高。本章重点围绕英语课堂模式中课内外资源创新整合、英语分级教学与体验式教学模式运用、英语任务型与情感教学模式创新运用、英语教学中项目导向教学的创新运用展开论述。

第一节　英语课堂模式中课内外资源创新整合

立足英语课堂实际，教师要着眼于课内，延伸课外，整合教育资源，拓展学生英语学习趣味化途径，提高英语教学效率。在英语课堂学习中，教师要指导学生明晰方向，强化英语练习与实践，增进语言表达与交流，找到适合学生自己的学习方法。

第一，挖掘课内教学资源，提升学生学习的自觉意识。创新教学，最有效的方式是让学生自觉学习。以预习为例，教师通过布置预习作业，有计划地培养学生的问题意识。例如，在教学家庭成员不同称谓时，我们设置"Family Tree"预习任务单，让学生在家里结合所要学习的英语词汇，将家庭成员关系制作成"树"状结构，并将 grandpa、grandma、father、mother、uncle、aunt、sister、brother 等进行英汉对照。通过学生自己动手实践，一边预习词汇，一边把握各自的关系，增强学生词汇记忆效果。同时，"在课堂教学中，教师要善于挖掘隐形资源"①。例如，英语词汇的发音教学，课堂时间有限，学生可以在课前听录音，跟读学习。通过听读训练，学生将预习中存在的问题在课堂上提出来，教师结合学生需求展开针对性讲解，提高课堂教学效率。

第二，衔接课外资源，从生活中积累英语。对于英语的学习，教师要重视生活化教学，联系学生生活，从生活中发现英语，认识英语，应用英语。在平时，我们看到一些包装袋、说明书等，多为中英文对照，这些都可以作为学生学习英语的阅读资源。同时，回到校园中，可以联系自己生活的环境，对于一些标识信息，思考如何转换为英语，这些作业促进了学生从社会中汲取相关知识，并运用英语翻译方法来学以致用。

第三，拓展"趣味化"英语学习途径，顺应多媒体学习环境。每一个学生都希望自己是一个发现者、探究者、学习者。在英语创新教学中，教师要积极探索更为多样的英语学习途径，特别是依托互联网，引入多媒体移动学习，激发学生英语积极性，增长英语知识。同时，引入英语学习App，推进移动学习，如有道英语词典，学生在遇到不会读、不懂的英语词汇时，可以进行查找释义，还可以了解该词的近义词、反义词，以及与该词相关的词组、例句等内容，既节约了学习时间，也丰富了学生英语体验，提高了词汇学习效率。除了词汇学习App外，还有英语阅读App、英语语法App、英语句型App等，这些App以图文并茂的方式让英语学习不再枯燥。学习英语要让学生去用英语，学会用英语表达，完成语言沟通与交流。

总而言之，在英语创新教学实践中，教师要关注学生英语综合能力，拓宽课内与课外资源的衔接，让学生产生英语学习的兴趣。

第二节 英语分级教学与体验式教学模式运用

一、英语分级教学模式运用

基于分级的英语教学是改革我国大学英语教学的主要方式，实施分级教

---

① 顾赟.整合课内外资源，创新英语教学模式[J].英语画刊（高级版），2020（10）：119.

学非常重要，它有利于更好地贯彻落实我国的教育方针，大力发展学生的英语交流和实践技能，同时培养学生的自主学习能力，提高他们的综合文化素质。分级教育具有许多优势，教师可以教育不同水平的学生，满足不同的教学需求，并为学生建立一个更好的平台，以展示他们的英语才能，为他们创设出更为合理、更为科学的学习条件，尽量激发他们的潜能，提高运用语言的水平，不断向最终的目标前进。分级教学在我国各高校的实施充分体现出我国高校英语教学的新趋势，逐渐向科学的现代教学模式转变。英语分级教学法的应用需要注意以下三个方面：

（一）重视教师主导，明确学生主体定位

学习是通过个人与环境之间的相互作用，基于学生现有知识和经验的过程，而不是一个被动吸收、反复练习和强化记忆的过程。因此，教师需要明确学生是教育的对象，帮助他们充分发挥学习主动性，并提高他们独立学习的能力，从而在真正意义上实现学生对知识的自我构建。在分级教学模式下，教师更应对学生的个体差异给予重视，务必对不同级别学生实行不同的教学进度，与此同时，鼓励学生制订自己的学习计划。学生在制订学习计划时要考虑诸多因素，如个人学习目的、英语水平以及学习能力等，不仅如此，计划中还要包括学习的具体时间及内容，越详细越好。学生如果长期坚持，那么会得到很多益处，逐渐学会自我决策、自我管理的方法，从而达到自主学习的最终目的。这样，学生就能够成为确定自己目标并创造学习机会的自主学习者。

在教学过程中，教师与学生要建立一种和谐的关系，创造出和谐的学习氛围，如此一来，会在很大程度上激发出学生的潜质，使其发挥出创造才能，提高其学习积极性以及自主学习能力。学生自主并不意味着完全独立。高校英语教师最重要的职责就是想方设法帮助学生学习英语知识，争取达到知识获取的最大化，提高相应的技能，鼓励并督促学生寻找并运用适合自己的学习方法，除此之外，还要引导学生制定学习目标，并评估学习效果。

现在学生的学期成绩由期末考试成绩和平时成绩组成，即终结性评估和形成性评估相结合。但终结性评估的比重大于形成性评估，考试为主，平时学习表现为辅。为了鼓励学生自主学习，我们要改变现有模式，加大形成性评估的比例。特别是对于成绩较差的学生，我们可以运用以形成性评估为主、终结性评估为辅的评估体系，同时加强对他们的监控和督促，并采用激励机

制，让他们养成学习英语的良好习惯，使他们逐渐做到想学、能学和坚持学。

（二）树立学生自信心，激发英语学习兴趣

兴趣能够起到促进学习进步的作用。如果学生在学习过程中没有兴趣作为支撑，那么学习就成为一种负担，从而产生消极情绪。如果学生拥有浓厚兴趣，对学习会有很大的热情，从而产生积极的情绪。由此可知，学习兴趣可以上升为学习动机，激发学生的学习积极性，从而达到最终的学习目标。因此，教师一定要先从自身做起，热心帮助学生，使之重建信心，进一步激发英语学习的兴趣。具体的做法表现为以下三个方面：

1. 调动学生的积极性

为了让学生更好地理解教学内容，教师应积极改变教学方法。随着信息技术的不断发展，教师可以顺势利用多媒体、网络等信息技术手段来辅助教学，这种多媒体网络信息技术用更加形象、直观和生动的形式，对学生加深知识的理解和记忆的强化具有很大助益。在课堂上，学生学习的兴趣和积极性直接关系到学生的学习成效，所以教师可以想方设法利用各种活动来调动学生的积极性，可以给学生提出一些任务，这些任务一定要有十足的趣味性，而且要和生活紧密相关，这样学生才会有兴趣完成。如教师可以在课堂上采用情景话剧的语言训练形式，先对学生讲解关于问路、吃饭、购物等常用的生活用语，学生对其了解后，教师规定时间让学生进行相关的情景对话训练。对话完成后，教师根据学生的表现，对其做出评价，对表现好的同学进行表扬，增加平时表现的成绩；对表现不太好的同学给予鼓励，希望他们再接再厉，争取下次取得好成绩。

2. 加强师生间的沟通

教师要有一定的心理准备，要有极大的耐心，要对学生做到全面客观的认识，每个人都有自己的专长，对英语成绩不好的学生，要像对待成绩优秀的学生一样关心和爱护他们，对他们做到平等、尊重、理解。如果师生关系很和谐、友好，那么无论从学生还是从教师的角度来看，课堂教学都是一个十分愉快的过程，学生会感受到教师给予的温暖，从而产生幸福感，这有利于课堂的学习。学生的学习效果与师生关系是紧密相连的，学生在如此良好的师生关系中进行学习，思维会变得更加活跃，对教学活动更有兴趣参与，消除对自己的质疑，增强自信心。学生面对教师对其关怀会产生一种感激之

情，也更有希望向前迈进。因此，教师要经常与学生交流、谈心，把自己看作他们的好朋友，了解他们对于英语学习的真实想法，找出他们在学习中的困难之处，与他们共渡难关。

3. 使学生获得成就感

在学习者的心理上，学习的最终成果怎样在学习者的心理上会引起不同的情感体验。如果学生在课堂中总是能感觉到成功，这势必会增强自信心，对英语学习越来越感兴趣，从而形成一个良性循环。教师应该不断为学生创造英语学习成功的机会，让他们尽可能体会到成功的喜悦。如正确地回答教师提出的问题，乃至读对一个段落、一个句子、一个单词，这些学习过程中微小的成绩都可视为学生的成功加以表扬，这样学生体验成功的机会增多了，信心的建立也更加容易。一般而言，学生很在意教师对他们的看法与态度，这就要求教师要将情绪中积极的一面展现出来，教师要经常给予学生鼓励和表扬，即使学生没有正确回答教师提出的问题，也要及时地给予鼓励，让学生不要灰心，下次争取回答正确，从而发挥出进一步启发引导的作用。在教师的引导下，学生能够很好地完成课堂训练时，教师要及时给予肯定。另外，在平时的作业批改中，教师也要对学生进行鼓励，写一些积极的话语，这样会传递给学生一种温暖和成功感，对学生的英语学习是一种激励。

（三）增强学习方法指导，培养学生自学能力

教师在教学过程中应重视指导学生有关学习方法的问题，如很多学生没有掌握单词记忆的方法，认为单词只能靠死记硬背，但是过一段时间就忘记了，这成为学生在英语学习中常见的问题。教师在教学过程中要经常引导学生用正确的方法学习单词，如构词法、归类法、联想法以及拼读法等。有的学生经常埋头默写单词，这种方法既枯燥又收不到效果。实际上，有一种方法可供学生参考，那就是"大声朗读法"。"大声朗读法"是指大声朗读正在学习的单词，并反复训练言语器官和耳朵。久而久之，朗读单词的声音就会刻在脑子里，不仅听力得到了提高，而且英语发音也得到了改善，单词自然也记住了，达到了"一举三得"的显著效果。此外，教师要利用合理的方式让学生认识到学习观念的重要性，还要教育学生在课堂上认真学习，积极参与教师组织的活动，在课下也要主动学习相关知识，要求学生不仅要接受教师的指导，还要尝试自主学习，只有学习观念发生了转变，才会形成正确的自学态度。

◆英语课堂模式及其形成性评价构建

教师要引导学生养成完整的学习习惯，如课前预习、课后复习、适当布置一些课前预习的作业。在上课时，教师要对学生的预习情况进行大致了解，主要以提问的方式，这在一定程度上起到督促的作用。为了更好地帮助学生查漏补缺，教师还要适当安排一些单元测试，这样就能比较直观地让学生意识到知识上的漏洞，从而尽快弥补，为下一个单元的学习打下良好基础。再有，教师应培养学生独立思考的能力，遇到问题先自行研究，实在不会再问教师。进行课外阅读也是提高英语水平的一个途径，因此，教师要鼓励学生开展课外阅读，课外阅读可以扩大高校生的知识面，提升对英语学习的兴趣。

综上所述，分级教学无疑使高校英语教学变得更加有效。教师一定要充分发挥自身的作用，为英语教学做出贡献。教师需要正确地理解不同类型学生的学习状态，做到分级教学，只有这样才能提高他们的学习成绩，从而达到教学目的。

二、英语体验式教学模式运用

（一）体验式教学及其特点

对于体验式教法，简言之就是"亲身经历，以认识周围的事物"，也可以解释为亲眼所见、亲身所做来获得知识、技能的过程。教育学中对"体验"的解释，主要是建立在对事物的真切感受、深刻理解基础上，并形成有意义的活动。在学习领域，学习者通过自主体验来获得知识的建构，并在原有经验基础上完成对新知识的学习、加工、重构。也就是说，学习过程不仅是简单的信息输入、存储、提取过程，而且需要把握新旧知识、经验的相互作用、渗透和综合，完成知识的应用与输出。体验式教法的重点在于体验，从体验中学习，关注学习过程的亲身经历。这种教法，将关注学生的自主性、发挥学生的主体意识，培养学生的主观能动性作为前提，带领学生从知识的学习、体验中来形成认知和素养。

体验式教法的特点表现在以下四个方面：一是启发性。体验式教法在应用中，要坚持学生的主体地位，关注学生的认知需求，借助问题或创设学习情境，来启发学生的学习思维，从认真探究中发现问题、解决问题。体验式教法中的问题情境，要通过学生的观察、思考、推理、总结、反思等方式，激发语言学习潜能，提高学生思维力。二是互动性。体验式教法不是学生的"独舞",也不是教师的"独白",而是在师生之间融入多方、双向互动。互动是体验式教学的重点,教师要引领学生参与学习、激发学生自主思考,营造良好的英语学习氛围,促进师生和谐平等交流。三是自主性。自主性是体验式教学的特色,也贯穿体验式教法的全过程。学生带着问题,从兴趣、爱好、目标入手,去展开自发思考、自主探析、自觉反思,在学习体验与亲历中培养英语实践能力。四是发展性。体验式教法不仅注重学生对英语知识的理解、消化、吸收,更要注重学生学习方法的形成,培养良好的英语学习习惯。

(二)英语体验式教学的评价体系

在具体的语言教学实践当中,教师大多会有意识地采用以语言体验为核心的语言教学基本原则,随着 5G 网络等出现,网络环境下的体验式英语教学出现,其主要是指以现代计算机—网络技术为基础,在教学实践中为学生创设体验式的学习环境,并且这种学习侧重学生听说等实际应用能力的发展,与此同时,教师也不可忽视学生个性化发展的基本需求。在教学实践中,教师应当逐步培养学生的自主学习能力,引导学生对课堂提出的问题进行深入探究。当然,课堂的教学时间是十分有限的,因此引导学生把握好课外时间进行学习,也是教师教学职责中的一部分。总而言之,通过一系列的教学实践,一定能够引发教师在教学改革方面的诸多思考,这些思考都是促成教师转变教学思维的重要因素。在教学实践活动当中,只有不断解决新出现的问题,不断对教学的各个环节进行改进,才能够不断提高教学质量。下面重点探讨英语体验式教学法的评价体系构建。

1. 英语体验式教学环境评价

英语体验式教学环境评价构建离不开体验式教材评价,体验式教材的评价标准应基于以下特性:

(1)规范性和代表性,这一点主要体现在语言所表达的信息是否正确、经典,语言表达方式是否规范。因为经典与规范是评价一本教材语言表达的最基本标准。

(2)实践性,体验式教材应当注重营造特定的情景,特别是多元化的交际情景。

(3)逻辑性,逻辑是否足够清晰,在一定程度上影响到教材的整体质量。因此,体验式教材无论是在局部还是在整体,都应体现出明显的逻辑关系,做到每个章节之间相互照应,知识点的教学承上启下。

（4）文化内涵和社会性，如今，文化教学观念在英语教学中占有很大比重，语言是文化的载体，语言的教学离不开文化素养的教学，在体验式教学教材中加入更多文化引导，能够增强学生的跨文化交际意识。只有当文化信息鲜明时，学生才能逐渐对目标文化产生深刻的理解，并促使其将母语文化与目标语文化进行对比。

（5）批判性，在进行体验式高校英语教材编写时，必须从不同的角度进行思考，并提出不同的观念。如果仅从一个角度进行编写，必然会沦为说教式的教材，导致学生无法从教材中获得多元化的内容。

（6）交互性，体验式教材一定要为学生营造良好的交流环境，因此交互性是体现其价值的重要特征，体验式教学中必须包括一系列任务，并以任务为线索引导学生参与语言交际活动。

此外，在高校的英语教学网络中，体验式多元化的网络环境评价体系构建，旨在从多个角度对网络自主学习环境进行全方位的评价。与此同时，需要关注学生应用网络进行学习的成效，以及教师运用网络对学生进行管理的成效。在确立指标时，首先要明确的是，我们必须建立一个和谐、规范、健康的网络环境。在这一环境中，学生与教师能够进行自由的多元化沟通。网络平台和外部知识信息之间能够相互形成良性的循环。

2. 英语体验式教学效果评价

效果评价机制，是指对学习的整个过程进行跟踪监测并将结果反馈出来的一种机制。对学习效果进行评价的根本目的，在于让学生明确下一阶段学习的起点，从而设定符合自己能力的学习目标。效果评价应当建立在多元化评价理论的基础之上，并结合具体的实践成果。体验式英语教学效果评价的指标参考可以包括：①在日常课堂教学中注意营造良好的课堂氛围，保证课堂秩序活跃但不散乱；②注重学生信息反馈。教师应当及时掌握学生和学习小组提出的反馈信息，并根据这些信息对自己的教学行为和教学计划做出及时调整；③教师应当及时了解学生学习知识和掌握语言技能的程度。根据学生不同时期遇到的困难与问题，及时调整教学策略，力求学生语言应用能力的不断提升和综合专业素养的稳步提高。

3. 英语体验式教学评价方法

英语体验式教学评价方法一般有实证性与人文性两种方法。实证性方法能够依据客观事实和数据得出结论，它的优点是准确、高效。但是，尽管这种方法能对评价对象进行准确的描述，可容易导致重结果、轻过程的情况。这种方法具有很强的说服力，在这一过程中，它以严密的数学方法精确分析所得资料，同时，也缺乏一定的灵活性。相比较而言，人文评价能及时、有效地解决评价过程中出现的问题，同时能够在评价中，及时地关注评价过程中相关人员之间人际关系的交流。更重要的一点是，这样的评价体系，在实践中具有很强的针对性，它不仅能够重视问题，而且还能够深入分析问题背后的原因，因此在这一过程中能较好地发挥评价的功能。

4. 英语体验式教学评价核定

在传统的教学模式当中，教学评价更多关注学生的考试成绩，而新的教学评价体系则不应只关注学生的考试成绩，还需要对学生在学习过程中的情感体验、学习态度、价值观念等方面做出综合评价。但我们也不能完全取消对考试分数的评价。所以，体验式高校英语教学，应该是教师与学生共同参与完成的一个整体性过程。在这一过程中，教师不仅需要在教学过程中，实现教学目标、提高教学水平，更重要的是对教学过程有清楚的认识和有效的监控。此外，在这一过程中，还要求注意妥善运用学习评价，这是一种作为监控之一的手段。在这一过程中，既能帮助学生在学习过程中了解课程重点及自己的学习进展，还能通过运用一套设计得当的评价方法，及时有效地帮助他们掌握所学的知识和技能，这样的方法能够给学生以成就感，进而激发他们在这一过程中产生学习兴趣。

（三）英语体验式教学的运用策略

第一，打造精品英语体验课程，促进学生职业能力发展。对体验式教法的运用，要结合不同学科专业特点，积极打造精品体验课程。建议联合专业骨干教师、行业、学科技师，从职业发展需求入手，构建与行业岗位相结合的实用性英语课程。例如，酒店英语要融入酒店服务的各个流程中，要与酒店管理、人力资源管理专家共同分析，确定酒店管理英语岗位的知识结构、课程内容、课程群特点，确定学生应具备的职业沟通、团队合作、岗位胜任力等英语素能。同时，精品体验课程建设要以体验式教法为核心，细化职业场景，引入任务驱动，合理穿插与职业岗位相一致的教学情境，让学生从中真正学到英语知识，锻炼英语能力。

第二，关注英语教学项目化建设，着力提升口语交际能力。项目化教学是以高职英语就业需求为基础，通过"教、学、做"一体化改革，借助项目化教学来增强学生的英语综合能力。例如，引入欧美相关课程及教学内容，将艺术、科学、自然、社会等学科知识融入情境体验教学中，拓展学生的知识面。关注学生英语口语能力训练，特别是以角色扮演、情境模拟等方式，围绕学生的兴趣搭建活跃、趣味的英语交际情境，让学生从英语交际对话中进行操练，发展英语口语能力。

第三，强化校企合作，搭建英语体验平台。英语体验式教法的推进与实施，还要兼顾英语学科的应用性、实践性，积极利用校企合作，来拓展学生的英语应用渠道，特别是利用校企合作课程资源建设，增加学生的体验机会。如借鉴创新型高校英语教育理念，依托产学研搭建职业英语学习体验平台，让学生主动去体验英语、应用英语。构建开放式英语学习模式，利用现代媒介技术，搭建课内英语、课外英语合作机制，让学生能够多途径学习英语，满足学生体验式学习需求。另外，体验式教法还要兼顾课程、课时、教学内容的整合，利用校外企业实训平台，优化体验式教学活动设计，促进学生英语理论与实践技能的对接。

第三节　英语任务型与情感教学模式创新运用

一、英语任务型教学模式的创新应用

英语任务型教学模式的创新应用主要通过任务型教学法来体现。任务型教学法兴起于20世纪80年代，它强调"做中学"，是一种语言社会化和课堂真实化的语言教学方式，该教学法对英语教学具有十分重要的意义。"任务型教学法注重师生之间的沟通与交流，强调课堂教学效率的提升，为中国高校英语教学模式的改革指明方向，也为英语人才的培养创造契机。"[①]

（一）英语任务型教学法的原则

任务型教学法在大学英语教学中应用较为广泛。在明确了任务型教学法的兴起背景、类型、原则等理论知识的基础上，为了在大学英语教学中更好地应用和实施任务型教学法，教师应该在实施任务型教学法时明确其原则，

---

① 苏丽敏. 论任务型教学对高校英语人才培养的潜在作用 [J]. 黑龙江高教研究，2016（2）：155.

第五章　英语课堂模式的多元化发展与运用

主要包括以下六个方面：

1. 真实性原则

在具体应用和实施任务型教学法中，教师应该保证教学任务设计或教学活动设计的真实性。具体而言，就是教师要明确语言交际应该在怎样的情景中发生，或需要怎样的情景进行交际。可见，真实性原则是教师在教学中实施任务型教学法必须遵循的原则。只有使语言与情景有效融合，才能实现交际的目的。如果没有真实性的情景，交际也很难顺利进行，语言知识与情景也很难融合在一起。另外，教师应该从思想上意识到真实性原则在任务型教学法实施中的重要性，应该重视语言知识的情景性设计，鼓励学生不断适应新的情景，同时引导学生利用各种手段和途径来理解语言知识情景。在此基础上，学生还应该学会将自己学习的语言知识与新的情景有效融合，从而实现知识中有情景、情景中有知识的多元化体系。

除此之外，需要强调的一点是，在大学英语教学中，绝对的真实性情景并不容易实现，这里强调的真实性原则并不是绝对的真实性，而是要求尽可能地真实，尽可能地与现实生活贴近，或尽可能地为学生提供真实的教学情景、学习情景和交际情景。

2. 互动性原则

语言教学需要互动性，大学英语教学也不例外。在任务型教学法实施过程中，也应该注重互动性。互动性强调的是交际双方在交际过程中的双向性，无论是对话、会话，还是讨论都是互动性的。具体到日常生活中的交际，最为常见的交际方式也是双向的。不可否认的是，在日常生活交际中，也存在一些单向的交际方式，如话剧中的独白就是常见的单向交际方式。

在交际过程中，互动性是语言输出的基础，是信息交流的前提，是意义协商的保障。在互动中，必然有合作，必然有交流。需要指出的是，互动还需要一定的条件，话语常规、人际关系、交际需求等，只有这样，才能保证互动是有意义和有价值的。同时，在互动过程中，为了能够保证互动的顺利性和有效性，互动双方还应该选择不同的语言交际形式。另外，互动的过程既是交际双方互相了解对方的过程，也是获得交际需求的过程。由此可见，互动能够使交际双方更好地认识语言、了解语言、理解语言和使用语言。

具体到大学英语教学中，英语教师在应用任务型教学法的过程中，也应该遵循互动性原则。例如，在大学英语教学过程中，教师可以通过对话、提问、交流、讨论、合作等形式来实施教学。同时，教师应该充分发挥互动的作用，采用多种方式鼓励学生主动发言、主动交流、积极提问、主动辩论等，这样有利于学生从中感受到互动的乐趣，激发学生学习英语的兴趣。另外，教师应该将互动性贯穿于教学的整个过程，多布置一些互动性的任务，鼓励学生积极参与到互动活动中，从而使学生更好地完成任务。

3. 信息差原则

信息差，简单理解就是交际双方之间各自拥有的新信息。信息差的实施必须有共享信息作为基础。只有交际双方在共享信息的基础上，才能通过交流和交际来获得各自所需要的新信息。这就是交际双方交际的最终目的。

在进行交际或理解任务的过程中，交际双方较为重视任务的内容、意义等，并不重视语言采用的形式以及语言的表达、语法的准确。交际双方只要理解了任务内容以及表达的意义，就可以称得上交际的成功或任务执行的成功。因此，教师在教学中实施任务型教学法过程，应该关注信息差，了解共享信息的基础作用，理解双方的交际需求，明确任务本身所要表达的意义或价值。

4. 可操作性原则

任务性教学法在实施过程中，还应该注重任务的可操作性。如果任务或教学活动设计得过于复杂或过于难，就不利于学生顺利完成任务。同时，在设计教学活动或教学任务的过程中，教学道具、教学内容、教学时间等都应该合理安排，既能够满足教学需要，又能够将教学的内容和意义表达出来。另外，有一些教学活动或教学任务，有时间的限制，要在注重可操作性的基础上，在设计教学活动和任务的过程中，充分考虑多种因素，将课堂教学与课后练习相结合，同时可以借助一些道具或利用一些信息化教学手段来进行设计，进而鼓励学生积极主动地完成任务。除此之外，为了增强任务的可操作性，在设计教学活动和教学任务的过程中，教师应该使任务设计的内容更加简明扼要，可以将任务做成能够修改的方式，还可以对任务中的内容进行重复运用。

5. 注重做事原则

在任务型教学法实施过程中，教师还应该重视做事过程。在具体的任务设计中，教师应该多布置一些动手动脑的任务，并鼓励学生通过手脑结合来完成具体的任务。实际上，学生做任务的过程就是做事的过程。具体到语言教学中，就是用语言完成事情的过程。在这一过程中，学生不仅要对问题进行思考、分析，还要寻找各种方法解决问题。另外，教师还应该引导学生具体问题具体分析，不同的问题有着不同的做事技巧，从而选择科学、合理的方式来解决具体的语言问题，最终在认真做事的过程中完成语言任务。

关于语言教学中，究竟应该重视教学过程还是教学结果。不同的教学方法研究有着不同的观点。任务型教学法研究者认为过程比结果重要得多。在做任务，即做事的过程中，学生就可以思考问题、分析问题、解决问题，从而使自己的语言知识更加丰富，使自己的语言体系更加健全。

6. 弹性模式原则

在任务型教学法实施过程中，教师还应该重视弹性模式。换言之，在设计教学任务和教学活动的过程中，教师应该结合具体问题进行具体分析，不能将任务设计成固定的模式，而应该将弹性模式融入具体的任务型教学中，只有这样才能促进任务教学法的广泛应用。

（二）英语任务型教学法的特点

1. 注重教学内容的真实性

任务型教学法注重内容的真实性，这是任务型教学模式的显著特点。具体而言，任务型教学的内容大多数与学生的日常生活密切相关，同时教学活动也是丰富多彩和富有层次的。任务的不同阶段有着不同的任务或活动设计。例如，任务的初级阶段，主要注重的是意义的建构和机械性的活动；到了任务的中级阶段尤其是在任务的高级阶段，主要注重的是知识运用方面的活动设计。无论任务的内容如何设计，都要尽可能地贴近学生的生活，保证内容的真实性。

2. 重视任务链的循序渐进

在传统的教学模式中，虽然有着具体的教学程序、任务和步骤，但大多数教学程序、任务和步骤之间是孤立存在的，并没有紧密的联系。而任务型教学法包含数个不同的任务，且每个任务之间并不是孤立存在的，而是相互联系、相互制约、相互促进的。具体而言，在任务型教学模式中，任务的设置都是循序渐进的，遵循着由简单到复杂的顺序，同时，任务与任务之间都是紧密联系在一起的，具有层次性、关联性、连续性等特征。

◆英语课堂模式及其形成性评价构建

另外，任务型教学涉及的任务较为广泛，单一的、综合的、输入的、输出的、初级的、高级的等。正是这些广泛的任务形成了一个循环的任务链，相互促进、共同发展。

3. 教师与学生角色的转变

在任务型教学法中，教师不再是权威者，不再处于语言教学的主体地位，这就确立了学生的主体地位。教师的角色发生了一定的转变，教师负责设计任务、提供资料、组织教学活动、引导学生学习等。可见，教师由传统的权威者转变成设计者、提供者、组织者、引导者、示范者等。相应地，学生的角色也发生了一定的转变。在传统的语言教学模式中，学生的主体地位被严重忽视，学生是知识的被动接受者。而在任务型教学模式中，学生的语言项目使用不受限制，可以个人独自完成学习任务，也可以与小组内的其他成员通过合作的形式完成学习任务。学生可以自由使用语言形式和项目，充分发挥自己的特长，发挥自己的创造力等。总而言之，任务型教学模式以学生为中心，学生由传统的被动接受者转变为主动参与者、自主学习者、主动思考者、积极合作者、调控者。

4. 教学评价的方式转变

任务型语言教学法与传统的语言教学法在评价方式上有着很大的不同，下面从不同的方面对其进行简要分析：

（1）从评价目标而言，传统语言教学法注重评价的结果、最终的成绩等；而任务型语言教学法注重评价的过程、能力的提高和发展。

（2）从评价内容而言，传统语言教学法注重单一语言知识的传授；而任务型语言教学法主要重视的是语言的应用能力、语言的学习过程。

（3）从参与评价主体而言，传统语言教学法主要注重教师评价，评价的主体具有单一特点；而任务型语言教学法的评价主体具有多样化的特点，不仅包括教师评价、学生评价、同伴评价，还包括家长评价、社会评价等。

（4）从评价手段而言，传统语言教学法主要采用的是单一性的评价手段，通常主要通过采用固定性考试的手段来对学生的学习情况进行评价；而任务型语言教学法采用的评价手段也是多元化的，不仅包括测试性与非测试性评价，形成性评价与终结性评价，同时，还包括教师评价、学生间互相评价、学生对自己的评价等。

（5）从评价效果而言，传统语言教学法受应试教育的影响，用考试和分数来衡量教学的效果，教师之间、学生之间的攀比性很高；而任务型语言教学法注重学生合作精神的培养，鼓励学生积极主动地参与学习活动。

二、英语任务型教学模式的创新阶段

（一）任务前阶段

任务前阶段是大学英语任务型教学模式实施的前提。准备阶段与呈现阶段都是任务前阶段的实施步骤。任务前阶段是任务型教学模式不可缺少的阶段，其主要作用主要包括两个方面：一方面是通过任务前的准备工作和呈现工作来激活学生的已有知识体系和思维，使学生能够在已有知识体系的基础上构建多元化的语言系统；另一方面是为任务实施的下一阶段做准备，使学生能够积极主动地学习，积累丰富的知识，为任务的完成奠定基础。

第一，任务的准备。在任务的准备阶段，学生要积极地参与到任务中，并通过多种手段获取信息并对信息进行相应处理，同时要对这些信息内容进行表达，从而提高自身的语言技能和表达能力。具体到大学英语教学中，教师在任务准备阶段，还应该注意英语输入的真实性以及英语任务设置的难易程度。只有这样，才能使学生更好地为英语任务的下一阶段做好准备。

第二，任务的呈现。任务的呈现，简单理解就是教师向学生介绍需要完成的任务。同时，强调完成这一任务需要学生利用新的语言知识。除此之外，教师还应该根据学生的具体学习情况，为学生创造真实的情境，从而调动学生学习语言的积极性。

（二）任务中阶段

任务中阶段对学生的语言习得起着至关重要的作用。在任务中阶段，教师应该结合学生的实际学习情况，合理选择任务，避免任务的难度过高或过低。具体到大学英语教学中，一旦出现任务过高或过低的现象，教师要针对存在的现象采取具体的对策。

在任务实施过程中，学生为了更好地完成任务，可以采取多种方式，如小组形式、辩论形式、自由组合形式等。在大学英语任务型教学模式中，小组活动的形式比较受欢迎。在进行小组活动设计中，要明确小组任务与个人任务并不是孤立存在的，而是相互促进的，同时要明确师生之间的关系与角色转变。在小组活动开展过程中,教师要及时进行指导,从而促进教学目标的实现。

除此之外,教师可以与学生积极互动,甚至主动融入小组活动中,与学生共同参与任务、共同学习、共同讨论,从而形成平等、和谐的师生关系。同时,教师还可以及时了解学生完成任务和对知识的掌握情况,并以此为依据,及时调整教学方式,从而促进任务的高效完成。

(三)任务后阶段

经过任务前阶段、任务中阶段,就进入到任务后阶段。这一阶段的实施主要包括对任务的汇报和评价。经过任务的实施,小组内可以选取代表在课堂上进行发言,总结和汇报本组内任务完成的具体情况。在这一过程中,教师主要扮演着指导者的角色。之后,教师应该对每个小组任务完成的情况进行评价。不仅要指出小组完成任务的长处,还要指出小组完成任务的不足,从而使小组明确自己的优点和不足。同时,教师应该给予优秀小组一定的奖励。另外,在任务评价过程中,教师不仅要科学、公平地评价每个小组,还要鼓励学生与学生之间进行评价,这样有利于学生正确认识自己,客观评价他人。

三、英语情感教学模式的创新应用

英语情感教学模式的创新应用主要通过情感教学方法来体现。情感教学具体指的是教师在教学过程中对认知因素予以充分考虑的同时,借助一定的教学手段,通过激发、调动和满足学生的情感需要来完善教学目标,增强教学效果的教学模式。情感教学具体是指教师以教学活动为基础,运用一定的教学手段来调动、激发和满足学生的情感需求,从而努力实现认知因素和情感因素完美统一的过程,以期达到提高教学效果及促进学生全面、和谐发展的目标。教学实践活动应该在遵循教学原则的前提下来开展。虽然在课堂教学中不能直接学习情感,但是情感却真实间接地影响着学生的学习效果。英语情感教学方法的创新应用,需要遵循以下原则:

第一,寓教于乐的原则。在教学活动中,教师应当在能够保证教学活动正常进行的前提下践行寓教于乐的原则。教师不能把调动学生的情绪作为整堂课的主要内容,而应当把调动学生的积极性作为教学活动的出发点,激发学生的学习兴趣,使学生的课堂学习情况达到最佳状态,让学生在愉悦的情绪下学习和接受教学活动，这才是寓教于乐的核心原则。

第二，移情的原则。移情原则就是一个人的情绪可以影响和转移到别人的身上，在教学活动中具体体现在以下两个方面：一方面是教师的个人情感、道德品质、人格以及个性魅力、教学水平等相关因素直接影响着学生的情感，进而影响到教学效果；另一方面是课堂教学中的教学内容，如课文中的人物情感世界也会影响着学生的情感，在实施这一原则时，教师应该主动引导学生来感受作者的情感和意图以及课文人物的情感。

第三，情感交融的原则。教学活动是在教师和学生之间进行的。教师和学生之间的情感交融，将直接影响着学生的情感反映和教学活动的效果，同时师生关系的和谐情感，将有助于提高学生学习的积极性。

第四节 英语教学中项目导向教学的创新运用

"项目导向教学法"是把整个学习过程分解为一个个具体的工程或事件，设计出一个个项目导向教学方案，按行动回路设计教学思路，不仅传授给学生理论知识和操作技能，更重要的是培养他们的职业能力，这里的能力已不仅是知识能力或者专业能力，而是涵盖了如何解决问题的能力：方法能力、接纳新知识的学习能力以及与人协作和进行项目合作的社会能力等。当前在我国的高等教育和职业教育体系中，已经有不少学校和不少专业利用"项目导向教学法"的模式进行了课程改革，并取得了良好的效果。

"项目导向教学法"是一种围绕一个具有很强实践性的和接近生活实际的工作活动进行教学过程设计的教学设计，在完成工作活动的过程中，特别强调学生要尽可能自主完成。"老师们通过一系列具有主题和实践内容的项目进行教学，在项目实践过程中帮助学生们在巩固相关课程知识的同时，培养其解决问题的能力、自主学习能力及协同合作的能力。"[①] "项目导向教学法"不仅突出教学内容的"实践性"和"职业性"，而且强调学生的自我反思能力。与传统的教学设计相比，"项目导向教学法"打破了传统的知识

---

① 肖峥辉. 基于项目教学法的大学英语自主合作学习模式探索 [J]. 教育进展，2020，10（5）：5.

本位和学科本位,实现了从以教师为中心到以学生发展为中心的转变,有利于培养学生的职业能力。

"项目导向教学法"被引进国内后广泛应用于各个学科的教学中,在大学教育中也被广泛应用。这一教学法要求尽力从工作活动中选取典型项目,着眼于学生未来职业能力的培养,有利于提高大学教育的质量。在英语教学中,"项目导向教学法"的创新应用要以学生为中心,充分发挥学生的主动性和创新性,而教师起着指导和协助的作用,负责整个教学的设计和组织,一个完整的项目导向教学过程一般有以下四个阶段:

第一,项目设计期。好项目可以充分调动学生学习的积极性,所以项目的选取非常关键。项目设计最重要的原则就是可实践性,以保证学生可操作并有所收获。因此,项目设计应采用结构化的方法,自上而下、逐步细化,应注意以下五个方面:①从本校的教学资源实际状况出发,项目要可行;②项目由易到难,逐步提高难度;③项目设计要注意分散重点、难点,要考虑"任务"的大小、知识点的含量、前后的联系等多方面因素;④项目设计要符合学生的特点,充分考虑学生现有的文化知识、认知能力、年龄、兴趣等特点,做到因材施教;⑤以"项目"的方式(以"布置任务—介绍完成任务的方法—归纳结论"的顺序)引入有关概念,展开教学内容。"项目导向教学法"的着眼点在"项目",而项目的选择要以教学内容为依据。

第二,项目实施期。项目制定好后,学生要根据项目细分任务,制订工作计划和步骤,并分组实施。项目的实施采用自下而上、由易到难、逐步完善的原则进行。此时,教师应充分相信学生的能力,让他们自己动手,面对学生计划中的欠缺或不完善处,教师可适当地加以点拨或指导,然后师生合作,共同完善它。在实施项目的时候,要根据不同的项目采用不同的方法。对于一些比较简单的操作步骤,学生自己可以从书上或者其他渠道(网络、实地调查)找方法,自己根据理论知识进行操作;对于一些操作比较复杂的项目,教师要及时给出相关资料,还应适当提醒学生先做的内容、后做的内容,必要的时候做一下示范,这样做既可以避免接受能力较差的学生面对较为复杂的项目时束手无策,又能避免学生走不必要的弯路。

第三,项目展示期。项目展示期是以学生作品展示为主、教师点评为辅,其特点是集思广益,开拓思路,鼓励创新。可以进行作品欣赏或方法交流,可以开展一些热门问题的讨论,让学生在思路上得到一些启发,取人之长补己之短,提高创作水平。这一阶段可以在教学节奏上给学生一个放松的时间,同时教师可以查漏补缺，讲解一些共同的难点和重点，并触类旁通地给出大量应用实例，加深学生对所学知识的理解。

  第四，项目总结期。由于学生学习能力不同，对知识的吸收和掌握程度也不同，容易造成学生成绩的两极分化和教学知识点的疏漏。针对这些问题，教师在采用项目导向教学模式的时候，要加强课堂小结和对知识点的回顾，使学习能力差的同学或操作有疏漏的同学，能通过教师的总结和回顾跟上教学进度，全面掌握知识点，达到教学要求。

  此外，在英语教学中，"项目导向教学法"的创新应用还应该注意：①积极开展师资培训，提升教师的课堂监控能力。把"项目导向教学法"推广应用到学生职业能力的培养中，需要做好师资培训，给教师接触实际职业岗位的机会。例如，安排英语教师定期到基层企业实习锻炼，或利用寒、暑假对英语教师进行职业培训，采用集体备课形式来优化设计项目等。②加强"项目导向教学法"中的有效输入，提高学生的项目参与度。在"项目导向教学法"的实施中，教师应灵活融入不同文化背景知识，提高学生的参与度。③促进"项目导向教学法"中的有效输出，积极培养学生的职业能力。鼓励学生以创造性方式展现项目成果，如英语演讲、英语报告、短剧、采访、辩论赛等，充分挖掘学生的创造潜能，培养学生的创新能力。

第六章　英语课堂评价与形成性评价体系解读

英语课堂评价中应用形成性评价体系，不仅能使学生在课程学习过程中不断体验进步与成功，有效降低课堂学习焦虑，促进学生综合语言运用能力的发展，而且有利于教师对自己的教学行为进行反思和调整，提高课堂教学效率。本章重点围绕英语课堂评价及其原则、英语课堂形成性评价体系展开论述。

第一节　英语课堂评价及其原则审视

"英语课堂评价是对英语课教学效果进行的评价，它包括对学生的学习、教师的教学两者之间关系的评价。"[①] 促使每个人都能充分发挥自己的潜能是教育的目的，由此可知，学校的教育目的是让学生学会在具体情境中解决具体问题，而不是向社会、委托人提供一些抽象的数字成绩。课堂是实现国家教育目的，促进学生综合素质形成之所在，任何美好的教育改革愿景的实现都会落实到课堂教学方式和评价方式的变革上。因此，如何科学有效地进行课堂评价，也成为现代英语教学的基本组成部分，它不仅是成功教学的基础，也是英语教学做出各种决策的基础。教师在教学设计过程中，重视课堂评价的科学性、适用性、灵活性是非常重要的。

---

① 喻秀华. 英语课堂形成性评价与大学生自主学习策略研究 [M]. 北京：北京工业大学出版社，2021：12.

一、英语课堂评价的重要内容

传统的英语课堂评价总是将教师作为评价的主要对象，评价的焦点都是以教师为主，如教师的语音、语调是否流利，教师的板书设计是否合理，教师的教学目标是否明确，教师的教学思路是否清晰，教师的教学设计是否结构合理、详略得当，教师的情感投入是否具有感染力等。所有这些评价内容主要是关注教师的课堂表现，关注教师是怎么讲的，似乎与学生在课堂上的表现没有多大关系。即使有时关注到了学生的行为表现，也主要是作为评价教师的陪衬，是作为教师"问"、学生"答"的反映，或者成为教师"问"的结果。总体而言，以往的课堂教学评价明显地表现出"以教为主，学为教服务"的价值取向。

英语课堂评价实际上是师生共同收集、综合、分析信息的过程。这是教师了解学生技能发展水平和发展潜力的过程。其目的有二：一是为学生提供有用的反馈，找出促进学生发展的改进点，制订改进计划；二是为教师提供全面反思，使教师从多种渠道获得信息，根据学生发展的需要和状况来重新设计课堂教学。

语言教学的根本目的是培养学生的语言能力，"能力"应该以当时社会对英语的能力需求为目标，评价语言能力不仅指语言知识本身，更重要的是指知识的运用。语言能力与语言交际能力其实是两个概念。先有能力，再有交际行为，能力是行为，交际能力体现在语言运用中。语言能力是交际能力，语言交际能力的提高能够促进语言知识的加深和巩固，两者达到相辅相成的效果，是交际能力的重要组成部分，是交际能力的基础，而语言交际能力也包含着语言能力，是检验语言能力的基础。离开了语言能力，语言交际能力便成了无源之水；离开了语言交际能力，语言能力又成了空中楼阁。没有扎实的语言基础就不可能获得较强的语言能力。

语言应用能力的评价在某种程度上是一种结果评价。在课堂教学中，要体现教师把握教材的独创性，要体现英语教学情境的真实性，要体现教学形式的活泼性，要体现教学活动形式的针对性，要体现师生语言交际的多向互动性，要体现语言的人文性，要体现第二语言的跨文化意识，要关注学生语言发展的同步性，要关注学生英语能力的可持续发展性。

二、英语课堂评价的原则审视

（一）以学生为评价主体原则

课堂评价必须明确评价主体。作为学生，学习是他们的主要任务，所以评价的主体是学生。由于学生是评价的主体，我们应该根据学生自身的能力和特点来评价学生综合语言运用能力的发展。课堂评价应帮助学生了解自身的不足和长处，帮助学生根据实际情况反思以及调整学习计划和学习方法，帮助学生提高综合语言能力，不断开发自己的潜能。此外，作为学生学习的指导教师应正确引导学生学习自我评价，认识自我评价对自身发展的重要性，掌握自我评价的方法，不断提高自身能力，提高自我评价水平。让学生掌握自我评价，不仅能提高学生的学习效率，还能激发学生的学习兴趣，进而进行自我学习。

（二）发展性原则

教学评价是激励师生教与学的一种手段。因此，学生应注重学习，教师应注重教学，以提高师生的能力和调动师生的积极性，更要注重观察学生的表现，以监督学生的学习状况，鼓励教师改变观念，推动教学改革，提高教学质量。这就要求我们在教学评估中注意发展性原则的应用。教学评价的目的是提高教学质量，不是区分学生的优缺点，只是对他们的正确或错误进行评价。评价课堂教学基于反馈调节、展示激励、反思和总结以及积极方向等基本功能，而不是鉴别学生后进行区别对待。因此，为了使评价达到改善和发展的目的，教学评价原则的制定应遵循评价原则，从发展政策的角度客观地评价对象的变化，重点是教学评价过程，评价内容之间的相互作用。

发展性原则具有以下四个特点：第一，注重激发人的内心情感、愿望和态度，促进人的和谐与发展，强调以人为本。第二，强调评价的地位，鼓励更多的人成为评价的对象，尤其注意评价对象反馈、自我调节和自我意识的功能。第三，发展性原则在教学过程中既注重静态和正常因素，又注重动态变化和师生互动。第四，发展性原则强调质量评价的作用，考虑到定量指标并强调使用质量评价。为了整合定量评价，过分强调详细的定量指标往往会忽略情绪、态度和其他无法量化的因素的作用，并且会对评价对象的发展产生更大影响。

(三)过程性原则

在课堂评价中,评价过程是课堂教学的重要组成部分,也是驱动因素。评价人员不仅要注意结果,更要注意程序和正式评价在教育过程评价中的作用,即要有过程性原则。过程性原则是强调对教育成就基本内容的分析,以促进评价对象的发展为根本目的,并认为必须适当反映个人发展需求的过程。该原则的实施过程不受限制。过程性原则的实施地点不受限制,在课堂内外均可进行,如日常家庭作业完成情况的评比、英语课堂学习的表现、课外活动的点评、英语课堂测验、课前提问、学生对自己学习成果的评价以及家长对学生的评价等。在实施过程性原则时,要注意三个基本特点:一是把一切有价值的教育教学活动纳入评价范围,无论这些活动是否达到预期目标;二是主张定量研究也应赋予定性评价一定的地位;三是以"实践理性"为基础,强调过程本身的价值,强调评价者与评价对象之间的沟通和相互理解。

过程性原则在评价过程中的实质是对学生日常生活的表现、平时取得的成绩、上课时的学习态度、回家完成作业时的态度,以及对学生、教师、家长的态度做出的评价。运用过程性原则的目的不是单纯地提升教学成果,而是让学生建立良好的学习习惯,树立学习的自信心,激励学生努力学习,掌握学习的方法,适时发现并弥补自身不足,完善学习计划,使学生在学习中获得成就感,并培养其合作精神。过程性原则有利于学生从被动接受评价转变成评价的主体和积极的参与者。

在课堂评价中要实行过程性原则,就要求教师更加关注学生的自身能力发展,独立自主能力以及团结协作能力。教师要仔细观察学生在遇到困难时所表现出的态度及做出的解决措施;观察学生在接受新知识时的态度;也要观察学生在课外的活动能力;这些都是运用过程性原则所需要注意的。我们要知道,无论采取何种方式,都要不吝啬对学生的鼓励,应注意评价的正面鼓励和激励作用。最后,当评价结果出来后,教师要根据评价结果与学生进行不同形式的交流,充分肯定学生的进步,鼓励学生自我反思和自我提高,再根据学生的变化制定新的评价目标,并应注意与家长的交流,争取家长的有效合作。

(四)整体性原则

在课堂评价中,应该从多方面对教学结构进行整体性评价。在当今社会,随着时代的发展和进步，教学体系不断发展，并慢慢复杂化。再加上教学任务的多样性，教学质量往往体现在不同方面，表现为多种因素的组合。因此，要反映最现实的教学效果，就必须综合考虑多种因素，综合考虑定性评价和定量评价，并使之相互参照，才能做出全面、准确的判断。

（五）多元化原则

在进行英语课堂评价时，评价者也要注意体现评价主体的多元化和评价形式的多样化。在评价过程中，应时刻注意评价的实施情况，随时根据不同反应做出调整。另外，评价也应关注学生的综合语言运用能力以及学习的效果。为了使评价更好地实施，更快地融入教学过程，教师应营造一种极具开放性，氛围轻松的评价环境，这样才能使学生放下戒备，展现真实的自我，也有利于教师了解更全面的学生，以此做出客观的评价。同时，也要鼓励学生、同伴、教师以及家长共同关注和参与评价，实现评价主体的多元化。

学生作为评价的主体，他们每个人的学习方式、掌握知识的能力以及自身发展素质都存在一定的差异。所以，教师在制订教学方案时，要注意根据学生个体之间的差异制定不同的教育评价目标，并采取最适合他们的评价方式，允许学生自主选择适合自己的评价方式，以利于学生充分展示自身的优势。

第二节　英语课堂形成性评价体系解读

形成性评价能够帮助教师对学生的学习进度和学习情况进行监控和掌握，能够及时为教师传送反馈信息，有利于教师根据学生的情况和变化不断调整教学内容和教学方式，从而提升教学效果，同时为学生提供及时的反馈，以便学生了解自己的学习情况，能够根据自己的实际情况以及自己对学习的掌握程度，进行学习内容、学习方式和学习进度上的自我调节。

形成性评价对学生的评价非常全面，是综合化、立体化、全方位的。比如，对学生基础知识的掌握程度的考查，对学生基本技能的运用程度的考查，对学生在学习过程中持有的情感和态度的考查，以及学生运用的学习方法的考查，甚至包括对同学之间的协作能力的考查等。

第六章　英语课堂评价与形成性评价体系解读◆

形成性评价可以帮助教师更好地选择下一步教学方式，使学生可以更好地选择下一步学习方式，从而发挥评价的调整功能，帮助师生实现设定的目标，如单元或章节结束时进行的测试就是一项形成性测试。形成性评价这种随时随地的调节控制能力，能够有效地加快目标的实现。与此同时，从评价内容中，可以及时查找教师教学的不足和学生学习的困难，及时进行经验教训的总结，从而使问题得到及时的解决和改进。

对已经达标的学生，通过形成性评价，能够使他们的综合能力得到增强；对没有完全达标的学生，通过形成性评价，能够使他们的部分能力得到重点加强。形成性评价对所有学生都提供了独特帮助。它对学生遭遇的困难、不恰当的学习方式以及出现这些问题和困难的真正原因，都给出了正确分析和纠正措施。没有完全达标的学生，通过形成性评价，能够清晰地看到，自己曾经采取的学习方式或学习态度出现了哪些问题，自己需要花费多少时间以及做到怎样的努力，才能真正符合目标要求。只有对自己的情况以及未来需要改变的情况清晰明确，才能根据这些情况进行自我调整，从而帮助自己顺利达标。

从教师的角度来看，形成性评价在帮助教师看到学生问题和不足的同时，更能在这些学生的错误中发现和总结自己在教学中存在的需要调整的方式或者内容。根据学生的这些情况，对教学内容或者教学方式的恰当调节，不仅能够指导学生重新调整好自己的学习状态、学习目标、学习内容、学习方式，而且能够为自己的下一轮教学总结出宝贵教学经验，从而使教学质量得以提升，同时对学生学习成绩的提高以及目标的达成发挥巨大作用。

一、英语课堂形成性评价的意义与方式

（一）形成性评价的意义

形成性评价以多元、多维、多样、科学、发展、激励、开放为基本原则，以体现以人为本为理念，以关注教与学的过程、促进教与学的发展为特点，成为非常合理有效的评价方式。

评价和教学是相互影响的，形成性评价用于大学英语教学，显著提高了教学质量，使传统的课堂教学焕发出鲜活的生命力。形成性评价对学生的学习能力和学习效果，能够做出更为全面和科学的评价。这种评价方式注重评价过程，弥补了终结性评价只注重结果的不足；对学生学习过程的监督和调

控，培养了学生对学习方式的运用和调整能力；教师对评价反馈信息的搜集和整理，促进了教学活动的顺利进行；教师与学生的各种互动性评价方式，提高了学生的人际交往能力、团结合作能力；教师与学生对英语关注度的增加，提升了英语教学的效率和效果。

此外，形成性评价要求教师必须拥有更强的设计及创新能力和对教学活动的组织能力，能够及时发现学生的问题并且及时使这些问题得到解决，能够给予学生更加充分的发挥空间，能够给学生恰当的、适度的指导，能对教学的整个过程有很好的把握和控制等。教师的综合素质在形成性评价的实施过程中被提出了更高要求，所以，形成性评价是能够对学生和教师同时产生有益影响的评价模式。

（二）形成性评价的方式

形成性评价的评价手段不是单一的，而是多种多样的，对学生的学习，关注的是整个过程，而不是某一个阶段或者最终的结果。形成性评价的目标，是对学生学习潜能的激发，是对学生学习的促进和帮助。它将学生的日常学习状况、日常学习成绩、在学习中持有的情感、对学习的态度、选用的学习方法、学习的进步程度等多方面综合起来，进行带有发展性目光的动态评价，从而帮助学生对自己的学习做出合理的调整和控制，对自己的学习拥有自信，学习热情得到激发，成就感得到增强，团队合作精神得到培养。

形成性评价不是为了在众多的学生中挑出优秀者，而是为了促进所有学生进步，激发每一个学生的潜在能力，使每一个学生都发挥出自己最佳的能力和水平，同时使教师及时得到精准的反馈信息。

形成性评价提取的信息来自学生的学习日常，不仅包括学生的学习情况，也包括教师的指导情况，甚至课堂的气氛等因素也包括在内。形成性评价使教师对教学内容及时改进和调整，有利于教学效率的提升。教师对学生采用的评价方式丰富且灵活，可以是平日的观察，可以是学生的自我评价和互相评价，可以是读书笔记的分享，可以是多媒体的使用和表演，还可以是建立档案袋等。最为重要的是，这些评价是持续地覆盖整个学习过程的，而不是仅仅对最终结果的评价。因为形成性评价的目的是通过对学习过程的改进促进对学习结果的改善，所以它评价的内容不仅包括可以量化的内容，也包括不容易被量化的内容。得出的评价结果的词语通常是开放的、亲切的、带有更多鼓励性情感的，给出评价的环境也是宽松的、友善的、非正式的。

二、英语课堂形成性评价的分类与原则

（一）形成性评价的分类

1. 基于反馈形式与时间的分类

对知识的掌握和运用是任何一种测试都同时具有的考查功能，根据对测验结果的解释和反馈的不同，可以将评价分为终结性和形成性两种。虽然形成了两种分类，但是它们在本质上只是对教学评价形式上的差异。而形成性评价根据不同因素有很多种不同的分类方式。对于反馈形式和反馈时间的不同，形成性评价可以分为同步反馈式和延时反馈式。一项测验对知识内容的考查，尤其是以通过考试得出分数的形式的考查，如单元测验、期中测验、期末测验等，如果从它分阶段的测验程序上看，得出的评价是具有形成性的。从这个角度上看，无论是在校内举行的各阶段的考试，还是统一举办的英语四级、六级考试，都符合对学生的整体综合素质的考核标准，都会对学生的语言知识的掌握和情感与意识的变化做出相应调整，都会根据这些调整发挥评估、反馈和促进的效果。所以，从反馈、学习过程及学习时间的调整角度，把形成性评价分为同步反馈式与延时反馈式，与学习参与者的认知规律是一致的。

同步反馈形成性评价使评价和反馈几乎达到与课堂教学活动同步进行。它主要遵循的原则是在课堂上出现了问题立即着手解决，力争在课堂上不遗留任何疑问；对学生在当堂课程上的表现，立即提供反馈，随时给出评价。此方法适合在以英语的听力、口语、情境表演等为主要内容的课堂练习过程中使用。以学生的参与情况形成评估量表是其主要的评价工具，包括课堂的提问环节、小组之间的讨论活动以及"头脑风暴"活动等。

延时反馈的形成性评价[①]的原则是教师需要有效地思考和分析学生的书面作业和分阶段学习的整体表现，以便对学生的评价和反馈能够更加客观、更加及时、更加具有针对性。此方法适合在以英语的写作、翻译、阅读为主要内容的课堂练习过程中使用。

通常基于书面报告或准备活动的完善程度，用于延时反馈的形成性评价

---

① 延时反馈的形成性评价，是指需要教师进行分析或总结对学生学习的评估或反馈，一般采用书面评价的形式或者口头评价的形式。

工具可能会更加多样化。例如，情境表演、剪贴报的制作、以小组的方式对报告进行讨论、阅读和调查等多种工具。与此同时，延时反馈的形成性评价能够实现终结性评价与形成性评价的相互转换。这种转换方式可以通过阶段性测试的工具，如单元测验或者学期考试等，由教师采用书面的形式或者口头的形式，对学生的学习发展情况做出评估来实现。另外，从某种角度上来看，终结性与形成性也能实现彼此的转化。因此，终结性和形成性绝对不是完全对立的，应从多个不同的角度去研究和看待教育测验评价。

2. 基于理论方法、质性与定性评价的分类

以理论方法、质性与定性评价为标准，形成性评价分为真实性评价和表现性评价。

（1）真实性评价。

真实性评价主要评价学生在真实生活场景中的实际表现。它以研究过程中具有重要意义和价值的经历作为主要任务。真实性评价认为，研究与评价不是分离的两个不同进程，而是共同发展和变化的，研究包含评价，评价属于研究的组成部分。对成功或者失败的判定，必须通过具体事实来解释说明，如评价研究人员在新环境中对知识进行探索的事实，以及研究人员对知识技能的实际运用能力的事实。

（2）表现性评价。

表现性评价的关键在于，学生在评价真正开始之前，就应该对评价的标准有清晰明确的了解，从而提前将奋斗目标确定和树立好。研究人员需要对其工作动态进行定期的观察和评估。表现性评价的手段丰富，运用灵活，如学生针对自己的情况和对自己的了解进行自我评价，学生之间的互相评价，教师通过多种手段对学生的评价等。从而使学生通过这些被常规化的绩效评估结果，对自己的学习状态和学习情况在内心进行自我反省，促使学生学业成绩的提升和学习策略的改善。

3. 基于评价不同主体的分类

形成性评价可根据评价者的不同分为自我评价、学生互评以及教师评价。

（1）自我评价。

为了激发学生的学习热情，以及树立学习目标和学习方向。学生针对自己的语言运用能力，通过教师的指导，学会自我评价的技巧。准确的自我评价，能够使学生对自身的学习状态更加了解，能够使学生对自己的学习进度心中

有数的同时，对自己的学习方式和学习状态做出及时的调整，充分发挥出自己对学习的主体性作用，对自己的学习树立起责任意识，最终促进自己的学习成绩和学习效果提升，成为一个具备学习能力的、独立自主的终身学习者。

学生良好学习习惯的养成，是自我评价的重要前提目标。良好的学习习惯，可以使整个学习过程事半功倍。在这个基础上，再使学生的学习兴趣逐渐激发出来，产生持久的学习热情。

学生的自我评价重点在于培养学生良好的学习习惯，逐步激发学生学习英语的兴趣。在自我评价的过程中，教师应注意对学生进行诚实守信的道德品质培养，使学生通过自我评价从事实中寻求真相，对自己的学习进行实事求是的评价，提高自己的反思能力，对自己的学习目标明确清晰。

教师需要始终明确的是，自我评价是一个随时需要对学生进行适当引领的过程。对学生的学习行为评价，需要教师设置一个明确的评价标准。自我评价有利于增强学生为自己负责的意识，提高学生思考的能力。

自我评价容易执行和实施，并且可以经常开展。由于它基于评估对象的信任，所以学生的自尊心和自信心更容易被建立，更容易自觉地、积极主动地接受评价。学生作为评价对象，最了解自己的情况，当学生作为评价者时，自我评价的能力就会更强，同时被评价者的评价意识也会增强。自我评价的这些优点，有利于评价工作的开展，有利于学生的自我反馈以及对自己不足之处的弥补。但是自我评价也存在缺点，它没有外部参考体系，缺乏客观性，没有水平方向的比较，很容易得出偏高于或者偏低于实际的结论。

（2）学生互评。

学生互评是一种有利于学生的合作意识和创新能力培养的评价形式。小组与小组之间的合作学习模式被运用到大学英语的教学过程中，促进了学生团结合作意识的增强，促进了学生与他人的人际关系协调，激发了学生的求知欲望、探索精神和创新精神。

学生与学生之间的相互评价，是小组合作学习方式中一个非常重要的内容。一个小组就是一个小集体，几个小组组成一个大集体，学生在集体的环境中学习，必须具备一定程度的沟通和协作能力。学生互评的方式，使学生之间的沟通能力得到加强，并拥有了更多的对自己和对同学的学习效果的检验机会。公平和信任理念的增强，是学生在这种评价模式中意义最为深远的收获。

学生互评，并不意味着教师完全不会参与进来。教师在任何时候都拥有自己的角色功能。在学生互评的过程中，教师除了给予恰当的指导和引导，还要选出几个比较出色的互评案例，提供给所有学生进行参考。教师要制定出一个互评的标准，方便学生参考和执行，使学生在心中有大致的方向。

学生互评有助于学生自信心的增强，有助于学生之间信任的增强，使学生能够更加坦诚地对待自己和他人。有助于学生真正体会到与同伴之间的友好相处及团结协作的力量和重要作用。学生在相互讨论中，学会了遇到问题时应该采取怎样的态度以及选择怎样的解决办法，学会了如何倾听其他人的意见，并与大家一起找出正确的学习方向。

（3）教师评价。

教师在课堂的形成性评价过程中的角色是非常丰富的。教师是评价活动的管理者，也是评价者，还是评价活动的指导者，更是评价活动的支持者。教师评价与学生自我评价和互相评价并不是并列的关系，而是包含的关系，也是互相协作的关系。教师在制定教师评价标准的同时，也是对学生自我评价和互相评价标准的制定。教师要监督和掌握学生的学习进度以及对评价的完成情况，针对每一个学生提供特定的指导。教师要对自己的教学过程、教学规划和教学方式用各种方式去做出衡量，要对这些方面的内容进行阶段性的自我反思。

教师评价要语言简练、内容具体、针对性强。评价应该是综合性的，既不能忽略优点，也不能不提出缺点。教师要对所有的评价活动做好记录。因为评价活动的记录，对学生而言具有非常重要的作用。记录可以体现学生的发展轨迹，点出学生的长处和短处，使学生根据自己的实际情况，制定符合自身特点的发展目标，促进教学交流，充分发挥评价活动的作用。

（二）形成性评价的原则

第一，发展性原则。形成性评价强调的是学生的进步和发展。成绩和分数只是评判的一个形式，不能靠它去认定一个学生学习是否优异，也不能简单判定为"这就是对的"或者"这就是错的"。一个学生能否进步和发展，是不能通过简单的对与错来判定的。对教学的动态的调控，才是评价真正要发挥的作用。形成性评价的形成性非常重要，它不是固定不变的，而是动态的，能够在持续的评价中，看到发展的趋势。所以，注重学生的发展，是形成性评价的基本原则之一。

第二，主体性原则。学生在评价中的角色具有双重性，他们是评价主体的同时也是被评价的主体。为了促进学生的进步以及学习效果的提高，教师应鼓励学生参与评价。在形成性评价的过程中，学生被充分赋予了主体性地位，对自己的情况非常了解，并基于这些情况，对自己的学习进行评价。同时，同学之间非常的熟悉和了解，彼此也进行相互的评价，这些以学生为本的评价模式，都充分地发挥了学生的积极主动性。在对评价结果进行反思和分析之后，学生对评价的标准和操作方式以及问题所在都更加清晰明确，并且能够对自己的学习规划做出调整，在学习心态上与教学的配合上也更加积极。这些对学生学习主体性的保证，是形成性评价的主体性原则体现，对教师的教学和学生的学习都起到了良好的作用。

第三，多元性原则。这是形成性评价的重要原则，同时也是它的显著特点。它不是只有考试一种形式，也不是用最终的分数作为唯一的判定标准。从评价形式的角度来看，它形式丰富，非常多元化。比如建立档案袋、对学生日常情况和课堂表现情况的观察、专题性的问卷调查、对部分学生的探访和谈心、各种形式的考试测验、对评价活动的各种记录等方式。从评价主体的角度来看，评价主体既包括教师和家长对学生的评价，还包括学生对自己的评价和学生与学生之间的评价。从评价内容的角度来看，它既包括对基础知识和基本技能的评价，也包括心理情感、学生状态、自主意识、学习规范等多方面的评价。

第四，简单易行原则。任何评价都需要较强的可操作性来支持。再好的评价方案，如果操作程序和操作方式非常复杂烦琐，都是很难被真正执行的，也是很难发挥出真正作用的。形成性评价要遵循简单易行的基本原则，才能有利于评价的实施以及评价效果的实现。简单易行指的是操作方式的可执行性，是在大学英语教学的形成性评价执行过程中如何去做的问题。形成性评价在教学中是一个完整的系统，简单易行原则需要在每一个环节体现，比如最开始的评价方案制定、量表的设计和制作、目标的设立，以及评价过程中的收集数据、整理数据、分析数据、制作评价报告等。任何一个环节和项目，如果不便于操作，就会使整体的评价系统受到严重影响，使执行变得困难。只有制定出教师和学生都易于理解和方便操作的考核评价体系，才能在实践中被教师和学生长期广泛地运用。

三、英语课堂形成性评价的作用与途径

（一）形成性评价的作用

第一，调节作用。形成性评价实质上是对评价活动本身的效果进行调节的过程，是实现教学目标的保证，是在教学过程中的评价，它不仅是对教学顺利进行的保证，也是对学生学习行为以及学习效果的保证，更是对教学效果的评价和保证。形成性评价关注每一个学生的潜力开发，对教师和学生的成长和发展都起到了促进作用。

第二，信息作用。评价本身就是为了得到对教师和学生有用的信息。形成性评价获得的信息，是从学生的日常表现中提取出来的。它注重搜集学生的课堂表现、学习状态、学习情绪、合作观念、实践能力等各种在日常学习表现中的信息，将这些信息汇总和总结成对教师的教学起到帮助作用的评价结果。根据信息的搜集得出的评价内容，教师可以对每个学生进行更加深入的了解，根据学生的具体实际情况，调整自己的教学观念、教学方式和教学内容等，使教学效果和教学水平不断提升。

第三，反思作用。形成性评价的关键组成部分是帮助学生明确需要达到的学习目标，与他们当前所掌握的知识和技能之间的差距，并引导他们就自己的问题进行自觉内省与反思。学生通过自我评价，反思自己完成的任务，认真总结前期行为，思考下一步计划，逐渐掌握学习策略并成为学习的主人。一旦学生对学习有了总体把握，他们的学习就会更有动力，效率也会更高，他们会获得终身学习的能力，并成为一个自我监控、自我改进的自主学习者。

第四，方向引导作用。形成性评价的引导作用体现在，执行过程中划分详细的、清晰明确的目标设定。没有目标和方向，就不可能发挥引导的作用。在形成性评价的程序正式启动之前，就必须将每一个学习阶段的阶段目标设立好，同时评价项目也要确定好，并且划分出具体的学习单元和所用课时。这些目标的设立和详细的学习规划对教学活动的引导作用非常重要，效果也非常显著。但是这些设定并不是一成不变、不可更改的。在程序正式启动之后，在整个学习进程之中，这些目标还会随时根据反馈进行调整。

第五，问题矫正作用。形成性评价的问题矫正作用体现为，在帮助教师和学生找出问题的前提下，教师和学生对这些问题的态度和所采取的行动。在形成性评价的过程中，评价信息的反馈是随时随地进行的，存在的问题以

及遇到的困难能够及时被发现。教师通过对教学内容和方式的反思，学生通过对自身情况的分析，寻找出现问题的原因和解决问题的方法。在形成性评价的作用下，问题的解决效率得以提高，问题得到及时的矫正，教学和学习方案更加合理和完善。

（二）形成性评价的途径

1. 课堂行为评价

在学生学习的所有场所中，课堂是最为重要的。课堂更是形成性评价执行的重要载体。学生学习的成绩和效果，受到课堂质量的很大影响。所以，教师需要在教学中丰富课堂教学活动形式，在学生的英语语音、口语交际能力、学习态度、课堂表现、发展与进步程度等方面，教师要引导学生进行自我评价和互相评价。而这些在课堂之上随时进行的自我评价和互相评价，都属于课堂评价的一部分。课堂评价行为，促使学生学会反思并学会制定个性化的高效学习策略，在学习中突出自己的主体地位。

教师在课堂教学评价中的多重身份，使得教师在课堂评价中的观察可行性下降。教师应将课堂观察与特定的教学目标进行匹配，使自己的精力集中使用到正确的地方，这样有利于教学目标的达成。教师对课堂观察做出计划和记录信息的方式如下：

（1）确立观察目标。

教师要对进行观察的目标心中有数，要知道通过观察，得出怎样的结论，采取怎样的措施。如果没有明确的目标，就很容易在观察的时候浪费精力和时间，抓不到观察的重点，甚至没有将真正有用的内容记录下来。所以，只有带着明确的目标去观察，才能将分散的精力集中起来，才能捕获更多想要得到的内容。

（2）确定观察内容。

教师对所要观察的内容同样是需要提前确定好的。例如，如果教师要确定是不是能够进入下一单元的学习，就需要对现在这个阶段教学目标的完成情况，以及学生学习表现等内容进行专门观察。如果教师要想知道，对于某个新生而言，应该指引他选择怎样的学习方法，就需要对这名新生的学习情况进行专门观察。如果教师想要知道学生目前究竟遇到了怎样的学习困境，就需要对学生在产生某些问题时的具体表现进行专门观察。如果教师想要加深对一本教材适宜性的了解，就需要对学生在使用教材的过程中，对教材的

◆英语课堂模式及其形成性评价构建

接受程度以及教材对学生发挥作用的程度进行专门观察。

（3）明确观察方式。

观察方式的确定是需要注意的最后步骤。根据不同情况，会有不同数量的观察对象，有时是对单个学生的观察，有时会是对一组学生的观察。对单个学生的观察，具有一些优点。比如观察信息会非常详细和充实，并且观察到的信息可以与学生家长和其他教育者进行分享，从而全方位地为这个学生提供帮助。但与此同时，对单个学生的观察也存在很大的不足。比如会花费大量的时间和精力，还会因为列出了单个的姓名，使学习情况不佳的学生心里感到不舒服。所以，同时观察具有相同观察因素的某一组学生，与观察单个学生相比，不仅降低了精力和时间的耗费，还能够使教师对学生有比较全面和综合的了解，同时避免了学生对观察结果名单的不自在感。

教师不要集中在某一个特定的场合对学生进行观察，而是要综合在多种场合的观察得出最终的观察结果。单次的观察结果因为具有各种不确定性的动态因素，并不能得出准确结论。只有在对学生反复进行观察的基础之上，才能发现学生的变化，才能得出全面的、综合的、可信度高的观察结果。

教师不仅要对观察到的最终结果进行记录，而且要对观察的整个过程做详细记录。观察记录应该是每天都要进行的，是具有持续性的，而不是阶段性的。应该是系统化的、完整的、具体的、明确的。记录的形式可以是多种形式的，比如采用等计量表的记录方式、清单列表的记录方式以及对某些非常有意义的小事的具体记录方式等。

2. 口语测评

教师在以精读为主题内容的课堂上，专门留出一定的时间，在不对主题进行限定的前提下，组织学生进行自由讨论。这段自由讨论可以作为口语测评的依据。学生依据自身的英语水平和知识储备、生活经历、兴趣爱好，把对某一件事的感觉和思考表达出来。也可以仅是对一篇短小的文章进行背诵，还可以是给大家讲一个英文小故事或者给大家演唱一首英语歌曲等。自由讨论中的"自由"是务必要遵循的基本原则。

口语测评要遵循一定的标准，要求学生对语言的发音和语调的控制要基本准确。评价结果的传达方式，可以是评分方式，也可以直接用语言评价。开展口语测评活动的根本目的决不是得出单纯分数，而是与学生进行心灵上的沟通并帮助学生找到自己的不足，培养学生刻苦努力的学习精神，激发学生对英语的兴趣。

学生在发言的过程中，教师不仅需要倾听，更需要对学生产生的语音、语调、语法错误及时进行纠正。如果有必要，教师也可以根据具体情况，发表意见，表达看法。在每一个学生发言结束时，教师也可以恰当地做一个简短的评价和总结，这种形式的口语测评，能够搭建教师与学生之间心灵上的桥梁，使师生关系在交流和沟通中，更加和谐与融洽。同时，由于学生能够自由地选择自己感兴趣的话题和形式进行口语表达，并且自己感兴趣的话题还能带动其他同学的参与，所以，学生积极参与的热情也会更高，学习的效果以及测评的效果也会更好。

此外，教师在口语测评中应起到主导作用，学生之间的互相评价可以充分发挥辅助作用。教师要将口语测评成绩定期地以学生愿意接受的方式向学生做出反馈，使学生能够时时看到自己取得的进步，以增强学生对英语学习的自信心，激发对英语口头表达的兴趣。与此同时，学生也能够通过测评结果查找自己的不足，调整努力的方向，制定更加适合自己实际水平的学习规划，从而促进自己取得持续的进步。

3. 听力和阅读测评

听力和阅读测评对学生的评估作用明显，可操作性强，提升效果快，所以，教师有必要在课堂上进行定期的听力和阅读测试考评。一般情况下，教师不必刻意准备考试材料，因为在大学中使用的教科书基本上都有独立的听力材料和阅读材料。听力课本中的每节课后都有一个测试，这就是很好的测试材料。尽管阅读材料没有具体说明要测试的材料，但教师可以定期提取其中的一部分进行测试。测验可以采取多项选择题的形式，学生的阅读能力也可以以问答的形式进行评估。

第七章　英语课堂形成性评价的核心体系构建

随着时代的发展，英语教学改革不断深入，形成性评价的优势日益彰显，构建一种基于形成性评价的英语课堂教学模式，可弥补传统终结性评价的不足。通过多种形成性评价在课堂教学中的运用，可有效地对学生的学习过程进行公正评价，更好地反映学生的真实水平和学习动态。本章重点论述英语课堂的自主学习评价体系构建、数字化的英语O2O课堂教学评价模式、雨课堂下的英语混合教学形成性评价。

第一节　英语课堂的自主学习评价体系构建

一、自主学习评价概述

（一）自主学习评价的重要意义

自主学习评价最重要的意图不是为了证明，而是为了改进。毫无疑问，这一观点强调了评价的改进功能。改进的过程在实质上属于一个发展的过程，因此着眼于学生未来的发展是发展性评价的最终目的。然而，学生需要改进和发展的因素繁多，即追求综合素质的发展，因而自主学习评价内容也要是多种结构的，从而使评价从单一的纸笔考试转变为多元化评价。大学生发展评价的目标是使学生实现自我发展。因为人最高层次的需求是"自我实现的需要"，所以，"学生发展评价应充分考虑学生的需要，多元化的评价就是

第七章 英语课堂形成性评价的核心体系构建

满足每个学生的需要"[①]。

第一，调动学生自主发展的动力。评价方式由以往的终结性逐渐转变为过程性评价，该转变主要是将学习过程和真实性情境包含到评价之中。心理发展学家加德纳这样认为，学习过程应该是评价不可缺失的一个重要组成部分，因为它具有反映学生如何思考的特殊功能，即智能的真实状况，可以使教师在教学过程中充分了解学生学习的整个历程，并及时给予鼓励，更能帮助教师提高教学质量。评价过程使评价主体发生了一系列转变，如从原来单一的"他评"转变为学生自评、学生之间互评、师生之间互评的有机结合，评价过程不仅成为一种激励机制，而且实现了评价主体的多元化，真正意义上成为使学生发展自我认识、自我管理、自我教育以及自我和同伴激励的一种有效手段。通过评价可以增强学生的自信、培养学生的兴趣，使学生学会相互合作，变得有责任感，从而调动学生自主发展的动力。

第二，符合教育发展素质的要求。评价包括评价主体、目标、内容、方法等多元化内容。自主学习评价能够使学生自主开发潜能，真正意义上贯穿了英语课程改革的评价理念。自主学习评价在一定程度上摆脱了"双基水平"，更关注学生综合素质的发展。在将评价内容、目标的多元化予以实现的同时，还运用了诸多不同方法，对评价方法趋向多元化、开放化起到了促进作用。多元评价担负着激发或唤醒各层次学生潜能的任务。由于多元评价的内容、目标和方法能够为学生提供各种选择展示自己潜能状况的测验题目，因此，学生会努力展示自己最擅长的技能，这便使学生树立了自信心，能够在快乐中学到知识、技能，可以激发学生超越自我的潜能，使之富有创新意识和精神，从而符合素质教育的要义。

第三，促进课堂教学质量的提高。自主学习评价能够使学生主体地位回归，从而形成一种评价反馈鼓励机制，使学生进行自主学习，树立学生的实践创新意识，培养学生对学业的责任感，从而提高教师课堂教学的质量。

（二）自主学习评价结果的使用

第一，评价结果的相对实用性。自主学习评价的结果可以成为行政管理

[①] 喻秀华. 英语课堂形成性评价与大学生自主学习策略研究[M]. 北京：北京工业大学出版社，2021：109.

手段的一个有效工具，如各种花费的认定。教师和自主学习中心的管理人员应当就如何有效使用评价结果制定出规范的条例，不同评价的结果应用不同的方式去反馈。如果小型评价的主要目的是鼓励学习者反思以及提高学习效果，那么评价的实质毫无风险，评价结果应是个人的，除非学习者希望与他人进行分享。学习者进行自评时，自信心并不是唯一的因素，当然也就不可能在进行同龄人评价时成为一个问题。英语自主学习评价会涉及教师，如果教师没有取得学习者的信任，学习者将会排斥自主学习评价，而更倾向于那些得分较高的评价。大型评价与小型评价可能在所起的作用上有所不同，其评价结果也以不同的方式而被运用。所有评价结果的使用都应当让学习者有一定的知情权。

第二，学习者反思。学习的自主性与独立学习在表现形式上具体体现为是否进行学习者反思。英语自主学习评价为反思提供了相应的机会以及可能性。评价可以帮助学习者对自己的学习能力了解得更清楚，激励学习者进行反思以及为他们的学习成果提供相关资料，由此自主学习评价可以帮助学习者了解他们所参与的各种英语自主学习活动的价值。评价结果不应成为当学习者就如何提高学习方式的有效性时，唯一考虑的因素，它们还可以作为其他的用途，评价结果可以成为学习者与自主学习咨询教师讨论的一个有效开端。

二、英语课堂自主学习评价体系的内容构建

（一）"小"评价

"小"评价可以发生在任一学习单元里，当学习者完成了某个单元的学习或某一段听力理解的学习任务之后，他们都希望能对自己的学习任务做一个评价。这些评价是在小范围内举行的，这样，学习者才不至于在价值上超过用在该学习任务上的时间。对学习单元的评价也是小型的，因为它们主要集中在评价学习任务的某个方面。小型评价在给学习者源源不断的学习动力方面发挥了很大的作用，并能鼓励学习者进行学习反思活动，这能适时地调整学习者的学习目标和增强他们的学习动机。

"小"评价最典型的是自评方式，当然，如果是小组活动，学习者则更倾向于同龄人评价。当小型评价由学习者自我监控时，在何时以及在哪里进行评价就没有任何限制了，学习者也没有必要在规定的时间、规定的地点去

接受评价。有些学习者在完成了一个单元的学习之后立即进行评价活动，另外一些学习者则会选择用一定的时间去反思所学到的内容，然后另找时间来进行自评。学习者往往按自己的学习步伐来进行单元的学习以及自评，学习者也没有必要为了应付某个"小"评价而匆忙进行单元学习。

"小"评价实施之后，学习者可以选择如何使用这些评价结果。他们可以把评价结果放入评价资料包中，也可以选择把"小"评价结果拿来与任课教师或自主学习咨询教师相互讨论、协商，如果他们不满意此次评价结果，还可以对评价结果保密。可无论如何，学习者都不能对评价结果采取置之不理的态度，因为"小"评价在学习者对自己的学习进行反思总结时起到了不可低估的作用。

部分教师认为自评的缺点在于学习者可以作弊。假如学习者记录下一些不真实的成绩，他们就无法成功地完成接下来更加困难的学习任务。另外，任何学校也不可能单凭学生的自我评价就给予该学生相当的奖励。因此，当他们迎接外部评价（大学英语四、六级考试）时，舞弊行为迟早都会暴露出来。如果学习者学习大学英语并非为了准备校外的各种测试，那么，他们选择自我学习是为了自我能力的提高，这种自我欺骗也就毫无意义了。舞弊是自评的主要问题，这一说法当然也就毫无根据。

（二）"大"评价

学习者在学习的过程中，希望能够全面地评价自己的学习成果。例如，在每一学年结束时，他们会更愿意评价在一年中所学到的知识。或者学校将会为自主学习者提供正式的书面测试卷，这种评价将囊括一系列话题，比起小测试可能更费时。如果"大"评价是学校用来奖励学生的一种测试方式，那么，这种"大"评价应由学校的教师来具体设计并实施。即便没有任何奖励，学习者也更倾向于接受高水平教师的测评，这样，学习者个人的学习行为表现就得到了专家的评定，而这种评定可能会成为评价资料包中重要的文件，尤其是对学生毕业之后所面临的求职或者继续升学，都是重要的专家意见书。

"大"评价如果成为自主学习的有效评价手段，学习者应给予"大"评价足够的重视。当"大"评价成为所有参加测试的学习者都必须参与的标准测试时，自主学习者将会学习同一种语言材料并不顾自己的需求、愿望以及能力而学习相同的知识。如果我们鼓励自主学习者提高其学习的自主性和独立性，那么无论是"大"评价还是"小"评价都不应成为标准化的测试。为了能使"大"评价更适合于自主学习的计划,这些"大"评价需要比语言课程的各种考试更加具有灵活性。

"大"评价需要按照某种标准单元格式进行设计,学习者才能选择他们想要接受的测评。例如,他们可以选择阅读和写作进行评价而并非说和听的技能测试。在每个单元中,也仍然有多种选择,如在阅读单元里,学习者可以选择从阅读的速度或阅读的学术文本等方面进行评价。该阅读单元向学习者提供了想要测试的各种语言水平的多种选择,通过记录下学习者所做的选项以及他们所获得的分数,能让学习者在学习过程中具有较高的自主性,并能对他们的学习成果进行有效的评价。

当然,这种体系在自主学习者如何进行分配时间的问题上有一定限制。从理论上来看,自主学习者在评价方面应该没有任何限制并完全可能自主地激发自己的学习兴趣。在实际的学习进程中,学生却需要学术成就的评价文件,将评价置于自主学习中并确保评价成为学生学术活动的主流。如果不这么做,自主学习将会形同虚设,并最终由于学生缺乏兴趣和需求而逐渐被人们淡忘。

三、英语课堂自主学习评价体系的具体实施

第一,学习者准备的评价。学习者可以以自己的方式开发设计自我测评,并自我管理,进而自己评估所制定的自我评价。学习者准备的评价可以是自我测评,也可以是同龄人测评。学习者在开始设计自我测评时需要有一定的指导,一旦开始进行操作,他们会发现越来越容易用不同的方式去进行自我测评。学习者准备的评价应视为一般评价的最后形式。教师或者自主学习管理工作人员,将会对学习者准备的最成功的评价做详细记录,并提供给其他同学使用(这必须征得学生的同意)。学习者在无教师的指导下自主进行设计、操作评价资料,这也在某种程度上减轻了教师的评价负担,教师则可以空出时间来做其他的相关工作,比如,学习资料制作、咨询以及各种管理工作等。

第二,教师准备的评价。教师准备的评价所需资料不仅是指内部资料也指出版发行的资料。内部资料包括专为自主学习评价设计的附着答题卡的评价资料;出版发行的资料则包括教科书以及各种用作测试用途的资料,如大学英语四、六级测试,以及托福、雅思等。教师准备的评价在某种程度上类似于教室里进行的各种测试,但在使用方法上却大相径庭。学习者在如何使

用这些评价及评价结论等方面有着更大的灵活性，比如，学生可以选择做哪一部分的评价。学习者可以选择在学习过程中或合适的阶段尽量利用好这些评价结果。教师准备的评价可以由教师设计，使其具有一定的控制力和标识性，即把教师准备的评价设计成具有自我管理和自我标识的自我评价。评价的设计、操作、使用都时刻反映着学校的教学理念。

第三，一般评价资料。作为一个选择或是补充，教师可以指导学习者，帮助他们构建自己的评价过程。一般评价主要包括以下资料信息：①评价的意图；②对于学习者的优势；③操作评价的程序；④设计评价的程序；⑤建议的标识标准；⑥基于测试成绩以后的学习行为选择。

第四，评价相关资料包。学习者可能会决定或被要求对他们的评价工作做一个评价资料包。学生可以使用评价资料包来收集一段时间之内的学习成果，并通过评价得出其学习能力的综合情况。学生可决定把哪些内容放至评价资料包中，以及哪一部分资料包内容可以用来评价。在一般情况下，评价资料包可能由教师掌控，有时同班同学也有可能掌管评价资料包并提供帮助。评价资料包主要包括学生自评，当然在最后的评价中，同学测评也十分重要。

第五，合作评价。合作评价指的是学习者与教师合作参与的评价方式。师生之间的这种合作可以局限在评价的设计上或管理上，也可以延伸至评价设计以及管理的各个方面。

第二节　数字化的英语 O2O 课堂教学评价模式

随着信息化教育的普及，数字化环境下的大学英语 O2O 课堂教学模式也得到普遍应用，教育者也开始更多地利用科技手段来给学生上课，学生也会更多地在网上进行学习，或者在网络上互相讨论，或者自己在网上分辨信息，总结出自己所需要的内容，在网络上提交作业并进行反馈，甚至进行网络测试都属于数字化背景下的 O2O 课堂教学模式。经过一段时间的实践之后，教育者们发现这种教学模式更能够体现学生个性化和自主化的学习过程。在这种情况下，教育者们不但要跟踪学生的终结性评价，还要关注学生在整个学习过程中的各项测试评价，然后根据不同阶段的不同测评方式，结合相应的教学评价标准给出成绩，具体从以下四个方面探讨：

◆英语课堂模式及其形成性评价构建

　　第一，教学评价模式的发展方向。将学生作为主要目标。在数字化的背景下，能够反映学生学习情况的信息越来越多，学生本身必然要变成评价的主要目标，这就要求所有评价活动都把学生作为主要目标，目的在于能够促进学生有效地学习。此外，将激励作为主要目的，通过形成性评价让学生看到自己点点滴滴的进步，会使学生自身产生学习的动力，以此来达到激励学生进行自主学习的目的。多元化发展教学评价模式，在数字化背景下，大学英语O2O课堂教学能够采用网络技术对学生的学习进度进行及时跟踪和检测，并以此获得更多、更准确的数字化信息，同时把数据记录成学生自动学习的教学评价的原始数据。由此可知，形成性评价的主要目标、评价方式和评价内容都是各种各样的，不具有唯一性。但是这并不代表传统的评价技术在数字化条件下的英语课堂教学评价中没有用武之地，传统的教学评价意义和实现方式，要随着网络教育的特点随时改变，在此基础上演变而来的新教学评价模式才能在评价内容、评价方式和主要目标等方面更加具有多元化的特色。

　　第二，教学评价模式的建设目的。把形成性评价和终结性评价结合为一体，旨在实现教学一体化和个性化相结合的测试模式构建。教育者制定明确的教学评价目标、内容、准则、标准和方法以及成绩记录体系，掺杂多种考核指标去测试学生相应的语言技能水平，把这种评价标准贯穿学生的整个学习过程，让学生在学习、评价和学习的循环过程中不断地纠正自己的学习方法，通过学习方法和学习思维习惯上的改变去取得进步。

　　第三，制定实践教学评价模式的方案。在针对非英语专业的学生进行大学英语课程教学评价模式的实践过程中，经过多次实践不断地进行改革，逐步完善形成性评价和终结性评价相结合的综合性评价体系。除此之外，可以对学生的作业和课堂参与情况，口语水平测试的结果，以及网络测试和网络讨论的情况，期末考试的结果进行评价，这些测试会明确各个方面所占的比重，进行最终的评价，还会逐步增加口语方面和网络自学方面的测试评价，这就相当于提升了平时成绩在整个成绩中的比重，由综合性的成绩比重换算出多元化的教学评价结果。用不同的测验方式在不同的阶段进行检测，能够真实地检测出学生在实际生活中面对问题时的解决能力，并对此做出准确的评价。

　　第四，对应用教学评价模式后的思考。数字化背景下的大学英语O2O课堂教学评价模式是经过多次实践逐渐发展完善，并能对学生进行综合性测评的评价模式。对教育者而言，这种评价模式更加注重过程，通过收集到的有关学生课内外英语学习情况进行数据分析，更能够精准地捕捉学生自身的课堂吸收能力和所学习到的知识，这是简单的由多数选择题进行测验的方式所得不到的结果。因此，"这种教学评价有利于教育者们更加准确地把握每个学生的学习进度以及学习过程中出现的问题，这样方便教育者能够随时调整教学方式和教学内容，从而对学生进行学习和生活方面的指导和督促"[1]。

第三节 雨课堂下的英语混合教学形成性评价

雨课堂是由清华大学与学堂在线共同打造的嵌入PPT的智慧教学解决方案。利用雨课堂，教师在课前可以将集慕课、PPT、视频和语音为一体的预习课件直接发布到学生的手机微信端，课中通过签到、投票、弹幕、测试和投稿等功能改革师生互动模式，创造活跃的学习氛围。同时，教师借助雨课堂后台数据，能够实时跟踪学生们的听课状态和知识点的掌握程度。课后教师可以发布试卷进一步检测本节课的教学效果。因此，雨课堂为教师们构建了课前—课中—课后的闭环。此外，每次课程结束教师会收到本次课程的课程报告，重点标示出需要予以更多关注的学生。

此外，可以结合大学英语课程特点，大学英语的混合教学模式依然是以线下教学为主，线上学习和网课辅助，所有教学过程都依托于雨课堂教学平台。

"雨课堂平台上有许多不同模块，为教师建构形成性评价体系提供自主选择权"[2]。教师可以根据课程特点、课程进度进行个性化配置，更全面地评价学生的学习效果，可以最大限度地做到跟踪学生全部学习过程，主要从以下三个方面实现：

第一，课前预习。课前预习是教师根据课文内容设计的小练习，用来监

---

[1] 陈晓霞．数字化环境下大学英语O2O课堂教学评价模式研究[J]．黑龙江教师发展学院学报，2022，41（3）：155.

[2] 赵楠楠．雨课堂学习平台支持下的大学英语混合教学形成性评价体系建构[J]．科技视界，2022（8）：107.

督和检测学生自主学习情况。课前学习内容的作答情况，教师都可以在雨课堂网页版进行跟踪，并通过学生们的作答情况适时调整课堂教学内容。

第二，课堂学习。课堂教学利用雨课堂的实时答题功能，随时检测学生们对所学内容的掌握程度。通过实时评价可以激发学生们的学习热情，调动课堂学习氛围。同时，由于学生们清楚自己的平时成绩分要靠自己一分一分赚来，故学生们在课堂上的听讲更为专心。课堂学习的习题设计要注重考查细化的知识点，可以采取单选、多选等客观题形式，教师可以更直观地看到学生们的作答情况。

第三，单元考核。英语课程的教学设计分为词汇、课文和习题，因此单元考核分为词汇、课文理解和单元测试三个部分，其中词汇测试和课文理解测试也是利用雨课堂随堂进行的，教师讲解完本节授课内容就开始测试，也是利用实时测验的方式进一步考查学生们的听课效果，该测试时长设置在5分钟，以免占用太多课堂教学时间。此外，结合每单元的学习内容在本单元讲授结束后，教师会在雨课堂发布时长为10分钟的单元小测，也是在课上进行的。单元小测进一步综合检验学生们对所学内容的掌握程度。

随着现代信息技术深度融入教学领域，基于智慧平台雨课堂构建大学英语混合式教学模式是改变传统教学模式的重要方式。雨课堂平台自身大数据优势为实行形成性评价体系提供了重要平台。"课前预习—课上听讲—课后复习"的三段式学习模式构成知识学习体系闭环，符合学生学习规律，有助于教师掌握学生们的学习情况，提升学生们的学习兴趣和英语运用能力。

第八章　英语课堂形成性评价的应用实践研究

我国教育评价体系历史悠久，随着社会的不断发展，教育评价范围不断扩大，教育评价方法和手段日趋多样化。本章主要针对形成性评价背景下研究型英语课程实践模式、英语教学中形成性评价方式的构建实施、英语课堂形成性评价教学改革实践、形成性评价导向下的英语教学优化进行研究。

第一节　形成性评价背景下研究型英语课程实践模式

研究型课程是一种在教师的指导下，学生自主地运用研究性学习方式，获得和应用知识，发现和提出问题，探究和解决问题的学习活动，其主要目的在于培养学生的创新精神和创新能力。在研究型课程实践中，教师并不把现成的结论告诉学生，而是让学生在教师指导下，自主发现问题、探究问题、获得结论。研究型课程既可表现为综合实践活动中的专题研究，也可表现为在各学科中采用研究性学习的方式来组织和开展课堂教学。概括而言，研究型课程就是以问题为起点，以研究为中心，面向整个生活世界，充分发挥学生自主能力，强调团队合作，重视实践体验的一门课程。研究型课程对实施国家创新型人才培养战略，实现人才强国的战略目标，有着较为重要的意义。

研究型课程从本质上来看就是一种研究视角下的课程实际模式。其核心理念是探究性学习、生成性学习、主动学习和自主学习；其直接目标是让学生学会学习、学会发现、学会创造；其间接目标是培养学生的探索精神和创新能力；其主要实践模式是以发现问题和解决问题为中心的项目式学习；其实质是一种学习范式的变革。换言之，就是学生在教师的指导下，主动探索、自主研究、协作创新，根据自身的学习兴趣和学习能力，确定研究对象、提出研究问题、制订研究计划、实施研究方案、解决研究问题、体验研究过程、获得对社会和自然的认知。在研究项目完成的过程中，培养创新精神，提升创新能力，养成科学品质，增强人文素养，最终为人类的进步和发展作出贡献。因此，无论从理论上，还是从实践上来看，任何一个学生都可以采用研究型的学习方式来提升自己的创新能力。大学英语课程也是如此。研究型大学英语课程就是按照研究型学习模式来实施的大学生英语课程。其基本思路是把大学英语学习过程中的每一个知识模块转化为研究项目，通过研究项目的实践来完成大学英语课程的学习任务。

形成性评价背景下的大学英语研究型课程实践模式，就是在形成性评价的框架下开展的大学英语研究型课程实施方案。在形成性评价的框架下，每一步都应该考虑评估因素，把评价和项目实施的每一个过程融合在一起，同时也可以从评价的视角来考量每一个过程的设计和实施。在研究性学习项目执行的每一个阶段，都要事先确定评价标准。学生应该按照评价标准，与指导老师以及团队成员协商选择研究课题、制订研究计划、分配研究任务、实施研究方案和报告研究结果；同时还要在具体实施的过程中，时刻想到用这些标准来规范每一次具体的研究行动，最后利用这些标准对自己的每一次研究性学习行动进行评价和反思。

第一，选题阶段。在确定研究主题阶段，要考虑三个方面的评估因素：选题的可行性、选题的价值性和选题的偏好性。在开始选题之前，教师可事先通过大学英语教材和教学大纲结合问卷调查确定学生可能会感兴趣的研究课题，然后再让学生根据以上评价标准来选择研究主题，组建研究团队。评价方式为教师评估、学生自评和团队成员互评。可以通过线上学习平台在线完成。评价倾向为正面评价，主要目的在于帮助学生选好适合自己的研究性学习项目，并且让学生有信心、有动力把所选的项目完成。因此，指导老师给学生提供的选题不能太难，主要应该是一些与学习方法相关的课题，比如"如何利用构词法来提高四六级词汇记忆效率""如何正确分析句子的结构""主题句在阅读理解中有哪些具体作用"等。由此可见，评价的过程实际上就是确定选题的过程，即通过考虑各种评价标准来确定选题。学生在选题的过程中，可以进一步反思自己的兴趣爱好、英语知识水平和能力与自己

第八章 英语课堂形成性评价的应用实践研究

未来的学习和职业规划，进一步明确自己的学习目标和使命。

第二，研究设计阶段，需要考虑研究方法、研究客观条件和研究成员实际情况三个方面的评估因素。在研究方案制定的过程中，指导老师应该事先把研究方案制定的方法和评价标准发给学生。这样，学生可以按照以上标准来制定研究方案，制定完后还应该对研究方案按照标准进行评价，根据评价的结果进行修改，并在与老师以及团队成员协商后，最终确定研究方案。整个过程应该在评价标准的指导下完成，或者说评价和方案制定交叉进行：先熟悉标准，然后按照标准制定方案，再按照标准评价修改方案，最后按照标准检查确定方案。

第三，研究实施阶段，需要考虑研究方案和研究方案的拟合度以及事实上的研究情况。教师可以通过参与学生研究过程，定期在平台发放问卷，定期收集学生研究记录和让学生定期汇报研究进展的方式，来督促学生完成项目研究，学生也可以在做问卷和汇报的同时完成研究项目。教师在参与学生项目实施的过程中，可以根据评价标准来了解学生项目的进展情况，并根据进展情况及时反馈和指导，以保证整个过程能够顺利完成。学生也可以根据评价标准及时进行反思和调整。整个实施过程的各个时间节点都可以通过网络教学平台管理，平台自动把每个阶段的完成情况记录下来，作为评定成绩的依据。

第四，研究报告阶段。"研究报告阶段主要包括书面研究报告的撰写和口头研究报告的汇报"[1]。书面研究报告的撰写需要考虑：①是否包含研究报告撰写的所有要素；②是否重申和回答了研究问题；③是否有对研究结果进行描述和讨论；④是否有新的研究发现；⑤是否有明确的研究意义；⑥是否有提出新的研究问题；⑦是否有用英语撰写；⑧是否符合格式要求；等等。口头研究报告的汇报需要考虑：①口语表达是否流畅；②是否有语法和措辞上的不当之处；③研究对象、研究问题、研究方法、研究创新和研究意义是否陈述清楚；④衣着和肢体语言是否得体；等等。将以上问题作为评价标准，发给每一个学生，让学生按照这些标准准备研究报告，同时按照这些标准对研究报告进行评价。评价包括四个部分：教师评分、机器评分、学生自评和学生互评。所有评分都通过网络平台来统计。

---

[1] 罗永胜，傅顺. 形成性评价下研究型大学英语课程实践模式构建[J]. 高教学刊，2022，8（6）：48.

◆英语课堂模式及其形成性评价构建

形成性评价背景下的大学英语研究型课程实施模式就是通过制定每一个课程实施环节的评价标准，将各个评价标准输入网络学习平台，通过平台对每个实施环节进行指导、评价与反馈，直到完成整个研究项目。评价采用线上线下相结合、师评互评相结合、自评他评相结合等多元评价融合的方式。指导老师和学生相互协作，在评价中完成研究性学习项目的各个环节。评价即是项目研究的部分，项目研究即是评价的部分，两者相互支持，相辅相成，交叉进行。需要注意的是，这种课程实施模式需要学生具有较高的自觉性，也需要教师具有较高的研究和教学水平，同时还需要耗费大量的时间和精力，因此在现今生多师少，生师比严重失调，大学英语教师缺乏的条件下，只能通过网络教学平台来完成，只有把所有标准、评价方案、项目实施计划、实施过程，以及每次评价的结果、评价反馈等都通过网络平台来管理、统计、整理、汇总，才有可能真正实现。具体实施的平台和操作方式还需要进一步研究。

第二节　英语教学中形成性评价方式的构建实施

形成性评价注重对学生学习过程的分析与指导，突破了以分数衡量学生能力的诸多局限，这明显契合学生的英语学习特点，也在一定程度上均衡了英语教学的各项价值，使英语教学的语言工具范式和文化范式得以有效融合。"过程大于结果的评价导向，充分肯定了学生的付出与努力，有利于学生思维养成和情感发展，因而形成性评价在大学英语教学中应用广泛、基础良好。"[1]

一、英语教学中形成性评价的框架构建

大学英语教学需构建终结性评价与形成性评价的基本框架，明确两种评价模式的比重及主要项目，在此基础上以形成性评价为主要对象，进一步做好形成性评价内部结构、主要目标、评价类型、评价主体的设计工作，从而

---

[1] 谢良群. 大学英语教学中形成性评价方式的构建与实施 [J]. 齐鲁师范学院学报，2022，37（1）：46.

为后续评价实施做好准备。

（一）英语教学评价的整体结构设计

形成性评价不是对终结性评价的覆盖与替代，而是作为补充手段推动英语教学评价发展，所以大学英语教学的评价结构以高校教学实践为遵循，参考其他学者的研究结果，按照终结性评价和形成性评价各占50%的比重展开，以此构建大学英语教学评价的基本框架。形成性评价在大学英语教学中的应用实效与评价体系是否完备、合理密切相关，因而做好形成性评价的整体设计是评价实施推进的前提与基础。就评价内容而言，要聚焦于学生英语学习的全过程，综合反映学生学习的态度、能力与投入，准确定位学生学习过程中的问题和不足，为学生的学习优化提供有效依据。由于大学英语教学对学生的听、说、读、写、译五项基本能力都有较高要求，而且各能力板块指向的教学任务并非由一位教师全力承担，所以评价设计并没有具体指向某项英语能力，而是通过对不同教学模块的全面评价，综合反映学生英语学习的表现与结果。

（二）形成性评价的类型与主体设计

量化评价是将复杂教育现象和学习表现简单化、可视化的一种有效手段，能通过数字的直观对比分析，对学生学习效果做出快速判断，因而大学英语教学中形成性评价的框架构建，需要依靠量化评价保证评价结果的标准化、精确化，但量化评价的内在逻辑过于强调教学过程和教学现象的因果关系，因而可选择的评价变量较为有限，评价范围相对狭窄，还需依靠质性评价刻画和解释学生的英语学习行为。在具体设计中，应围绕学生英语学习的态度与兴趣、方法与习惯、能力与应用等方面展开，尽可能全面展现学生的英语学习过程，着眼于学生的整体水平与综合素养评价。评价类型应兼顾量化评价、质性评价的特点，尽量保证两种评价类型的相对均衡。评价主体应以公平公正为导向，引入教师评价、教学平台、同学互评、学生自评等多元主体。形成性评价设计中涉及质性评价的内容，均引入多个评价主体，从而最大限度降低主观因素对评价结果的不良干扰。

二、英语教学中形成性评价的实施方案

在大学英语教学中实施形成性评价，要坚持以学生为中心，重视学生在

教学和评价中的主体地位，也要利用网络信息技术优化教学过程，获取评价信息，还要以教学激励为原则，激发学生英语学习的兴趣与信心。在此基础上，对考勤标准、线上自主学习、期中测试、小组合作学习、拓展学习与表现五个形成性评价模块展开详细的实施方案设计。

（一）考勤标准

考勤以学生课堂出勤情况为依据，按照每学期50次课堂教学的标准，每次课占2分，采用扣分制模式，对缺勤学生予以扣分处理，学期末统一按照评价结构折算分数，对无故多次缺勤学生（无故缺勤5次及以上），可采取扣除全部出勤分数的方式予以警告。

（二）线上自主学习

互联网信息技术的不断进步，加强了高校教育信息化的发展趋势，高校英语教师也要积极探索网络学习的可能性，充分利用网络信息技术辅助常规教学工作，并进一步发挥网络媒介对形成性评价的促进效应。在此背景下，大学英语教学应将互联网教学平台纳入教学评价体系，通过平台数据有效辅助形成性评价过程、减少教师评价工作量，并进一步关注学生个体的微观表现。具体实践中，学生线上自主学习评价应指向学生英语学习的态度与情感、认知与投入、能力与效果等表现，评价内容也要以此为参照，具有一定的进阶性和完整性。

（三）期中测试

大学英语期中测试以检验学生英语能力、发现学生具体问题为目的，测试内容分为口语、翻译、听力、词汇四个部分，每部分计25分，其中口语和翻译采用线下测试方式，由教师主导推进并直接给分，听力与词汇采用线上测试方式，依托相关学习软件进行集中测评，并通过系统记录给出分数。期中测试作为重要的阶段性测试，其结果应当作为学生自我反思和教师教学调整的重要依据，因而要注重及时反馈测试结果，切实发挥形成性评价对英语教学的调整及优化作用。形成性评价作为大学英语教学的重要评价方式，不是对学生的整体筛选，也不是为了根据评价结果对学生进行奖惩，而是帮助学生总结经验、发现不足，进而通过调整学习行为提升学习效果，所以形成性评价应用于大学英语教学之中，必须突出对学生的激励作用。在具体实践中，教师要充分关注学生的学习态度，认可学生的学习热情和努力付出，从而激发学生英语学习的兴趣与潜能。教师也要及时回应学生的互动需求，使学生获得被重视、被尊重的积极体验，以增强学生的学习信心。因此，教师要特别注意自身的反馈表达，尽量采用正向的鼓励性语言，即使是给予学生督促、纠正性的意见，也要尽可能采用委婉、没有歧义的措辞，以避免挫伤学生的学习积极性。

（四）小组合作学习

小组合作学习是大学英语教学中较为常见的教学方式，通过分配学习任务驱动学生以小组形式展开探究与合作。小组合作教学评价，主要对学生的合作精神与综合素养做出客观评价，既着眼于学生参与小组合作学习的过程表现，又注重学生在课堂成果展示环节的具体表现。评价内容方面，围绕学生小组合作学习的态度、能力、综合素养等方面，逐步提升评价的深度与广度。

学生是英语教学的对象，也是教学过程的观察者、参与者，教学效果一定程度上取决于学生主观能动性的发挥，因而在大学英语教学中实施形成性评价，应高度重视学生的主体地位。以往英语课堂教学大多以教师为单一主体，学生往往处于被动接受知识信息的状态，很难养成主动学习、定期反思的良好习惯。形成性评价导向下，大学英语教学应努力构建以教师为主导、学生深度参与的双主体教学模式，强调学生在整个教学活动中的积极作用。

（五）拓展学习与表现

拓展学习是指在课程内容之外，以自主、兴趣和专业导向的形式进行学习。它强调学习者的主动参与和个性化需求的满足，使得学习活动更加具有意义和价值。

表现则是指一个人在某种特定环境下所展现出的行为、技能或能力。表现可以用来评估一个人的综合素质，如认知水平、情感状态、社交交往、审美品味等。通过表现，我们可以反映出一个人的精神风貌、价值取向等方面的特征。

将拓展学习与表现结合起来，则可以指出，实践和探究性的拓展学习经历往往可以帮助学生展现出更全面、更优秀的表现，例如在创作、演讲、参与研究等方面表现出的自信、创新和解决问题的能力等。通过丰富多彩的学习经历和自身表现能力的提升，学生可以更好地适应未来的社会和职业环境。

综上所述，在具体实践中，教师要充分尊重学生的主体地位。要在以教师评价为主导的基础上，充分引入学生自评、小组互评模式，其中学生自评主要以学生的自我认知和自我诊断为主，目的在于帮助学生主动分析自身英语学习过程中的优势和不足，也要通过引导学生树立学习目标、复盘阶段性学习成果，对自身学习行为做出正确评价。小组互评主要通过小组成员之间的相互观察与监督，对他人合作学习过程中的综合表现做出客观评价，其根本目的在于帮助学生养成良好学习习惯和提升自身综合素养。与此同时，基于形成性评价的英语教学，应强调师生之间的双向沟通。教师要善于观察、分析学生的学习状态，并以作业批改、口头点评、讨论座谈等形式将评价结果及时反馈到学生层面，重点指出学生英语学习中的问题和不足，给出切实可行的改进建议。学生要积极回应教师的教学互动，主动表达与教学工作有关的观点和建议，为英语教学优化提供有效依据，也要基于评价反馈做好总结反思工作，找准自身英语学习的主要问题，在教师指导下进行针对性改进，使评价反馈落实到学习行为调整方面。为保证师生双向沟通的渠道畅通，教学过程必须突出双主体作用，即教师和学生都是教学活动的重要主体，教师的教学主导地位主要体现在教学设计和课程管理方面，而不是通过全面控制教学过程树立绝对权威。教师要以观察者、引导者的身份帮助学生完善学习管理。学生也要以学习者、参与者的身份，在教学活动中积极表达观点、展现自我。

第三节　形成性评价导向下的英语教学优化研究

形成性评价导向下的大学英语教学优化，是在评价手段充分参与教学实践的基础上，围绕如何提高英语教学水平展开的教学工作，这就要求教师学会整合英语教学的资源和信息，学会把握教育教学的规律和特点，要着眼于网络教学、小组学习、师生互动、反馈调整等要点，积极转变观念、转换角色，推动大学英语教学的深度变革。

一、依据网络技术汇集评价信息

"网络信息技术对提高社会生产效率、转变社会工作模式产生了重要影响,也为教育教学改革深化提供了新的视角与手段,大学英语教学应依托信息技术提升形成性评价的效率与质量。"[1]课前预习环节,教师通过网络教学平台发布教学目标、推送学习资料、明确重点难点内容,学生根据自身安排自由选择学习时间,以自主学习形式完成预习工作,教师根据学生预习时长和资料浏览量等后台数据,对学生英语学习的态度与积极性进行评价。课后作业环节,教师发布与本单元教学知识相关的小测评、话题理解等作业,在教学平台和课堂教学环节分别说明提交作业的时间与要求,并对进度较慢的学生予以提醒和督促,然后从学生作业完成耗时、提交练习次数、答题正确率、测验分数等方面,对学生的课后巩固性学习进行量化评价。此外,学生在微信群内的提问次数、发言情况、讨论表现等在线互动数据,能有效反映学生的学习态度、能力基础、学习问题,可作为学生学习评价的有效依据。教师也要注意在微信群内及时解答学生疑惑,对学生可能出现的学习问题做出科学预判,并以文字、语音、视频等形式予以强调和补充。

二、设计小组任务展示学生能力

形成性评价导向下的大学英语教学优化,需通过设计小组任务营造人人参与、各尽所能的良好氛围。教学实践中,要以单元模块任务和学期开放任务为基本板块构成,贯穿在英语教学的整个学期。其中单元模块任务以英语课本为基础,以单元话题为主题,主要涉及相关背景、文化知识、人物素材等内容,各小组通过收集资料、制作PPT、课堂讲解展示小组合作学习情况,教师根据PPT制作水平、内容呈现、英语讲解质量对小组进行整体评价,并按照学生提交的小组分工表对学生进行针对性评价。与此同时,单元模块任务还可以考核与游戏的形式进行。其中考核项目以英语教材为范畴,教师根据课本内容布置词汇、语法、翻译、写作等任务,小组进行讨论分工后,通过组员独立完成分配任务和组内集中分享讨论的综合形式,形成较为完整、成熟的小组成果,然后在课堂教学环节,由教师以小组为单位进行提问,具

---

[1] 罗昱.形成性评价导向下的大学英语教学优化研究[J].齐鲁师范学院学报,2022,37(2):48.

体回答者由小组自行决定,但需保证所有组员都有回答机会。游戏项目则可以采用词语接龙、猜词游戏、传话游戏等形式,再现英语教学过程中出现的词汇、句法,以寓教于乐的形式帮助学生巩固英语知识。学期开放任务尽量不限定主题和形式,由各小组根据成员的兴趣爱好和能力特长自行确定学习主题,鼓励学生以小品短剧、角色模拟、情景剧表演等形式展示学习成果。教师要督促学生按时推进小组合作学习进度,也要对学生合作学习给予适度指导,帮助学生不断完善作品、提升能力。

三、增强师生互动提高课堂效率

师生互动是提高课堂效率的重要方式,应当成为大学英语教学优化的着眼点之一,教师需在形成性评价导向下注重对师生互动的深度拓展。首先,教师要在评价过程中发挥引导作用。部分学生受到思维习惯、表达技巧等因素的影响,表达效果与实际能力存在较大差距,教师需依靠活动设计、语言引导帮助学生厘清思路、发散思维。以大学英语"写长法"教学为例,不少学生面临潜能发挥和写作焦虑的双重障碍,写作水平长期无法获得有效提升。因而教师可在课前向学生推送大量写长素材,课堂时间则用于开展互动性、拓展性教学工作。具体教学实践中,教师可在课堂上给出一个宽泛抽象的话题,采用"头脑风暴"的方式组织学生展开充分讨论,并要求每个小组对讨论的过程与结果进行准确记录,使学生在群体智慧下将抽象话题具体化,强化学生写长思路与思维的培养。教师既可以在学生讨论前提供单词、句型等语言知识帮助学生展开讨论,也可以在讨论结束后就语句衔接、段落过渡、文章布局等问题,给予学生知识性和技巧性指导,使学生的课堂讨论和写长实践更具逻辑性和针对性。其次,教师要在评价过程中强调因材施教。以课本内容为核心的课堂提问是教师最常用的评价手段,但不同学生的英语基础和表达水平存在差异,对问题的难度感知明显不同,教师应在统一的教学任务下,对不同学生予以差异化评价,并将帮助学生发现问题、给予学生指导性意见作为评价重点,使学生在提问过程中找到自我提升的方法和途径,也进一步提高课堂教学的效率与水平。

四、创建双向反馈完善教学调整

无论何种评估方式,都是为了促进教学发展和人才培养而服务,其中基于师生之间的双向反馈,对教师的"教"和学生的"学"具有同步推动作用,

第八章 英语课堂形成性评价的应用实践研究 ◆

教师在形成性评价导向下，需进一步畅通、健全师生双向反馈机制，为教师的教学调整和学生的能力提升创造条件。在形成性评价导向下，教师评价主要指向学生英语学习存在的问题和不足，因而无论是传统课堂教学中的提问与讨论，还是网络信息环境下的媒介应用，都应提高对教学反馈的重视程度。从反馈内容来看，教师向学生的反馈应包含知识与能力、态度与情感、问题与不足等信息，教师要在指明学生需改进之处的同时，注意语言措辞和表达方式，多使用委婉性、鼓励性的表达方式，尽量避免对学生学习的主动性和积极性造成打击。学生向教师的反馈，主要围绕教学本身展开，应包含对教学的目标与内容、进度与难度、方式与方法等方面的整体感受，也要对自身的学习状态、学习问题予以反映，从而支持教师获取更具价值的教学信息。教师端向学生端的信息反馈可以通过作业批改、课堂提问、任务点评等方式实现，反馈的速度与质量通常能得到有效保障，但学生端向教师端的信息反馈往往受到各种主客观因素的制约而水平有限。对此，教师要根据教学经验对英语教学的重点、难点、易错点，适度增加任务设计和讨论答疑，为学生主动暴露学习问题创造条件，以获取真实有效的反馈信息，为英语教学的调整优化提供依据。

总而言之，形成性评价对于传统终结性评价，能有效突破局限、弥补不足。尤其在完善畅通的双向反馈机制下，无论是提高学生自我效能，还是激发教师教学潜能，都具有其他评价形式难以比肩的综合优势。在大学英语教学中运用形成性评价手段，已是英语教学改革优化和高校深化人才培养的必然选择，教师还应立足于教育发展规律和学生现实需求，使形成性评价渗透在学生英语学习的各个方面，成为英语教学实践中不可或缺的组成部分。

英语教学本身是一门语言学科的教学，其中所涉及的内容都是语言内容，而且教育的目的在于综合培育学生的英语实践能力，掌握好的英语课堂教学模式以及形成性评价，可以有效激发学生的英语学习兴趣。

参考文献

[1] 陈晓霞. 数字化环境下大学英语 O2O 课堂教学评价模式研究 [J]. 黑龙江教师发展学院学报，2022，41（3）：155.

[2] 丁路. 基于互联网的大学英语生态课程探讨 [J]. 科技资讯，2020，18（33）：121.

[3] 杜红云. 高校英语课堂中教师教学智慧的生成与彰显 [J]. 内蒙古师范大学学报（教育科学版），2020，33（2）：87-91.

[4] 顾赟. 整合课内外资源，创新英语教学模式 [J]. 英语画刊（高级版），2020（10）：119.

[5] 何鹃. 慕课背景下大学英语教学的反思 [J]. 广西社会科学，2017（1）：218-220.

[6] 洪常春. 人工智能时代大学英语生态教学模式构建研究 [J]. 外语电化教学，2018（6）：31.

[7] 姜浩. 大学英语教学改革 [J]. 教育与职业，2014（35）：146-147，148.

[8] 李田田. 大学英语教学中的美育教学 [J]. 内蒙古师范大学学报（教育科学版），2015，28（12）：88-89.

[9] 柳菁菁. 试论高校英语教学中跨文化意识培养 [J]. 食品研究与开发，2021，42（22）：252.

[10] 罗永胜，傅顺. 形成性评价下研究型大学英语课程实践模式构建 [J]. 高教学刊，2022，8（6）：48.

[11] 罗昱. 形成性评价导向下的大学英语教学优化研究 [J]. 齐鲁师范学院学报，2022，37（2）：48.

[12] 孟范英. 智慧学习环境下英语课堂教学改革策略探析 [J]. 教学与管理（理论版），2019（9）：102-105.

[13] 倪慧.大学英语形成性评价教学改革实践探究[J].菏泽学院学报，2021，43（1）：60.

[14] 宋婷.英语文化在高校英语教学中的作用及应用[J].湖南师范大学社会科学学报，2013（z1）：200-201.

[15] 苏丽敏.论任务型教学对高校英语人才培养的潜在作用[J].黑龙江高教研究，2016（2）：155.

[16] 王小娟.生态语言学视域下提高大学英语课堂教学的实效性探析[J].北京交通大学学报（社会科学版），2013，12（2）：123-128.

[17] 王晓清.在大学英语课堂中运用现代信息技术的必要性[J].吉林医药学院学报，2020，41（2）：158.

[18] 王艳霞.大学英语多模式课堂教学研究[M].长春：吉林出版集团股份有限公司，2020.

[19] 魏华.大学英语生态课堂与生态教学模式的路径探索[M].南京：东南大学出版社，2018.

[20] 巫玮，杜云云.试论高校英语教学的发展与融合[J].黑龙江高教研究，2014（11）：160-162.

[21] 肖峥辉.基于项目教学法的大学英语自主合作学习模式探索[J].教育进展，2020，10（5）：5.

[22] 谢良群.大学英语教学中形成性评价方式的构建与实施[J].齐鲁师范学院学报，2022，37（1）：46.

[23] 徐玉书.新时期高校英语混合式教学模式构建与管理——评《课堂教学与管理艺术》[J].科技管理研究，2021，41（1）：216.

[24] 徐振华，高心涛.高校英语语言学教学问题透视及优化方法研究[J].商情，2018（51）：164.

[25] 杨克西.数字化技能与高校英语教学[J].教育探索，2013（7）：60-61.

[26] 喻秀华.英语课堂形成性评价与大学生自主学习策略研究[M].北京：北京工业大学出版社，2021.

[27] 臧庆.信息时代多元文化交融对高校英语教学的影响研究[J].食品研究与开发，2021，42（24）：242.

[28] 张美荻.英语语言学教学方法研究[J].教育现代化，2017，4（39）：193.

[29] 张明芳. 项目学习在英语语言学教学中的应用研究 [J]. 河北师范大学学报（教育科学版），2012，14（8）：89-91.

[30] 张秀萍. 大学英语情境教学：认知理据、实施原则与设计实践 [J]. 大学教育科学，2017（6）：64.

[31] 赵楠楠. 雨课堂学习平台支持下的大学英语混合教学形成性评价体系建构 [J]. 科技视界，2022（8）：107.

[32] 郑璞玉，安桂芹. 论高校英语教学翻转课堂的信息化建设 [J]. 黑龙江高教研究，2017（2）：155.

[33] 朱燕华，陈莉萍. 大学英语智慧课堂教学评价指标体系构建 [J]. 外语电化教学，2020（4）：94.

[34] 朱枝. 大数据背景下高校英语个性化教学实践研究 [J]. 教育理论与实践，2021，41（30）：59-61.

[35] 李薇，王小琴. 大学英语教学新生态下混合教学模式研究 [J]. 智库时代，2019（29）：196-197.

[36] 王小琴. 大学英语学生对混合式教学的认识调查 [J]. 校园英语，2018（18）：45-46.

[37] 王小琴. 形成性评估对大学英语课程建设的反拨作用研究 [J]. 教育教学论坛，2016（43）：77-78.

[38] 贺根有，王小琴. 国内大学英语网络学习形成性评价研究综述 [J]. 中国教育学刊，2015（S1）：322-323.

[39] 王小琴，贺根有，郭美玲. 大学英语教师对形成性评价的理解与应用调查——以内蒙古科技大学为例 [J]. 开封教育学院学报，2015，35（02）：90-91.

[40] 王小琴，郭美玲. 内蒙古理工科大学英语教师形成性评价应用调查 [J]. 考试与评价，2015（02）：127-128.